Bundesrichter Ulrich Meyer portraitiert am 24. März 2015 im Bundesgericht Luzern
(KEYSTONE/Gaetan Bally)

Editorische Anmerkungen

Mit wenigen Ausnahmen sind alle in diesem Band abgedruckten Beiträge bereits zu einem früheren Zeitpunkt in einem anderen Publikationsorgan erschienen.

Die Beiträge wurden inhaltlich nicht verändert oder aktualisiert. Lediglich in formeller Hinsicht wurden sie für die Bedürfnisse der vorliegenden Zweitpublikation angepasst.

Die genauere Beschreibung des Autors oder der Autoren, die sich häufig in der ersten Fussnote der Originalbeiträge befunden hat, wurde in diese Ausgabe nicht übernommen.

Die Originalfundstelle der einzelnen Beiträge findet sich im (aufsteigend chronologisch) geordneten Schriftenverzeichnis am Ende dieses Bandes. Zudem ist das Jahr des ersten Erscheinens in der Inhaltsübersicht in Klammern angegeben.

Soweit die Beiträge vom Geehrten allein verfasst worden sind, wird auf die besondere Nennung der Autorschaft verzichtet. Bei Beiträgen in Co-Autorschaft wird die jeweilige Co-Autorin/der jeweilige Co-Autor am Anfang des Beitrags sowie in der Inhaltsübersicht genannt.

Inhaltsverzeichnis

Zum Geleit

Zum Geleit

Prof. Dr. iur. *Ulrich Meyer*, Fürsprecher, alt Bundesgerichtspräsident und Titularprofessor für Sozialversicherungsrecht an der Universität Zürich, feiert am 28. Oktober 2023 seinen siebzigsten Geburtstag. Er darf auf eine reich erfüllte, wissenschaftlich wie praktisch ausserordentlich erfolgreiche Berufskarriere zurückblicken, von der mit dem vorliegenden Band einige Aspekte gewürdigt werden sollen.

Der 2013 in Zürich erschienene Sammelband «*Ulrich Meyer, Ausgewählte Schriften*», den ich aus Anlass des sechzigsten Geburtstags meines geschätzten Lehrers und Freundes herausgeben durfte, gibt einen Einblick in das reiche wissenschaftliche Schaffen des Geehrten, insbesondere zu Grund- und Spezialfragen des Sozialversicherungsrechts. In seinem siebten Lebensjahrzehnt hat er sich zwar weiterhin mit der Entwicklung des Sozialversicherungsrechts befasst, doch stand eine andere Aufgabe im Zentrum seines Wirkens: Er war zunächst während vier Jahren (2013–2016) Vizepräsident und sodann von 2017 bis 2020 Präsident des schweizerischen Bundesgerichts. In dieser Funktion, die er als erster Vertreter des «Standorts Luzern» innehatte, war er der oberste Repräsentant der schweizerischen Justiz. Von diesem Wechsel vom Vierwaldstättersee an den Lac Léman sowie einem Beitragstitel in diesem Band (wo freilich ein etwas anderer Zusammenhang hergestellt wird) ist denn auch die Überschrift dieser Sammlung inspiriert.

Wie alle Funktionen, die der Geehrte in seiner langen beruflichen Karriere wahrgenommen hat, erfüllte er auch diese höchste Tätigkeit mit vollstem Elan und grossem Gestaltungswillen. Im Zentrum dieses Bandes stehen deshalb ausgewählte Zeugnisse aus der Wirkungszeit als Vizepräsident und Präsident des schweizerischen Bundesgerichts. Naturgemäss handelt es sich dabei nicht nur um wissenschaftliche Abhandlungen, sondern häufig auch um mündliche oder schriftliche Stellungnahmen in Publikumsmedien und weiteren Kontexten, die in diesen Funktionen erforderlich sind. Die Beiträge widerspiegeln nicht nur das persönlichen Schaffen *Ulrich Meyers*, sondern sind auch Zeugnis eines wichtigen Jahrzehnts in der schweizerischen Justizgeschichte. Sie machen deutlich, dass auch die dritte Staatsgewalt laufend von verschiedensten Entwicklungen gefordert ist und unter einem hohen Anpassungsdruck steht – auf den die Politik, wie es der Geehrte wohl auch zusammenfassen würde, nicht in allen Fällen mit angemessenen Schritten reagiert.

Ulrich Meyer hat bereits vor seiner Wahl als Bundesrichter an das Eidgenössische Versicherungsgericht in Luzern, die am 1. Oktober 1986 erfolgte, während knapp sechs Jahren die höchstrichterliche Rechtsprechung als Gerichtsschreiber am selben Gericht mitgeprägt; und er tat dies bis zu seinem altersbedingten Rücktritt per Ende 2020, als ausnehmend produktiver Bundesrichter. Mit seinen 34 Amtsjahren, in denen er während über zehn Jahren das mit Abstand amtsälteste Mitglied des Bundesgerichts war, ist er zugleich auch derjenige Bundesrichter, der seit der Gründung des Bundesgerichts vor bald 150 Jahren am längsten im Amt war. Es sind aber nicht diese biographischen Daten, sondern die bis am Schluss spürbare Freude an der richterlichen Tätigkeit und das herausragende Fachwissen, das sich in einer langen Reihe von Leiturteilen niederschlägt, die auf Jahrzehnte hinaus bleibende Spuren hinterlassen werden.

Der vorliegende Sammelband enthält nicht nur Publikationen von *Ulrich Meyer*, sondern auch solche über ihn. Zudem sind verschiedene Interviews aus Publikumsmedien enthalten, welche die Lebendigkeit und Offenheit illustrieren, die dem Amtsverständnis des Geehrten stets zu Grunde lagen.

Eingeleitet wird der Band mit einer Würdigung von Herrn Bundesrichter *Martin Wirthlin*, die aus Anlass des Amtsendes des Geehrten erschienen ist. Der Band schliesst mit eigenen Abschiedsworten von *Ulrich Meyer* – einerseits seinen ans Bundesgericht gerichteten Worten, anderseits mit einem persönlich gehaltenen Schreiben an den scheidenden Präsidenten des Bundesverfassungsgerichts, Prof. Dr. Dres. h.c. *Andreas Vosskuhle* – Worte, die sinngemäss auch in ihrem Absender einen würdigen Empfänger gehabt hätten. Den Hauptteil des Bandes bilden aber Beiträge zu Entwicklungen in der schweizerischen Rechtspflege sowie im Sozialversicherungsrecht.

Bei der Herausgabe dieser Sammlung durfte ich auf die Unterstützung verschiedener Personen zählen. Zunächst möchte ich allen Verlagen, Herausgebern und Publikumsmedien danken, die ihr Einverständnis zur erneuten Publikation der Beiträge erteilt und teilweise gar die Dateien zur Verfügung gestellt haben. Weiter gebührt meinen Mitarbeitern *Janis Denzler* und *Léon Hunziker* ein grosser Dank für ihre sorgfältigen Vorarbeiten für diesen Band, insbesondere für die elektronische Übertragung der Daten ins richtige Format. Schliesslich ist auch dem Verlag für die reibungslose und angenehme Zusammenarbeit zu danken.

Dem Geehrten wünsche ich ein gesundes, glückliches und produktives neues Lebensjahrzehnt und hoffe, dass ihm und allen Leserinnen und Lesern dieser Einblick in sein Schaffen der letzten zehn Jahre Freude bereitet.

Zürich, im Oktober 2023   Thomas Gächter

Gelehrt und wirkmächtig – eine Würdigung

Gelehrt und wirkmächtig – zum Amtsende von Bundesrichter Ulrich Meyer

Martin Wirthlin, Bundesrichter, Luzern 2021

Nachdem er während rund 34 Jahren als Bundesrichter, vier davon als Präsident des Schweizerischen Bundesgerichtes, amten konnte, scheidet Ulrich Meyer auf Ende 2020 aus diesem aus. Dabei entbehrt es nicht jeder Ironie, dass er zuletzt in den Bannstrahl der Kritik geraten war: Wegen einer verbalen Entgleisung im Zuge einer Administrativuntersuchung verstellte sich nicht nur der Blick auf das tadellose Wirken unzähliger Richterinnen und Richter in diesem Land, sondern genauso auf das eigene Lebenswerk des hier Gewürdigten. Denn unter dem Eindruck der Entrüstung droht vergessen zu gehen, dass Ulrich Meyer unbestreitbar Herausragendes geleistet hat. So war er nach seiner erstmaligen Wahl im vergleichsweise jugendlichen Alter über die Dekaden hin an Abertausenden von letztinstanzlichen Urteilen beteiligt, dies federführend oder mit Beiträgen von exemplarischer Konsistenz und gedanklicher Schärfe, stets genährt von umfassender Bildung, hohem analytischem Denkvermögen und stupender Gedächtnisleistung. Daneben darf Ulrich Meyer für sich beanspruchen, unzähligen jungen Juristinnen und Juristen das Handwerk der Urteilskunde in der Praxis nähergebracht und sie obendrein für den Beruf der Richterin oder des Gerichtsschreibers nachhaltig begeistert zu haben.

Grossen Stellenwert in seinem stets auch wissenschaftlichen Standards verpflichteten richterlichen Wirken hatte das Invalidenversicherungsrecht, ein Rechtsgebiet, für das sich viele Juristen kaum zu begeistern vermögen. Mit seiner Praxiserfahrung erlangte er hier, getrieben von einer geradezu leidenschaftlichen Hingabe, den Ruf des wohl berufensten Kenners der Materie überhaupt. Und gerade in diesem Bereich wird sein Einfluss auf die Rechtsprechung anhaltend nachwirken. Dazu gehört nebst manchem anderen eine zuweilen fast unerbittliche Strenge bei der Beurteilung nicht objektivierbarer Gesundheitsschäden und des diesfalls zumutbaren Leistungsvermögens – eine Strenge, mit der er sich nicht nur Freunde schuf, die sich aber rechtlich fest fundieren lässt und die er im Übrigen stets auch sich selbst abzuverlangen pflegte.

Die Liste seiner Publikationen bezeugt immense Schaffenskraft: Auch als die höchstgerichtliche Geschäftslast in seinem Fachbereich notorisch schwer auflag, vermochte Ulrich Meyer die Rechtswelt immer wieder mit seinen tiefgründigen Schriften zu bereichern. In seiner Paradedisziplin, dem Sozialversicherungsrecht, hat er es wie kaum ein anderer vor ihm verstanden, das hiesige Recht, unter Einschluss seiner prozeduralen Aspekte, nicht nur in der Breite, sondern vor allem in der Tiefe auszuloten und es in zeitgemässen dogmatischen Kategorien zu fassen. Als gleichsam *personifizierte Synthese von Theorie und Praxis* wurde er so zum gewiss einflussreichsten Wegbereiter einer schweizerischen Sozialversicherungsrechtslehre. Dabei lag ihm seit seiner Dissertation daran, das Recht der staatlichen Daseinsvorsorge auch in seinen verfassungs- und menschenrechtlichen Bezügen zu verorten und zu durchdringen. Im Gleichschritt mit der Verdichtung der Sozialstaatlichkeit trug er damit ganz wesentlich dazu bei, dass sich das Sozialversicherungsrecht hierzulande ab den Achtzigerjahren aus dem Schattendasein eines ausserhalb spezialisierter Kreise kaum wahrgenommenen «Nebenfachs» zu lösen vermochte. Daneben hat er sich besondere Verdienste im interdisziplinären Dialog an der Schnittstelle von Recht und Medizin erworben, dem er sich nie entzog und in dem er zwischen den Welten von Empirie und Normativität kundig zu vermitteln wusste. Bei all dem darf es nicht erstaunen, dass Ulrich Meyer als Professor und Rechtslehrer (Universität Zürich), aber auch an zahlreichen Fachtagungen als eloquenter und stets kompetenter Referent hoch geschätzt war. Und schliesslich sticht aus der Publikationsliste ein Titel besonders hervor, der auch fachübergreifend aufhorchen lässt: Mit seinem Rekurs auf *Michael Kohlhaas* im Rahmen einer Diplomfeierrede vom 18. März 2011 sprang ein Fünkchen aus dem Fundus grosser Belesenheit, die zumindest hinsichtlich der ihm als Kraftquell dienenden Werke *Thomas Manns* und *Friedrich Dürrenmatts* noch manchem Germanisten Respekt einflösste. Bezeichnend für seine Persönlichkeit endlich die im Text verbriefte Geste, den frischgebackenen Jungjuristen *Kleists Kohlhaasnovelle* zu übereignen, um sie so vor der im Berufsalltag allenorts lauernden Gefahr des Gerechtigkeitswahns zu bewahren. – Wenn nun Ulrich Meyer das Bundesgericht verlässt, endet eine Ära; sein Esprit wird in der Rechtsprechung ebenso fehlen wie seine Energie in der alltäglichen Triage zwischen Gerechtigkeitswahn und begründeter Erwartung an das Recht.

Richterliche Tätigkeit

Grundvoraussetzungen richterlicher Tätigkeit

Ansprache vom 18. Januar 2019 anlässlich der Inaugurationsfeier der zum 1. Januar 2019 geschaffenen Berufungsabteilung des Bundesstrafgerichts

Signora presidente del Consiglio nazionale
Monsieur le Vice-Président de la Commission judiciaire de l'Assemblée fédérale
Frau Vizepräsidentin des Bundesgerichts
Monsieur le Juge fédéral et troisième membre de la Commission administrative du TF
Signor presidente del Tribunale penale federale (TPF)
Frau Präsidentin des Bundesverwaltungsgerichts
Herr Präsident des Bundespatentgerichts
Signore et signori giudici delle tre corti penale, dei ricorsi e d'appello del TPF
Signora segretaria generale del TPF
Frau erste Gerichtsschreiberin des Bundespatentgerichts
Herr Stellvertretender Bundesanwalt
Signora presidente del Gran Consiglio del Cantone Ticino
Signor presidente del Consiglio di Stato
Signor consigliere di Stato
Signor presidente del Tribunale d'appello
Signor sindaco di Bellinzona
Signor comandante della Polizia cantonale
Sehr geehrte Damen Gerichtsschreiberinnen, Herren Gerichtsschreiber und Mitarbeiter aller Dienste des Bundesstrafgerichts
Signore et Signori
Mesdames et Messieurs
Meine Damen und Herren

Prolog

I

Ich beginne mit einem Geständnis. Je vous fais une confession. Comincio con una confessione. Der Titel meines Vortrages, «Grundvoraussetzungen richterlicher Tätigkeit» – was auf Französisch «conditions préalables de l'activité judiciaire» und Italienisch «presupposti necessari dell'attività giudiziaria» heissen könnte –, hat mir Kritik gebracht. Frau Bundesrichterin Niquille hat eingewendet, dass das Wort ein *Pleonasmus* sei. *Meine Vizepräsidentin hat recht.* Der Duden kannte das Wort lange nicht. Es gab wohl «Grund» und eine Vielzahl von damit verbundenen Wörtern wie «Grundhaltung» oder «Grundkenntnis» – aber nicht «Grundvoraussetzung»[1]. Dennoch, in den amtlich publizierten Bundesgerichtsentscheiden[2] findet es sich *achtzigmal* und meint immer das *Elementare, das von vornherein Vorausgesetzte, das absolut Erforderliche und Unverzichtbare, the basics,* die vorhanden sein müssen, damit etwas möglich werde, gelinge, zustande komme, *les conditions indispensables qui doivent être remplies pourque ça fonctionne, i requisiti necessari che devono sussistere affinché qualcosa abbia successo.*

II

Grundvoraussetzungen richterlicher Tätigkeit finden sich zunächst *ausserhalb* der Gerichte. Ohne *Wahl* und ohne *Wiederwahl* – ohne diesen, wie mein früherer Kollege im Amt des Abteilungspräsidenten, Herr alt Bundesrichter Rudolf Ursprung so treffend formulierte, ohne diesen *«demokratischen Adelsschlag»* wird und bleibt man oder frau in der Schweiz nicht Richter oder Richterin. *Was bedeutet er?* Zu Beginn, dann alle sechs Jahre und für jede Einsetzung in präsidiale oder vizepräsidiale Funktion holt man oder frau sich beim Parlament die *demokratische Legitimation,* das Richteramt anzutreten oder weiterhin auszuüben, ein *Ritterschlag,* den ich seit 1986 *zwölfmal* empfing (mein Kopf ist ganz zerbeult). Hängt die schweizerische Gerichtsbarkeit somit am Rocksaum von Mutter Helvetia, der Vereinigten Bundesversammlung als der obersten Gewalt im Staate? Ist das Bundesgericht, sind die eidgenössischen Gerichte deswegen *in der Rechtsprechung abhängig von der Politik? Mitnichten!* Wir brauchen uns nicht vor ausländischen Modellen zu verstecken, selbst wenn der Groupe d'Etats contre la corruption (GRECO), eine Staatengruppe des Europarates, sie uns als Vorbilder hinstellt. Was die Leute von GRECO nicht begreifen – obwohl ich es ihnen doch anlässlich ihres Besuches vom 1. Juni 2016 am Bundesgericht erklärt hatte –, ist, dass Unabhängigkeit der Gerichte durch Respekt der ersten und zweiten Staatsgewalt vor der dritten nicht vom Buchstaben von Verfassung und Gesetz abhängt, sondern eine Frage *rechtlicher Gesinnung* ist in Kopf, Herz und Hand derjenigen, welche im Bundeshaus zu Bern die Geschicke des Landes bestimmen, und – ebenso wichtig – eine Frage des vorhandenen,

---

[1] Duden, Die deutsche Rechtschreibung, 24. A., S. 472. Erst seit der 25. Auflage (2009) steht auch Grundvoraussetzung im Duden.
[2] Soweit elektronisch erfasst, Ergebnis Volltextsuche vom 6. Januar 2019.

fortwährenden *Vertrauens der Bevölkerung* in die Gerichte. *Beides – Respekt vor den Gerichten und Vertrauen in die Gerichte – sind die kostbaren rechtsstaatlichen Güter, zu denen wir als Richter und Richterinnen des Bundes Sorge zu tragen haben wie zu nichts sonst.*

III

Weitere äussere Grundvoraussetzung sind die *Finanzen.* Wir sind den eidgenössischen Räten und insbesondere den Damen und Herren in den Finanzkommissionen *dankbar,* dass sie Jahr für Jahr *Verständnis* zeigen für den Bedarf der vier Bundesgerichte und uns mit den nötigen Mitteln ausstatten, wie gerade jetzt im Zusammenhang mit der Schaffung der Berufungsabteilung des Bundesstrafgerichts. Das Parlament stellte eine Million Franken mehr in das Budget ein, als der Entwurf zum Voranschlag vorsah, und es änderte *innert* 16 *Tagen*[3] (!) die Stellenverordnung, so dass im März 2019 nun auch die dritte französischsprachige Stelle der Berufungsabteilung ihrer Aufgabe entsprechend besetzt werden kann. In meinen Dank einschliessen möchte ich den Finanzminister, unseren Bundespräsidenten, Herrn Bundesrat Ueli Maurer, der immer wieder Verständnis für die Belange der Justiz gezeigt hat. Dieses *funktionierende Zusammenwirken der Staatsgewalten* erscheint den MitbürgerInnen als *courant normal,* ja gelangt ihnen kaum richtig zur Kenntnis, weil es der Presse mangels Sensation keine Zeile wert ist. Das gerade macht unsere *gelebte Verfassungswirklichkeit* aus. Das ist *Rechtsstaat schweizerischer Prägung,* eine nicht dogmatische, nicht politische, schon gar nicht parteipolitische, sondern *in allererster Linie rechtskulturelle, dem Recht verpflichtete Haltung,* welche *in Angelegenheiten der Justiz* die Praxis der Verfassungsorgane, Bundesversammlung, Bundesrat und Bundesgericht prägt. *Diese Dinge sind in unserem Lande in Ordnung.* Die Schweiz ist auch in Bezug auf ihre funktionierenden Gerichte ein «kleines Paradies», wie Bundesrat Johann Schneider-Ammann in anderem Zusammenhang gesagt hat. *Der Rechtsstaat funktioniert.* Das ist schon in Europa keine Selbstverständlichkeit mehr und weltweit gesehen eine Seltenheit. Zwar, wir haben keine *Verfassungsgerichtsbarkeit auf Bundesebene* – das Grab würde ich mir schaufeln als Bundesgerichtspräsident, schlüge ich dafür die Werbetrommel –; jedoch, es schauen bei uns bald *Bundesgericht,* bald *Parlament,* bald der *Souverän, Volk und Stände,* zum *Recht(en),* wie sich seit Anbeginn des Bundesstaates (1848) bis in die Gegenwart in unver-

---

[3]   Bundesversammlung über die Richterstellen am Bundesgericht vom 14. Dezember 2018, BBl 2019 S. 367.

brüchlicher Treue zur Idee Willensnation Schweiz immer wieder gezeigt hat – zuletzt am 25. November 2018 – und auch in Zukunft zeigen wird: «*Die Verfassung gehört allen.*»[4]

Hauptstück

I

Nun, sehr geehrte Festgemeinde, wir Richterinnen und Richter haben uns vor allem *mit uns selbst* auseinanderzusetzen. «Freiheit eines Christenmenschen», um ein Wort Martin Luthers zu zitieren, ist auch bei Gerichtspersonen wesentlich *innere Freiheit.* Die Grundvoraussetzungen für gedeihliches Judizieren, für «Recht sprechen», liegen *in uns.* Und wenn das so ist – und es *ist* so –, dann haben wir *eines, und nur eines,* zu tun: *tagtäglich unsere verfassungsmässige und gesetzliche Aufgabe zu erfüllen, Recht zu sprechen.* Punkt. Nichts weiter. «Le juge est un juge, est un juge, est un juge.» Es gibt keine Abwechslung. Keine Einladungen. Keine Reisen. Somit auch keine Spesen. Man und frau ist *nicht prominent* als Richter, Richterin und darf es zwecks Wahrung der richterlichen Unabhängigkeit auch nicht sein, weshalb *Zurückhaltung* zu üben ist mit *öffentlichen* Auftritten – und *Bescheidenheit.* Die «Weltwoche» hat mich neulich gefragt, ob ich nicht unglücklich sei darüber, dass man mich «als Bundesgerichtspräsidenten weniger gut» kenne «als irgendeinen Hinterbänkler im Parlament». *Im Gegenteil,* je *weniger* man über mich als Präsidenten spricht, umso *besser* für die Gerichtsbarkeit. RichterInnen, welche die erste Geige im Staate Schweiz spielen wollen, sind fehl am Platz. Anzustreben ist nicht die Bekanntheit von Gerichtspersonen, sondern nur und einzig, dass die Recht suchenden Bürgerinnen und Bürger *das Gericht als funktionierende Institution* wahrnehmen, der gegenüber ich meine persönlichen Interessen in jeder Lebenslage hintanzustellen habe. Denn nur der Fall, die Rechtssache sind unsere Domäne, das Dossier, die Verhandlung oder Beratung, Kontakte zu den KollegInnen, den GerichtsschreiberInnen und dem übrigen Personal. Das ist alles. Man kann uns bedauern ob des eintönigen Wesens, wie unsere Arbeit von aussen erscheinen mag. *Dabei ist Richter, Richterin sein der schönste Beruf, den es gibt.* Nur gilt es, dies stets aufs Neue zu entdecken. Diese *Bewahrung der Liebe zum Beruf,* unseres *Berufsethos,* gelingt nicht, wenn man oder frau nicht *jeden Tag an sich selber arbeitet,* sich seines *(unbewussten) Vorverständnisses* und der rechtlichen Grundvoraussetzung bewusst wird, dass ich als Bundesrichter mein Mandat *nicht von einer politischen Partei,* sondern, auf *Vorschlag der Gerichtskommission,* von der *Vereinigten Bun-*

---

4   Pierre Tschannen, Wem gehört die Verfassung?, in: ZBJV 143/2007 S. 793 ff.

desversammlung erhalte. «Ich bin zwar politisch gewählt, urteile aber nicht politisch», ist ein *Axiom des schweizerischen Justizsystems*, dessen *Wahrhaftigkeit – véracité – veracità* allein von uns Bundesrichtern und Bundesrichterinnen abhängt. Nebst Unabhängigkeit, Engagement und Passion, Fleiss und fachlich-juristischem Können ist schliesslich, in einem Kollegialgericht primordial, *Sozialkompetenz* gefragt: Wie gehe ich mit meinen Kolleginnen und Kollegen, meinen Mitarbeiterinnen und Mitarbeitern um? Richter und Richterinnen sind von Berufs wegen da, unterschiedliche Auffassungen auszutragen. *Ihre hohe Kunst besteht darin, dass dies in einer Weise geschehe, welche für das Gegenüber akzeptabel ist.* Es geht – wieder zwei Begriffe, die sich nicht im Duden finden – um die *aktive* und *passive Kritikfähigkeit.* Argumentiere *ich* gegen den Referenten, tue ich das nicht rechthaberisch, sondern unter Wahrung seines Beurteilungsspielraumes und in vollendeter Form und Höflichkeit mit dem *sanften Flügelschlag der Friedenstaube.* Schlägt *mir* Kritik entgegen, stecke ich sie ein als *Rhinozeros* mit *dicker Haut* und *breitem Rücken* und rege mich darüber *nicht* auf, selbst wenn ich in die Minderheit versetzt werde und mir die Auffassung der Mehrheit als «grundfalsch», «grundübel», «grundverkehrt» erscheint. Glauben Sie mir, meine Damen und Herren, *das* fällt mir selber auch heute noch bisweilen schwer, nach exakt 31 Jahren, 11 Monaten und 18 Tagen bundesrichterlichen Wirkens.

II

So wende ich mich an Sie, signora presidente, signora vicepresidente e care colleghe e cari colleghi supplenti della Corte d'appello del TPF. Um Ihretwillen sind wir ja hier versammelt, um Ihnen Mut zuzusprechen für die Bewältigung Ihrer Aufgabe, deren Umfang noch im Nebel liegt. Wir befinden uns an der Türpforte zu einem Zimmer des Justizgebäudes, das noch niemand betreten hat. Wo, auf welcher Stufe sprechen Sie als Richter und Richterinnen der Berufungsabteilung des Bundesstrafgerichtes Recht? Sie alle kennen die Begriffe «Instanzenzug», «funktionelle Zuständigkeit» oder kurz «funktioneller Instanzenzug». Seit der Aufklärung, seit der Begründung des liberalen Rechtsstaates herrscht *communis opinio*, dass Rechtsprechung auf höchstens drei Stufen stattfinden soll. Im Zivil- und Strafrecht ist der Gedanke der doppelten gerichtlichen Tatsachen- und dreifachen gerichtlichen Rechtsprüfung aufgrund der Justizreformen der letzten Jahre voll verwirklicht, im öffentlichen

Recht teilweise[5]. In den Kantonen sind es die Bezirks- und Ober- oder Kantonsgerichte, welche diese Aufgabe von Bundesrechts wegen erfüllen. Genau deswegen sind wir heute hier versammelt. Denn auf dem Gebiet der Bundesstrafgerichtsbarkeit war es bisher nicht so. Die Urteile des Bundesstrafgerichts, ausgesprochen auf Anklagen der Bundesanwaltschaft hin, Entscheidungen erster gerichtlicher Instanz somit, waren bis Ende 2018 direkt beim Bundesgericht anfechtbar, für welches der vorinstanzlich festgestellte Sachverhalt nach dem Bundesgerichtsgesetz (BGG) grundsätzlich verbindlich ist. Es fehlte die zweite gerichtliche Tatsachenüberprüfungsinstanz. Dem wollte Herr Ständerat Claude Janiak mit einer Motion dadurch abhelfen, dass er eine Ergänzung des BGG vorschlug, wonach das Bundesgericht Urteile des Bundesstrafgerichts hätte frei auf tatsächliche Richtigkeit überprüfen sollen. *Alles, nur das nicht!* Freie Tatsachenüberprüfung ist nun einmal nicht Sache des höchsten Gerichtes. Vielmehr ist das Bundesgericht dazu da, das Bundesrecht anzuwenden, die Einheitlichkeit der Rechtsordnung im Bundesstaat mit seinen 26 kantonalen Gerichtsbarkeiten sicherzustellen und für die Fortbildung des Rechts dort zu sorgen, wo der Gesetzgeber als Stratege seine Aufgabe nicht (ganz) erfüllt hat und auf das Gericht als Taktiker angewiesen ist, um die legislatorische Musik zum Klingen zu bringen. Bezüglich des *individuellen Rechtsschutzes* hingegen teilt sich das Bundesgericht in diese Aufgabe zusammen mit den Vorinstanzen, deren primäre Aufgabe gerade die Gewährung von Rechtsschutz im streitigen Einzelfall bildet. Es gibt Laien und JuristInnen, selbst solche von professoralen Würden, inner- und ausserhalb des Parlamentes, welche nicht verstehen können oder wollen, dass die Aufgabe, Rechtsschutz zu gewähren, in allererster Linie den kantonalen Gerichten und den eidgenössischen Vorinstanzen überantwortet ist. In der Strafgerichtsbarkeit des Bundes hatten die eidgenössischen Räte ein Einsehen: Statt dem Bundesgericht die nicht stufengerechte Aufgabe der freien Tatsachenprüfung hinsichtlich Urteilen des Bundesstrafgerichts zu überbinden, errichtete das Parlament die Berufungsabteilung.

---

[5] Hier *braucht* es aber auch *nicht zwei* Gerichtsinstanzen, schon deswegen nicht, weil vor der verfügenden Verwaltungsbehörde ein justizähnliches Verfahren stattfindet, das zusätzlich allermeistens noch um Vorbescheid- oder Einspracheprozeduren jeglicher Gattung alimentiert ist, s. grundlegend BGE 136 V 376, bestätigt durch BGE 137 V 210 und seitherige ständige Rechtsprechung. Es gibt im öffentlichen Recht eher zu viele als zu wenige Instanzen.

III

A voi, onorevoli signora presidente, signora vicepresidente e gentili membri supplenti della Corte d'appello del Tribunale penale federale, a voi spetta il compito d'esaminare la correttezza dell'accertamento dei fatti (e ovviamente anche dell'applicazione del diritto) nell'ambito dei ricorsi inoltrati contro le sentenze della Corte penale. L'expérience nous montre que les litiges se décident principalement sur la base de ce qui s'est passé ou qui ne s'est précisément pas passé. La tâche consistant à établir l'état de fait de manière complète et exacte et à l'examiner de façon pertinente n'est à ce titre pas toujours appréciée à sa juste valeur. Für diese verfahrensentscheidende Aufgabe, den von der Strafabteilung festgestellten, dem Angeklagten zur Last oder nicht zur Last gelegten Sachverhalt, *lege artis* ebenso zu überprüfen wie gegebenenfalls die Strafzumessung, für das sind Sie da. Hierin besteht ihre *raison d'être*. Und zusätzlich fällt ihnen, Frau Präsidentin und Frau Vizepräsidentin, jetzt die besonders wichtige Aufgabe zu, die Berufungsabteilung, zu organisieren, sie zu einem funktionalen Spruchkörper zu machen. Was für eine schöne Aufgabe! Man könnte neidisch werden auf Sie, die Sie die einmalige Gelegenheit haben, eine neue Gerichtsabteilung zu gestalten.

Epilog

Der Epilog? Er lautet auf meine im Namen des Bundesgerichts ausgesprochenen besten Wünsche an Sie: «viel Glück – bonne chance – buona fortuna!»

Die für die Entscheidung der Richterin und des Richters massgeblichen Elemente

Warum entscheiden wir so, wie wir entscheiden? Überlegungen zum Prozess der richterlichen Entscheidfindung aus 40 Jahren bundesgerichtlicher Tätigkeit.

[1] Die *individuelle richterliche Entscheidfindung*, der innere – kognitive, emotionale und voluntative – Weg, der ausserhalb der rechtstechnisch geprägten Fälle (N 6) beschritten sein will und muss, um zum Urteil gelangen zu können, es als *richtige* Erkenntnis zu «finden» oder vielmehr – eingedenk der produktiven Komponente interpretatorischer Reflexion – zu «schaffen», ist ein *höchstpersönlicher Akt*. An ihm beteiligt ist einzig die Richterperson, welche kraft undelegierbarer und vertretungsfeindlicher *Richterpflicht* berufen ist, *hic et nunc* ihres Amtes zu walten. Daraus ergibt sich: Die richterliche Meinungsbildung als psychologisches Phänomen entzieht sich objektivierender Nachprüfung durch Aussenstehende grundsätzlich, und die folgenden summarischen Bemerkungen können nur beanspruchen, meine – notgedrungen subjektive – Sicht der Dinge wiederzugeben, gewonnen aus nahezu 40 Jahren bundesgerichtlicher Tätigkeit.

[2] Ein Urteil hat zum Gegenstand *Entscheidung von Tatfragen* oder *Beantwortung von Rechtsfragen* oder *Beides*. Von der ersten – in der Praxis sich täglich stellenden, quantitativ weitaus überwiegenden – Aufgabe der Tatsachenfeststellung, welche für den Rechtsschutz von primordialer Bedeutung ist und den erst- und zweitinstanzlichen kantonalen Gerichten sowie den eidgenössischen Vorinstanzen obliegt, nicht hingegen dem auf eine Rechtskontrolle beschränkten Bundesgericht, soll hier nicht weiter die Rede sein, obwohl selbstverständlich auch diesbezüglich die Richterpersönlichkeit eine grosse Rolle spielt. Zwar stehen die Grundsätze des Beweisrechts seit langem felsenfest, insbesondere, dass die Richterperson ihrem Urteil nur jene Tatsachen zugrunde legen darf, von deren Vorhandensein sie *überzeugt* ist. Aber *wann* bin ich überzeugt? *Kein Richter würdigt die Beweise gleich wie seine Kollegin.* Die Akte der Beweiswürdigungen sind wesensgemäss *persönlich-perzeptiv* (Wahrnehmung, Eindruck usw.) geprägt, wogegen nicht spricht, dass sie im Kollegialgericht ein *übereinstimmendes*, von den Mitwirkenden *geteiltes Beweisergebnis* zeitigen und so zur *Grundlage des Urteils* genommen werden können.

[3] Für die *Beantwortung von Rechtsfragen*, um die es am Bundesgericht als höchstem Gericht seinem Idealtypus nach gehen sollte (vgl. aber N 6), stellt die juristische Methodenlehre eine Vielzahl hermeneutischer Begriffe und Verfahren zur Verfügung, die in den letzten Jahrzehnten weiter ausdifferenziert wor-

den sind, dies allerdings ohne zu grundlegend neuen Ergebnissen zu führen, weder bezüglich Auslegung noch Lückenschliessung noch dem Verhältnis der beiden Institute zueinander. *Das für die Rechtsanwendung Wesentliche ist seit langem gesagt.* Dieser konsolidierte Fundus an wissenschaftlich aufbereiteten Interpretationsregeln schüfe eine sichere Beurteilungsgrundlage, vor welcher die Richterpersönlichkeit zurückzutreten hätte, könnte man meinen. Der Eindruck täuscht. Weder steht das *Auslegungsziel* fest, noch besteht ein verbindlicher Auslegungskanon der normunmittelbaren *Elemente* Wortlaut, Systematik, Telos, Historie sowie der weiter entlegenen (normmittelbaren) Aspekte wie Rückgriff auf die Verfassung, Rechtsvergleichung, praktische Konkordanz u.a.m. Vielmehr befolgen alle sieben Abteilungen des Bundesgerichts erklärtermassen einen *Methodenpluralismus*, der bald den einen, bald den andern Gesichtspunkt durchschlagen und derweise zum Urteil erheben lässt.

[4] Zum Beispiel stellte sich kürzlich am Bundesgericht die Frage, ob das Gesetz es erlaube, einen Bundesrichter, der wegen COVID-19 hochgradig gesundheitlich gefährdet ist, an einer (zufolge fehlender Einstimmigkeit anzuberaumenden) öffentlichen Urteilsberatung per Videokonferenz teilnehmen zu lassen. Die Antwort auf diese Frage hängt entscheidend von der Wahl des *Auslegungsziels* ab: Hält man die *subjektiv oder objektiv historische Auslegung* für massgeblich, ist die Frage (der Wortlaut der einschlägigen Normen sagt es nicht ausdrücklich) ohne weiteres zu verneinen, da der historische Gesetzgeber – die Gesetzesregelung geht tief auf alte OG-Zeiten zurück – von vornherein an nichts anderes gedacht hat noch gedacht haben konnte als an die physische Präsenz des Magistraten im Gerichtssaal. Spricht man sich hingegen für eine *zeitgemässe Auslegung* aus, könnte man die Frage durchaus bejahen, da es bei der öffentlichen *Urteilsberatung* am Bundesgericht *nicht* um eine *Verhandlung* geht, sondern um einen (demokratiebedingten) *Verzicht auf das gerichtliche Sitzungsgeheimnis* zwecks Herstellung von Transparenz in der richterlichen Meinungsbildung, welches gesetzessystematische Regelungsziel bei EDV-mässiger Live-Zuschaltung der Richterperson in gleicher Weise erreicht wird.

[5] Der praktizierte Methodenpluralismus prägt im Weiteren den Umgang mit den *Auslegungselementen*, insbesondere dem *Gesetzeswortlaut*, von dem sich stets fragt, ob der *Wortsinn* auch den – zu ermittelnden, massgeblichen – Rechtssinn trifft. In der Regel tue er das; es dürfe von ihm, sagt die Rechtsprechung, nur bei *triftigen*, also *den Wortsinn überzeugend zurückdrängenden* Gründen, die sich aus den übrigen Auslegungselementen ergeben, abgewichen werden. Wann aber ist das der Fall? Es lässt sich weder allgemein sagen noch abstrakt im Voraus festlegen, sondern die Antwort darauf erschliesst sich immer erst *in der Kontingenz* des einzelnen, jeweils zur Beurteilung anstehenden

Falles mit all seinen tatsächlichen, rechtlichen und rechtstatsächlichen Verumständungen: Der konkrete Fall, so wie er sich (unerwartet) ereignet, ist es, welcher die Auslegungsfrage aufwirft, nicht der Gesetzestext.

[6] Die an den Universitäten gelehrten, wissenschaftlich durch eine Schwemme von Lehrbüchern, Monographien sowie Kommentaren allgemein verbreiteten und infolgedessen auch an den Gerichten etablierten hermeneutisch-auslegungstheoretischen Erkenntnisse vermögen *als solche* – nach dem eben Gesagten (N 3-5) – *den Weg zum Urteil nicht zum Vornherein richtunggebend zu legen.* Das will nun aber nicht heissen, dass (letztinstanzliche) Rechtsprechung gleichsam auf der grünen Wiese stattfände, täglich neu erfunden und dergestalt, der einzelnen Richterpersönlichkeit ausgesetzt, von dieser pionierhaft erfasst, geprägt und durchdrungen würde. Der Alltag sieht gänzlich anders aus, auch am Bundesgericht. Mindestens vier Fünftel der ungefähr achttausend Urteile, welche das höchste Gericht jährlich fällt, sind rein *rechtstechnische Angelegenheiten*, in denen der Wissens- und Erfahrungsschatz aus dem erwähnten juristischen Fundus (N 3) uneingeschränkt zum Zuge kommt. Das gilt vorab für die rund einen Drittel aller Entscheide ausmachenden *Nichteintretens* –, darüber hinaus aber auch für das Gros der in *Dreierbesetzung* erlassenen *Sachurteile*. Weniger als zehn Prozent aller bundesgerichtlicher Entscheidungen ergehen in *Fünferbesetzung*, welche nach Gesetz der Beurteilung *grundsätzlicher* Rechtsfragen vorbehalten ist. Der amtlichen Publikation für würdig, weil praxisbildend, befunden, sind noch weniger Urteile, ca. zwei- bis vierhundert von achttausend – es gibt eben nun einmal in diesem Lande nicht so viele *Rechtsfragen*, geschweige denn *neue, also vom Bundesgericht bislang noch nicht entschiedene Rechtsfragen,* als dass damit 38 Bundesrichter und Bundesrichterinnen voll beschäftigt wären. *Rechtsprechung heisst nicht, das Rad täglich neu zu erfinden.* Die Etablierung einer Praxis ist zwar wichtig, deren Konsolidierung durch Konkretisierung und Präzisierung in sich laufend ändernden Kontexten aber mit Blick auf Rechtssicherheit, Rechtsbeständigkeit und daraus fliessendem Vertrauen der Rechtsgemeinschaft in die Entscheidungen des höchsten Gerichtes noch viel wichtiger. Die konstant übergrosse Arbeitslast des Bundesgerichts, welche zu vermindern das Parlament sich beharrlich weigert, rührt entscheidend daher, dass das Bundesgericht landauf, landab und insbesondere unter der Bundeshauskuppel *als verkappte dritte Tatgerichtsinstanz* verstanden und als solche angerufen wird: Zu Tausenden erheben die Beschwerden Rügen, welche, im Kern und von Nahem besehen, *tatsächlicher Natur* sind, in *juristischem Kleide*: eine Tatsachenfeststellung oder Beweiswürdigung wird nicht als einfach *unrichtig* gerügt – was das Gesetz als zulässigen Beschwerdegrund ausschliesst –, sondern – der Not gehorchend – als qualifiziert unrichtig, offensichtlich unrichtig,

willkürlich, gehörsverletzend oder gegen die freie Beweiswürdigung, den Untersuchungsgrundsatz usw. verstossend. Dazu treten die einzelfallbezogenen Anwendungen unbestimmter Rechtsbegriffe und die Interessenabwägungen. Hierbei mag es sich dogmatisch um Rechtsakte handeln; aber es sind solche, denen von der Natur der Sache her ein weiter Beurteilungsspielraum inhärent ist wie insbesondere bei der Verhältnismässigkeit oder der Zumutbarkeit, Rechtsfiguren, welche in der täglichen Gerichtspraxis auf Schritt und Tritt anzutreffen sind. Hier muss sich das Bundesgericht eine gewisse Zurückhaltung auferlegen, ansonsten der Gang ans höchste Gericht trölerischer Besserwisserei Vorschub leistete.

[7] Die für die Entscheidfindung der Richterin und des Richters ausschlaggebenden individuellen Elemente kommen also lediglich in einem quantitativ schmalen Segment der höchstgerichtlichen Rechtsprechung zum Zuge. Aber es ist zweifellos der *wichtigste* Bereich, weil es hier um die *richterliche (Fort-)Bildung des gesetzten Rechtes* geht: *Der Gesetzgeber als Stratege, das Gericht als Taktiker zur Erreichung der legislatorischen Ziele.* Was sind nun die wesentlichen individuellen Elemente, welche die Entscheidfindung wirklich beeinflussen? Es ist nach meiner Erfahrung klarerweise *das – bewusste oder auch nur unbewusste, aber immer vorhandene – richterliche Vorverständnis,* wie es Josef Esser in den 1970er-Jahren ans Licht gerückt, tiefgründig analysiert und ins Verhältnis zur juristischen Methodenlehre gesetzt hat. *Dass sich jede Richterin und jeder Richter, ihres und seines Vorverständnisses bewusst werde! Sich daraufhin zurücklehne, in Gelassenheit übe, den eigenen Standpunkt nochmals offen – mit der potentiellen Bereitschaft, von ihm allenfalls abzurücken – überdenke, und zwar nicht leichthin, sondern gründlich und unter effektiver intellektueller Auseinandersetzung mit der Gegenposition!*

[8] Thematisch, gegenständlich, erfahrungsmässig, dem Erlebten nach kann im Rahmen des Vorverständnisses, das *nicht* etwa als *Vorurteil* misszuverstehen ist, *alles* erheblich sein, was in der Vita einer Richterperson eine Rolle gespielt hat und weiterhin spielt: Herkunft, Geschlecht, Familie, Kindheit, Jugend, Religiosität, Gesinnung, Charakter, Willensstärke, Entschlussfreudigkeit, Mut, Prägungen aus Erziehung, Bildung, Beruf, Erfolge, Misserfolge, Schicksalsschläge – all das macht unser Vorverständnis aus, selbstverständlich auch das Meinige – niemand kann ihm entgehen. Es ist, bildlich gesprochen, der seelisch-geistige Rucksack, den eine Magistratsperson wie jeder andere Mensch mit sich herumträgt; es sind die Vorstellungen, welche man als von den Zeitläufen Beeindruckter oder Betroffener über das und jenes hat. In diesem Sinne ist es auf Vorverständnis zurückzuführen, wenn das Bundesgericht vor einigen Jahren erwogen hatte, «in der *heutigen* Zeit» sei «bei *solchen* Vorkommnissen mit einer *derartigen* Eskalation *zu rechnen»*. Was war passiert?

Ein Autofahrer, beim Hinausfahren aus dem Parkhaus durch Passanten behindert, zeigte diesen den «Stinkefinger», was ihm, aus dem Auto gezerrt, eine Körperverletzung durch Schläge auf das Gesicht, eine Fraktur des Orbitabogens, einbrachte. Das Urteil führte europaweit zu lebhaften Diskussionen: «Leben wir *tatsächlich* in einer *solchen* Zeit?» Wenig später verneinte das Bundesgericht, vielleicht als Reaktion auf die Kritik am ersten Urteil, ein entsprechendes Schädigungspotential für Auffahren/Lichthupen und für die Bemerkung des Fussgängers an den zu schnell Fahrenden: «Hier gilt 20km/h» – Die Bezugnahme auf die *allgemeine Lebenserfahrung* und den *gewöhnlichen Lauf der Dinge* bildet das *rechtliche Einfallstor*, mittels dessen solche *vor-* oder *ausserrechtlichen* Annahmen für die *Rechtsfindung Bedeutung* erlangen können.

[9] «Der SP-Mann, der Tausende IV-Renten verhinderte», titelte Sonntags-BLICK am 26. Dezember 2020 aus Anlass meines Wegganges vom Bundesgericht.

[10] Die Schlagzeile geht offenbar davon aus, dass Bundesrichter nach ihrem Vorverständnis urteilen, das sich mit jenem ihrer Partei decke – ein *doppelter Irrtum*: Erstens ist man nicht «SP-Bundesrichter», man erhält das *Mandat* als Bundesrichter oder Bundesrichterin *nicht* von einer bestimmten *politischen Partei* sondern, auf Vorschlag der Gerichtskommission, von der *Vereinigten Bundesversammlung*. Zweitens ist das Vorverständnis, wie es denn auch laute, *keine taugliche Beurteilungsgrundlage*. Wenn es, wie der Artikel insinuiert, «sozial» sein sollte, IV-Renten zuzusprechen und ihre Verweigerung demgegenüber «Abbau von Sozialstaat» bedeutete, so geben solcherlei Annahmen nicht den geringsten Aufschluss hinsichtlich der für die Rechtsanwendung allein massgeblichen Frage, ob im jeweils streitigen Einzelfall die gesetzliche Anspruchsvoraussetzung der (rentenbegründenden) Invalidität (dauernde Erwerbsunfähigkeit von mindestens 40%) erfüllt ist oder nicht. Die verfassungsmässige Bindung an das Recht verhindert also die Durchschlagskraft des Vorverständnisses auf Beurteilung und Falllösung, dies allerdings immer vorausgesetzt, dass sich die rechtsanwendende Person dessen bewusst werde, es kritisch prüfe (Introspektion und Selbstreflexion) und sich der Auseinandersetzung mit den Gegenstandpunkten stelle (N 7 in fine).

[11] Wie sah nun *mein Vorverständnis* im Hinblick auf die *Invalidenrentenberechtigung* im Laufe der Zeit aus? Ich wuchs im Oberen Emmental auf, einer Gegend, wo man bis weit ins letzte Viertel des 20. Jahrhunderts hinein mit *Lebensschwierigkeiten* aller Art zum Nachbarn, Arbeitgeber, Lehrer, Pfarrer, auf die Gemeinde oder zu einem der raren, in bei weitem nicht allen Dörfern als Hausärzte praktizierenden Allgemeinmedizinern, Internisten oder Chirurgen ging. Selbständig erwerbstätige Psychiater und Psychologen gab es noch

nicht, was nicht heissen will, dass keine psychischen Probleme existierten, im Gegenteil, die Region hatte die höchste Suizidrate im Kanton. Das beschäftigte meinen Pfarrer-Vater sehr, warfen sich doch gar nicht so selten – meist jüngere – Männer von der Blasenfluh ins waldige Tobel oder ungewollt schwangere Mädchen unten im Tal, hinter der Kurve im Moos, vor den Zug, aus purer Scham und Verzweiflung – total unverständlich aus heutiger Sicht, aber es war so. *Wirtschaftlich* ging es immer nur aufwärts: Wachstum, Inflation, hohe Zinsen, Beschlüsse zur Dämpfung der überhitzten Konjunktur, Vollbeschäftigung bis zum ersten grossen Einbruch ab 1973 nach Jom-Kippur-Krieg und Erdölkrise. Trotz ständiger als «Pfarrers Ueli» ertragener Hänseleien der Dorfjugend und bezogener Prügel, ich war körperlich ungeschickt, ein «G'stabi» – heutzutage unter dem Titel «Mobbing» Gegenstand schulpsychologischer Intervention – und in der Schule erlittener Körperstrafen – heute allgemein verpönt – verbrachte ich eine sehr glückliche Kindheit im bäuerlich und handwerklich geprägten «Schönen Dorf im Emmental» mit seiner *sozialen Kontrolle*, der nichts entging, selbst nicht, dass *ein* Kommunist im Dorf wohnte... Diese *pars pro toto* berichteten Gegebenheiten und Ereignisse schufen einen Erfahrungshintergrund, vor dem ich mir als junger Richter nicht so recht, nicht wirklich vorzustellen vermochte, dass jemand lieber eine Rente beziehen als arbeiten wolle. Im Laufe der Jahre und Jahrzehnte begegnete ich in den Dossiers einer Fülle ganz unterschiedlicher Konstellationen, welche diese grundsätzliche Annahme in Frage stellten. Eine Sozialhilfebehörde meldet ihren Schützling bei der IV zum Rentenbezug an mit der Begründung, dieser könne nicht auf eigenen Beinen stehen, sei lebensuntüchtig, er brauche finanzielle Absicherung. Ein kaufmännischer Angestellter verlangt wegen seinem kaputten Knie die Invalidenrente. Eine Rentengesuchstellerin erklärt, sie werde erst wieder arbeiten gehen, wenn sie von ihren Schmerzen komplett befreit sei, worin ihr Arzt sie unterstützt und durch den Hinweis ergänzt, er könne die Therapie erst dann mit Aussicht auf Erfolg beginnen, wenn seiner Patientin die IV-Rente zunächst einmal zugesprochen worden sei. Die heiratswillige Sozialhilfebezügerin antwortet auf die Frage, wovon sie und ihr Ehemann künftig leben würden, es gehe jetzt «natürlich» darum, sich «die IV zu organisieren». Ein KMU stellt seinen Betrieb rezessionsbedingt ein, sieben der zehn Entlassenen werden im Laufe der nächsten Jahre berentet. Vier Arbeitnehmende schädigen durch Kassenmanipulationen ihren Arbeitgeber, welcher sie fristlos entlässt; dreien davon spricht die IV wegen Posttraumatischer Belastungsstörung eine ganze Invalidenrente zu. Und ohne Zahl die Gesuchsteller, welche nach Beendigung des versicherungsrechtlichen Verfahrens mit rechtskräftiger Ablehnung des Rentenanspruches wieder den Weg zurück ins Erwerbsleben fanden – obwohl sie von ihren Ärzten und Ärztinnen als voll und bleibend arbeitsunfähig erklärt worden waren.

[12] Das Vorverständnis eines der Sozialdemokratischen Partei angehörigen Bundesrichters zum Thema Invalidenrente könnte daher auch anders lauten, als die dem Artikel vorangestellte Schlagzeile glauben machen lässt. Wie kein anderer Sozialversicherungszweig ist die IV durch die seit ihrem Bestehen (1960) eingetretenen sozialmedizinischen Entwicklungen gefordert und gefährdet, insbesondere durch die Verbreitung des subjektiven Krankheitsbegriffs («Ich bin krank, wenn ich mich krank fühle.»), der die Versicherungsdurchführung vor grosse Schwierigkeiten stellt. Sein zirkulärer Charakter macht die Anspruchsprüfung redundant und die der Legaldefinition des versicherten Risikos – Invalidität als dauerhafte *gesundheitlich bedingte Erwerbsunfähigkeit* – zugrunde liegende Kausalbeziehung zur Makulatur: Versicherte Erwerbs*unfähigkeit* lässt sich von nicht versicherter Erwerbs*losigkeit* nicht mehr abgrenzen. Hier schritt das Bundesgericht korrigierend ein. Seine Rechtsprechung verhinderte, dass die IV-Rente zum staatlichen Grundeinkommen mutierte. – Wie das Vorverständnis nun auch lauten möge, es darf nach dem Gesagten (N 7 in fine) für die Rechtsanwendung keine entscheidende Rolle spielen. Daran habe ich mich gehalten. Es ging mir darum, IV-Renten zuzusprechen, wenn *dafür* eine *schlüssige Beweis- und Beurteilungsgrundlage* vorhanden war, welche eine rentenbegründende Invalidität stützte. Traf dies im Einzelfall nicht zu, musste die Beschwerde abgewiesen werden, und zwar selbst dann, wenn sich die tatsächlichen Gründe für und gegen die Annahme von Invalidität die Waage hielten, das Beweisergebnis demnach auf Beweislosigkeit lautete, deren Folgen nach den Regeln über die materielle Beweislastverteilung die rentenansprechende Person zu tragen hatte.

[13] Zusammenfassend, nach allen meinen Erfahrungen, *imponiert im Vorverständnis die politische Seite, die Parteizugehörigkeit, gerade am wenigsten.* Bundesrichter und Bundesrichterinnen sind politisch gewählt, urteilen aber nicht politisch, auch wenn sie sich bewusst sind, dass ihre Entscheidungen politische Auswirkungen haben können. Dieses Axiom des schweizerischen Justizsystems ist ungebrochen. Ich habe in all meinen Jahren keinen Bundesrichter und keine Bundesrichterin gekannt, der oder die diese Grundvoraussetzung in Frage gestellt hätte. Alle, ausnahmslos alle, haben nach ihrem – subjektiven – besten Wissen und Gewissen geamtet. So sind mir umstrittene Urteile, die entlang der Parteigrenzen verlaufen, äusserst selten begegnet. Konkret in Erinnerung geblieben ist mir einzig ein Entscheid nicht aus der Rechtsprechung, sondern der Selbstverwaltung des Eidgenössischen Versicherungsgerichts (EVG; 1917–2006), als sich beim Einzug in den neuen Sitz, dem Gotthardgebäude in Luzern (2002), die Frage stellte, ob die Plätze der Richter und Richterinnen im Gerichtssaal im Verhältnis zum Publikum erhöht sein sollten (was am alten Standort des EVG an der Adligenswilerstrasse nicht der Fall gewesen war). Drei SP-ler verneinten, sechs Bürgerliche bejahten die Stufe. Der

Architekt bedauerte den Entscheid, er sei für den Raum ungünstig, man könne die Stufe leicht entfernen... Aber wer sagt denn, dass es die Parteizugehörigkeit war, welche für diese oder jene Möglichkeit meinungsbildend den Ausschlag gegeben hatte? So bleibt eben auch die richterliche Entscheidfindung – trotz der demokratiebedingten Beratungsöffentlichkeit – letztlich ein Geheimnis. Und das ist gut so, weil in dieser Unerforschbarkeit und Unantastbarkeit der inneren Meinungsbildung die erste und elementarste Voraussetzung richterlicher Unabhängigkeit liegt.

Festvortrag zur Patentierungsfeier der bernischen Rechtsanwälte und Rechtsanwältinnen vom 1. Juli 2019

Sehr geehrte Frau Obergerichtspräsidentin
Sehr geehrte Damen und Herren
Mesdames et Messieurs

1979–2019. Vor 40 Jahren stand ich, sehr geehrte frisch patentierte Rechtsanwälte und Rechtsanwältinnen des Kantons Bern, genau wie Sie, da, überglücklich, das Fürsprecherpatent in meinen Händen. Ich beglückwünsche Sie zu Ihrem Erfolg, der Ihnen *alle Wege öffnet*, vielleicht, wer weiss, bis an die Spitze des Bundesgerichts. Die Chancen dafür stehen gut: Von den sieben bisherigen Bundesgerichtspräsidenten des 21. Jahrhunderts waren vier Berner (Hans Peter Walter, 2001/02; Arthur Aeschlimann 2007/08; Lorenz Meyer, 2009–2012; Ulrich Meyer, seit 2017). Während bald elf von neunzehn Jahren stand das Bundesgericht somit unter bernischer Führung. Zeitweilig waren auch bis zu vier von sieben Abteilungspräsidenten Berner. Zurzeit zählt die Berner Deputation am 38 Köpfe zählenden Bundesgericht sieben Mitglieder (aufgezählt nach Anciennität: Ulrich Meyer, Thomas Merkli, Hans Georg Seiler, Nicolas von Werdt, Christian Herrmann, Lorenz Kneubühler, Monique Jametti). Dass das Bundesgericht fest in Berner Hand sei, wäre übertrieben; doch ist es von Berner Geist im Gotthelfschen[1] Sinne durchweht.

Meine Patentierungsfeier 1979 fand im Rathaus, im Grossratssaal, statt. Die Urkunde empfingen wir vom Vertreter der Justiz-, Kirchen- und Gemeindedirektion, von Herrn Regierungsrat Peter Schmid, Mitglied des damals noch neunköpfigen bernischen Regierungsrates (übrigens dem Bruder des späteren Bundesrates Samuel Schmid). Der Justizdirektor Peter Schmid schaute uns allen vor der Überreichung des Patentes einzeln tief und lange in die Augen und mahnte: «Manne, Froue, dir syt itz bärnischi Fürsprächer. Leget Ehr y füre Kanton Bärn.» Ein unvergesslicher, ein prägender Moment.

Alle Wege öffnen sich Ihnen, habe ich eingangs gesagt. In der Tat, als Rechtsanwalt, Rechtsanwältin geniessen Sie einerseits als Angehörige eines freien Berufes ein ganz grosses staatlich garantiertes Privileg, das anderseits eine unverzichtbare *institutionelle* Grundlage unseres freiheitlich-demokratischen Rechtsstaates Schweiz bildet. Der gegenwärtige Präsident des ungarischen

---

[1] Jeremias Gotthelf, Zeitgeist und Berner Geist, Ex Libris, 2014, Nachdruck des Originals von 1851.

Verfassungsgerichtes, Tamás Sulyok, mit dem ich freundschaftlich verbunden bin, ein ganz mutiger Mensch und hochgescheiter Jurist, dem es gelingt, sein Gericht vor dem staatspräsidialen Allmachtsanspruch des Viktor Orbán einigermassen zu bewahren, durfte mangels Mitgliedschaft in der Kommunistischen Partei bis zur Wende 1989 nicht als Rechtsanwalt tätig sein. Sie hingegen können, ab dem heutigen Tag, jederzeit, ohne Zulassungsverfahren, ohne Bedarfsnachweis, ohne numerus clausus und – vor allem – ohne Altersbeschränkung, der ein jeglicher Richter zum Opfer fällt, praktizieren und frisch von der Leber weg advozieren, so viel und so lange Sie nur wollen. Vor Ihnen liegt also gut gerechnet eine etwa 60-jährige Aktivitätsperiode, wenn Sie, wie einige Beispiele zeigen, bis Alter 90 vor Gericht plädieren.

Sie können Ihre beruflichen Kenntnisse und Anwaltsfähigkeiten aber auch in ganz anderem Kontext, ausserhalb der Welt der Gerichte und Anwaltskanzleien, einsetzen. Als Jurist, Rechtsanwältin oder Richterperson vergisst man gerne, dass nur ein geringer Teil aller Bürger und Bürgerinnen unseres Landes jemals im Laufe ihres Lebens an ein Gericht gelangt. Das ist der beste Beweis dafür, dass in unserem Lande Rechtsfrieden herrscht. Dieser Rechtsfriede in der Rechtsgemeinschaft ist ein kostbares Gut. Er nährt sich aus positives Recht – geltendes Gesetz – gewordenen Wertungen und Vorstellungen, welche die Rechtssubjekte im Allgemeinen überzeugen, weil sie ihnen grundsätzlich als gerecht erscheinen. Recht wirkt somit weit überwiegend ausserhalb und fernab gerichtlicher Verfahren. Würde sich der sehr geringe Prozentsatz der als Parteien vor staatlichen Gerichten auftretenden Personen auch nur verdoppeln, führte dies ohne Weiteres zum Kollaps der Gerichtsbarkeit. Das Bundesgericht hätte dann nicht 8000 Eingänge zu verzeichnen (was eh schon viel zu viel ist), sondern 16'000, was zu bewältigen ein Ding der Unmöglichkeit wäre.

Sie können also, ausserhalb der Rechtspflege, in ein privates Unternehmen einsteigen oder in die öffentliche Verwaltung gehen. Warum nicht an die Universität zurückkehren, nachdem Sie in den letzten Jahren Praxisluft geschnuppert haben und eine Dissertation nicht im luftleeren Raum schreiben müssen wie so viele bedauernswerte Uniabgänger, denen ein Thema vor die Füsse geworfen wird wie dem Hund der Knochen, und die damit nichts zustande bringen, weil sie mangels praktischer Erfahrungen und daraus fliessender Inspiration gar nicht wissen können, was dazu sinnvollerweise zu schreiben wäre. Oder Sie gründen eine Firma, werden Banker, Versicherer, Wirtschaftsförderer, Diplomat, Journalist, Spitaldirektor. Sie gehen in die Politik, werden Mitglied des bernischen Grossen Rates, ziehen später in die Bundesversammlung ein, welche die *Oberaufsicht* über das Bundesgericht (Art. 169 Abs. 1 Bundesverfassung; SR 101) ausübt – die für die institutionelle und personelle gerichtliche Unabhängigkeit so entscheidenden Unterschiede zur *Aufsicht* (und deren verschiedenen Formen) setze ich bei Ihnen, den erfolgreichen PrüfungsabsolventInnen, als bekannt voraus.

All das ist möglich dank dem, was Sie im Praktikum und in der Vorbereitung auf die Anwaltsprüfung gelernt haben: *juristisch zu argumentieren, um praktische Probleme zu lösen.* Sie sind nun in der Lage, wie Artus sein Schwert, die *rechtliche Argumentation* als den Excalibur unter den kognitiven Fähigkeiten, siegreich zu führen.[2] Der *rechtliche Ansatz,* die *juristische Denkweise* und die *Gabe zu einfacher, klarer* und – ich bitte Sie als Richter inständig darum – *kurzer Formulierung* – «In der Kürze liegt die Würze!» – sind Ihr berufliches Handwerkszeug, das Sie in jedem Wirkungszusammenhang einsetzen können – die Betroffenen, vorab Ihre Klienten und Klientinnen, werden es Ihnen danken.

Was gebe ich Ihnen sonst noch auf den Anwaltsweg mit? *Bescheidenheit. La modestie n'est pas une bêtise,* anders als Elisi in Gotthelfs Roman «Ueli der Knecht»[3] behauptete. Bescheidenheit ist angesagt, weil die Jurisprudenz oft überschätzt wird. Sind das Recht und die Rechtspflege ein Wert an sich? Nur in seltenen Konstellationen. Wer würde die Faszination der Rechtsgeschichte, wer die geistig-sprachliche Ästhetik voller praktischer Relevanz des Corpus Iuris Civilis, wer die Genialität des schweizerischen ZGB aus der Feder Eugen Hubers oder, bezüglich des (alten) OR, Walther Munzingers – oft vergessen, da im Schatten des Berühmteren stehend – infrage stellen? Niemand vernünftigerweise. Indes, hier handelt es sich um Glücksfälle der Geschichte und von in der Gegenwart fortgesetzten wissenschaftlichen Befassungen mit diesen grossen Themen. Im Allgemeinen aber, in der Praxis, ist das Recht kein Ziel an sich. Seine dienende Funktion kann nicht deutlich genug betont werden. Wenn der Klient, die Klientin Ihnen dereinst sagt, er oder sie wolle den Prozess auf jeden Fall führen, selbst wenn er nicht zu gewinnen sei, koste es, was es wolle, es gehe ihm/ihr allein ums Prinzip, dann müssen Sie hellhörig werden und das Mandat überdenken. Immer geht es beim Recht und dessen Pflege konkret um die *ordnende,* zu *Frieden* unter den Rechtssubjekten führende und im besten Fall sogar *sinnstiftende* Funktion des Rechts. Recht legitimiert sich dadurch, dass es sich in den Bedingungen der menschlichen Existenz, in den Seinswissenschaften der Medizin, Ökonomie, Kommunikation usw., also in den zu regelnden Lebensbereichen und auch in der Politik normativ bewähre, zum

---

[2] Vgl. Ulrich Meyer, Vom Geist des bernischen Fürsprechers, den drei Geboten und Michael Kohlhaas, in: ZBJV 147/2011, S. 510 f.

[3] Jeremias Gotthelf, Uli der Knecht, Zürich/Frauenfeld 1841.

Wohle der Rechtsgemeinschaft und ihrer Individuen, im Zeichen der Gerechtigkeit, zur Erhaltung des rechtlichen Grundkonsenses, des Rechtsfriedens in der Rechtsgemeinschaft.

Bescheidenheit ist auch geboten, weil das Recht – und Sie *sind* Diener, Dienerinnen des Rechts – eine *gefährdete Sache* ist. Die *äusseren Gefahren, die Angriffe auf den Rechtsstaat*, die sich derzeit in vielen Ländern der Erde ereignen – ich habe Ungarn beispielhaft erwähnt –, sind leicht erkennbar. Seien Sie stets kritisch gegenüber Verlautbarungen aller Art in Zeitungen, sozialen Netzwerken oder an Veranstaltungen. Fake News haben vor dem Recht nicht halt gemacht – was Ihnen jemand sagt, der als Bundesgerichtspräsident an internationalen Justizkonferenzen wiederholt zu hören bekam, eine *ohne Rechtsschutz erfolgte Massenentlassung von Justizpersonen* könne «durch die Staatsräson gerechtfertigt» sein. Ein solches Wording wäre noch vor wenigen Jahren in der westlichen Hemisphäre undenkbar gewesen. In unserem Lande sind wir glücklicherweise davon verschont. *Die hiesigen Gerichte funktionieren und sprechen Recht in Unabhängigkeit zu den anderen staatlichen Gewalten.* Das gilt *insbesondere für Staat und Kanton Bern, der bezüglich Richterwahlen und Organisation der Rechtspflege dem Bund einen Schritt voraus* ist; man kann mit Fug von einem *rechtskulturellen Niveauunterschied* sprechen, dies in zweifacher Hinsicht. Erstens: Anders als auf Bundesebene kommt es im Kanton Bern, wenn auch selten, aber doch hie und da, vor, dass eine *parteilose* Person an ein (oberstes) Gericht gewählt wird. Das *muss* auch auf Bundesebene *möglich* werden; denn es geht nicht an, *alle* hochqualifizierten Juristen und Juristinnen zum Vornherein und definitiv vom Richteramt auszuschliessen, nur weil sie, in Ausübung ihrer *Grundrechte* und ihrer *Überzeugung* folgend, *keiner* politischen Partei beitreten wollen. Der zweite qualitative Unterschied besteht darin, dass der Bund *keine* mit der *Justizleitung des Kantons Bern* vergleichbare Institution kennt. Die *Sammlung* aller in der Rechtspflege, einschliessend selbstverständlich die Strafverfolgung, tätigen Organe, der *Zivil-, Straf- und Verwaltungsjustiz* ebenso wie der *Staatsanwaltschaft*, unter *einem organisatorischen, administrativen* und *budgetrechtlichen Dach* bedeutet klarerweise – besonders unter Berücksichtigung der seit 2011 im Kanton Bern gemachten insgesamt positiven Erfahrungen – eine *Verbesserung der Stellung der Judikative* gegenüber *Parlament* und *Regierung*. Damit geht *uno actu* eine *Stärkung der gerichtlichen Unabhängigkeit* einher. Die nicht enden wollende Leidensgeschichte der Bundesanwaltschaft, deren jüngstes Kapitel wir gegenwärtig lesen, wäre nicht möglich, wenn die Eidgenossenschaft eine mit der Justizleitung des Kantons Bern vergleichbare Institution aufwiese.

Zum Schluss das Wichtigste, ein Wort zur inneren Unabhängigkeit. «Wem *wollen* Sie Recht geben?», hatte der legendäre Berner Rechtslehrer Theo Guhl und ihm folgend der grosse Max Kummer uns als Studierende gefragt. Seien Sie sich, meine Damen und Herren, der *voluntativen Komponente* der Rechtsanwendung immer bewusst. Entscheidfindung, das was *Sie für Recht halten*, hat sehr viel mit Psychologie zu tun. Die Jurisprudenz ist nun einmal *keine exakte Wissenschaft* und daher notwendigerweise Ihnen in *Ihrer unterschiedlichen Subjektivität überantwortet*. Sie können nichts anderes tun, als sich *ständig um Objektivität bemühen*. Ziehen Sie die Möglichkeit, dass Sie selber irren und nicht die Gegenpartei, immer in Betracht. Lehnen Sie sich innerlich zurück und überdenken Sie das, was Sie prima vista für richtig halten, stets noch einmal. So wird Ihre berechtigte Vorfreude auf den Sprung ins Berufsleben in Verbindung mit der eingeforderten Bescheidenheit Sie zu jener Haltung führen, die für einen Rechtsanwalt, eine Rechtsanwältin *das Beste* ist: *Gelassenheit üben, sich selber und den anderen gegenüber*. Fortiter in re – suaviter in modo. Stark in der Sache – sanft in der Art und Weise, wie Sie Excalibur, die juristische Argumentation, führen.

Ich wünsche *Ihnen allen* dazu *durchschlagenden Erfolg!*

Interview Bundesgerichtspräsident Prof. Dr. Ulrich Meyer

Interview von Boris Etter

Ulrich Meyer präsidiert seit 2017 das Bundesgericht. Im Interview mit äussert er sich zu seinem juristischen Werdegang, der ihn vom Studentenvater über eine Berührung mit dem Zauberstab an die Spitze des höchsten Gerichts der Eidgenossenschaft führte. Er spricht über seine Aufgaben und die Abläufe am Bundesgericht, gibt Tipps zum Prozessieren und erklärt, wie und weshalb die subsidiäre Verfassungsbeschwerde ersetzt werden sollte.

Wie wird man Bundesgerichtspräsident?

Bundesgerichtspräsident kann man nicht werden. Es gibt in der Schweiz keine Richterlaufbahn – im Gegensatz zu anderen Ländern, wie z.B. Deutschland oder Frankreich. Dies hängt mit der demokratischen Struktur unseres Landes zusammen. In der Bundesverfassung sind die folgenden Strukturprinzipien festgelegt: Demokratie, Rechtsstaat, Bundesstaat und Sozialstaat. Von diesen ist die Demokratie am stärksten gewichtet. Deshalb gibt es auch keine Verfassungsgerichtsbarkeit auf Bundesebene. Jeder und jede kann, sofern in eidgenössischen Angelegenheiten stimmberechtigt, zum Bundesrichter oder zur Bundesrichterin gewählt werden. Eine juristische Ausbildung ist nach Gesetz nicht erforderlich. In der Praxis sieht das natürlich anders aus. Die insgesamt 38 Bundesrichterinnen und Bundesrichter rekrutieren sich aus allen Bereichen der Rechtspflege. Ein erheblicher Teil stammt von kantonalen Gerichten. Es werden aber auch Rechtsanwälte und Professoren zu Bundesrichtern. Wichtig ist eine Durchmischung des Bundesgerichts. In dieser Konstellation kann man gar nicht sagen: «Ich werde Bundesrichter.» Bei mir war es letztlich ein rein biografischer Zufall, dass ich Bundesrichter geworden bin.

Sie verfügen über einen äusserst fundierten juristischen Werdegang: mit Tätigkeiten beim BJ in der HA Rechtsetzung, einer Professur an der Universität Zürich und Gerichtserfahrungen ab der Stufe Sekretär bzw. Gerichtsschreiber. Welche beruflichen Erfahrungen haben Sie persönlich am meisten geprägt?

Früher war es im Kanton Bern so, dass man im Rahmen des Jura-Studiums, nach einem Praktikum (üblicherweise an einem Berner Amtsgericht), direkt das Fürsprecherpatent (Anwaltspatent) erwerben konnte. So kam ich in jungen Jahren, nach sieben Semestern, ins Praktikum beim Amtsgericht Signau in

Langnau i.E. Als Präsident amtete Hans Rudolf Meuter; er war fast 40 Jahre Gerichtspräsident im oberen Emmental. Diese Persönlichkeit hat mich tief beeindruckt. In meiner ersten Verhandlung verwendete er meine Notizen zum Konkurrenzverbotsfall eines Fahrlehrers, der sein eigenes Geschäft eröffnet hatte. Da wurde mir klar, wie man durch rechtliche Überlegungen einen Streitfall entscheiden kann. Unser erstinstanzliches Urteil hielt vor dem Obergericht des Kantons Bern stand, worauf ich sehr stolz war. Ich empfand diese erste Gerichtserfahrung wie die Berührung mit einem Zauberstab und wollte nicht mehr an der Universität Karriere machen, obwohl ich damals schon Hilfsassistent für öffentliches Recht bei Prof. Richard Bäumlin war. Mein Ziel war es fortan, an einem Gericht zu arbeiten. Da ich nicht sofort eine Stelle am Gericht fand und schon damals eine Familie hatte – ich war ein richtiger «Studentenvater» –, bin ich per 1. November 1979 beim Bundesamt für Justiz (BJ) eingetreten.

Welche Eindrücke haben Sie insbesondere bei Ihrer Tätigkeit beim BJ in der HA Rechtsetzung mitgenommen?

Das Bundesamt für Justiz ist eine hervorragende Adresse für junge Juristinnen und Juristen. Dort findet man konzentriert das gesamte Recht der Schweiz. Man sagt auch heute: Das Bundesamt für Justiz ist das rechtliche Gewissen der Bundesverwaltung. Das war eine wichtige Erfahrung für mich. Als sich dann die Gelegenheit ergab, wechselte ich auf den 1. Juli 1981 als Sekretär an das damalige Eidgenössische Versicherungsgericht, dies in der Absicht, zwei bis höchstens vier Jahre zu bleiben und dann als Richter in den Kanton Bern zurückzukehren. Das hat aber nicht geklappt. Mit 22 trat ich der Sozialdemokratischen Partei bei. Mit diesem Parteibuch war es sehr schwierig an einem Berner Landgericht – im Emmental aufgewachsen, bin ich nun einmal ein Landei – Gerichtspräsident zu werden. In einer Volkswahl im Jahr 1985 im Amt Fraubrunnen unterlag ich knapp. Aber ein Jahr später wurde ich Bundesrichter. So viel zum Thema Karriereplanung.

Als Anwalt waren sie offenbar niemals tätig. Bereuen Sie das?

Nicht ganz, etwas Anwaltserfahrung habe ich: Im Anschluss an das Gerichtsvolontariat durfte ich 1977/78 zwei sehr spannende Anwaltspraktika absolvieren – das eine bei Omar Marbach, damals ein sehr renommierter Anwalt auf dem Platz Bern. Er insistierte immer wieder, dass die rechtliche Argumentation so klar zu Papier zu bringen sei, dass sie wirklich in den Kopf des Richters gehe: ein schwieriges Unterfangen, das mich wenig lockte! Beim zweiten Anwalt, Bernhard Rüdt, durfte ich dann nach dem Praktikum unter Substitutionsvollmacht einige Prozesse zu Ende führen – mit unterschiedlichem Erfolg.

Ich weiss also, was es heisst, einen Prozess zu verlieren oder zu gewinnen. Das war ebenfalls faszinierend; aber mich hat es einfach auf die andere Seite der Gerichtsschranke gezogen.

Wie sieht ein normaler Arbeitstag im Leben des Bundesgerichtspräsidenten aus?

Der Bundesgerichtspräsident nimmt keine besondere Funktion in der Rechtsprechung wahr. Das Bundesgerichtsgesetz (BGG) basiert auf einer klaren Trennung zwischen der Rechtsprechung durch die sieben Abteilungen des Bundesgerichts und dessen Selbstverwaltung. Ich sitze der Verwaltungskommission vor und vertrete das Bundesgericht nach aussen, insbesondere auch gegenüber dem Parlament und seinen Kommissionen. Mein Alltag ist sehr vielfältig. Dazu kommt, dass ich der erste Bundesgerichtspräsident bin, der einer Luzerner Abteilung angehört. In Luzern befinden sich ja die beiden sozialrechtlichen Abteilungen des Bundesgerichts. Während der ersten zwei Präsidialjahren arbeitete ich wöchentlich drei Tage in Lausanne und zwei Tage in Luzern. In den beiden weiteren Präsidialjahren halte ich es umgekehrt: Ich weile drei Tage in Luzern und zwei in Lausanne (in der Regel Montag und Donnerstag). Alles steht natürlich unter dem Vorbehalt von auswärtigen Verpflichtungen. So verbrachte ich den gestrigen Tag (Anm.: den 16. April 2019) im Parlament in Bern, bei der Rechtskommission des Ständerates bezüglich der Revision des BGG, sowie in der Finanzkommission, um die Jahresrechnung des Bundesgerichts zu vertreten. Einen «normalen» Arbeitstag gibt es für mich nur selten.

Wie läuft die Führung des Bundesgerichts bzw. deren praktische Umsetzung ab mit den Institutionen Gesamtgericht, Präsidentenkonferenz, Verwaltungskommission und vereinigte Abteilungen?

Wie gesagt, der eine Stamm ist die Rechtspflege, der andere die verfassungsmässig garantierte Selbstverwaltung des Gerichts. Natürlich gibt es Berührungspunkte. Zu Beginn jedes Jahres findet eine gemeinsame Sitzung von Verwaltungskommission und Präsidentenkonferenz statt, an der die personellen Ressourcen auf die sieben Abteilungen verteilt werden. Wir setzen bewusst auf eine schlanke Verwaltungsstruktur. Eine Konzentration der Administration auf wenige Köpfe schafft die optimalen Voraussetzungen für ein gutes Funktionieren des Kerngeschäfts, der Rechtsprechung. Wir erlassen rund 8000 Urteile pro Jahr. Das Bundesgericht ist eine Urteilsfabrik – aber eine von hoher Qualität.

Welche Bedeutung hat heute am Bundesgericht der elektronische Rechtsverkehr? Welche Entwicklungen erwarten Sie diesbezüglich in den nächsten fünf Jahren?

Im Jahr 2018 war diesbezüglich unter dem Dach der vom Bundesgericht präsidierten Schweizerischen Justizkonferenz der Schulterschluss gelungen zwischen den Gerichten sowie der Anwaltschaft, vertreten durch den Schweizerischen Anwaltsverband (SAV) auf der einen Seite, und den Staatsanwaltschaften bzw. der Konferenz der Kantonalen Justiz- und Polizeidirektorinnen und -direktoren (KKJPD) sowie der Bundesanwaltschaft auf der anderen Seite. Das gesamtschweizerische Projekt zur Digitalisierung der Justiz heisst Justitia 4.0. Der Startschuss hierzu erfolgte am 14. Februar 2019. Zu beachten ist, dass 90% der Gerichtsbarkeit in der Schweiz auf der kantonalen Ebene stattfindet. Justitia 4.0 ist ein sehr grosses Projekt. Die Schweiz ist kein zentralistischer Staat wie Frankreich oder Dänemark. Es existiert denn auch noch keine gesetzliche Grundlage für ein Obligatorium des elektronischen Rechtsverkehrs. Alles beruht auf freiwilliger Zusammenarbeit. In der Praxis des Bundesgerichts selber spielt der elektronische Rechtsverkehr zurzeit noch keine grosse Rolle, weil in einem Dossier bis und mit dem angefochtenen Entscheid alles aus Papier besteht. Wir haben daher pro Jahr nur 40 bis 50 elektronische Beschwerden bei rund 8000 Fällen pro Jahr.

Setzen Sie am Bundesgericht Legal Tech ein, bzw. gibt es Pläne dafür oder Pilotprojekte?

Wir setzen zahlreiche Datenbanken und Suchprogramme ein. Das Bundesgericht verfügt über hervorragende Systeme, insbesondere zum Auffinden von Urteilen. Das Bundesgericht ist auch im Bereich Informatik sehr gut alimentiert. Neben Justitia 4.0 sind zwei weitere IT-Projekte hervorzuheben. GEVER ist das papierlose Dossier für die Bundesverwaltung bzw. die Gerichtsselbstverwaltung. Dazu arbeiten wir am e-Dossier Bundesgericht mit einem zeitlichen Horizont von ca. drei Jahren. Wir möchten unser Dossier künftig elektronisch führen und die Arbeitsumgebung der Bundesrichter entsprechend anpassen. Den Bundesrichterinnen und Bundesrichtern soll auch Telearbeit ermöglicht werden, natürlich unter Einhaltung von sehr hohen Sicherheitsstandards. Unser Know-how aus diesen Projekten wird in Justitia 4.0 einfliessen. Dieses Jahr noch soll eine erste Abteilung des Bundesgerichts als Pilotabteilung das e-Dossier einführen.

Wird ein Computer bzw. Künstliche Intelligenz (KI) den Richter aus Fleisch und Blut jemals ersetzen können?

Niemals. Hingegen ist denkbar, dass solche Programme als Ergänzung zu den herkömmlichen Erkenntnisquellen und Hilfsmitteln eine Rolle spielen werden, etwa zur Erschliessung von Präjudizien. Das richterliche Urteil selbst wird niemals vom Computer ersetzt werden können.

Aus der typischen Sicht des Anwalts findet beim Bundesgericht ein schriftliches Verfahren statt. Wie beliebt sind die öffentlichen Sitzungen des Bundesgerichts und wer sitzt dort auf den Zuschauerrängen?

Das ist Ausdruck des demokratischen Verfassungsstrukturprinzips: Wenn der Präsident der urteilenden Abteilung es anordnet, wenn ein Bundesrichter es verlangt oder wenn die urteilenden Kollegen keine einstimmige Lösung finden, wird eine publikumsöffentliche Verhandlung durchgeführt. Im Gegensatz zu fast allen anderen Ländern zieht sich das Bundesgericht in diesem Fall zur Urteilsberatung nicht hinter verschlossene Türen zurück. Man will den Meinungsbildungsprozess eines Urteils nachvollziehbar und transparent machen. Die öffentliche Urteilsberatung am Bundesgericht ist die entschiedenste Absage an die Kabinettsjustiz.

Welche Bedeutung messen Sie den öffentlichen Sitzungen des Bundesgerichts bei?

Den staatspolitischen Kern habe ich Ihnen soeben aufgezeigt. In den 1990er-Jahren setzte die enorme Fallzunahme ein. Vorher hatte jede Lausanner Abteilung ihren festen wöchentlichen Sitzungstag. Wegen des heutigen sehr hohen Arbeitsvolumens – seit 2007 stiegen die Fälle deutlich an – und trotz Einführung der Einheitsbeschwerde wäre ein solcher Sitzungsrhythmus heute ein Ding der Unmöglichkeit. Wegen der anhaltend zu hohen Zahl von Beschwerden, welche allesamt Aktenprozesse sind, ist 2018 die Revision des BGG eingeleitet worden, welche gegenwärtig im Ständerat hängig ist. Das Grundproblem ist die Unterscheidung von Tatfragen und Rechtsfragen. Jeder Rechtsanwalt weiss, dass Prozesse meistens auf der Tatsachenebene verloren und nur selten aus rechtlichen Gründen gewonnen werden. Gemäss zuverlässigen Schätzungen aus den sieben Abteilungen ist die grosse Mehrheit der erhobenen Rügen an sich tatsächlicher Natur. Nach Art. 105 Abs. 1 BGG stellt die gerichtliche Vorinstanz den durch das Bundesgericht zu beurteilenden Sachverhalt verbindlich fest. Die daran beschwerdeweise geübte Tatsachenkritik wird oftmals in rechtliche Argumente eingepackt. So wird z.B. eine Tatsachenfeststellung als Verletzung des rechtlichen Gehörs oder der Regeln über die Beweiswürdigung gerügt. Das ist ein grosses Problem. Das Bundesgericht ist das höchste

Gericht im Lande. Als solches ist seine Aufgabe die Beantwortung von Rechtsfragen, aber nicht, wie oft fälschlicherweise gesagt und geschrieben wird, nur die Beantwortung von grundsätzlichen Rechtsfragen: Das Bundesgericht beantwortet Rechtsfragen – ob von grundsätzlicher Bedeutung oder nicht! Im Grundsätzlichen hat das Bundesgericht selbstverständlich rechtsfortbildend zu wirken; es sorgt auch für die Einheitlichkeit der Rechtsordnung im Bundesstaat. Soweit die Verfassung dem Bundesgericht diese Rolle zuweist, gehört auch die Kontrolle die über die anderen Staatsgewalten zu seinem Aufgabenbereich; zwar nicht die Kontrolle des Bundesgesetzgebers, wohl aber jene der Verordnungen des Bundesrates und seiner Departemente. Dazu kommen der kantonale und der kommunale Bereich, wo das Bundesgericht Verfassungsgericht ist. Die Aufgabe der Gewährung des individuellen Rechtsschutzes hingegen teilt sich das Bundesgericht mit seinen Vorinstanzen, zumal die Kantone im Zivil- und Strafrecht verpflichtet sind, zwei kantonale Instanzen einzurichten. Der erstinstanzliche Richter ist der erste, der Rechtsschutz gewähren muss, anschliessend kommt die zweite kantonale Instanz. Erst dann ist das Bundesgericht als Rechtsschutzinstanz am Zuge, aber nicht mit der Zuständigkeit zur Tatsachenüberprüfung. Es ist zentral, diese grundsätzliche Aufgabenzuweisung im Kopf zu behalten.

Wer entscheidet, welche Urteile in der amtlichen Sammlung publiziert werden?

Das entscheidet die urteilende Abteilung. Diese beschliesst, ob ein Urteil von ihr amtlich publiziert wird. Urteile in Fünferbesetzung haben grundsätzliche Rechtsfragen zum Inhalt und gehören daher in die Amtliche Sammlung (AS). Nur etwa zehn Prozent der Urteile des Bundesgerichts ergehen in Fünferbesetzung. Der Prozentsatz der in die AS aufgenommenen Entscheide ist geringer. Die Publikation eines Urteils in der AS ist eine Auszeichnung. Anwendungsfälle der Rechtsprechung werden in Dreierbesetzung gefällt und nicht in der amtlichen Sammlung publiziert (mit Ausnahme des SchKG-Bereichs). Sie sollten im Internet kein Urteil des Bundesgerichts finden, welches nicht in der AS publiziert ist und dennoch einen rechtlichen Grundsatz kreiert!

Das Bundesgericht versendet bei gewissen Urteilen Medienmitteilungen. Nach welchen Kriterien werden die Fälle bestimmt, bei denen aktiv kommuniziert wird?

Das Bundesgericht publiziert rund 50 bis 60 Medienmitteilungen pro Jahr. Unser Medienbeauftragter Peter Josi, erstellt die Medienmitteilungen in enger Zusammenarbeit mit den für das Urteil zuständigen Abteilungen. Welche Urteile zu Medienmitteilungen führen, ist immer auch etwas eine Ermessensfrage. Letztlich entscheidet das Abteilungspräsidium. Peter Josi macht Vorschläge, bei welchen Urteilen eine Medienmitteilung Sinn macht oder notwendig erscheint. Das letzte Wort über eine Medienmitteilung, auch über deren Inhalt, hat aber immer der Abteilungspräsident.

Welches sind für Sie persönlich die wegweisendsten Urteile des Bundesgerichts der letzten Jahre?

Ich habe unterstrichen, dass dem Bundesgerichtspräsidenten in der Rechtsprechung keine besondere Rolle zukommt. Aus diesem Grund kann ich nur zu jenen Urteilen etwas sagen, welche im Sozialversicherungsrecht ergingen. Zwei Urteile möchte ich hier hervorheben: einerseits BGE 137 V 210, ein Jahrzehnteurteil zur rechtlichen Ausgestaltung des Administrativverfahrens in der IV; andererseits BGE 141 V 281, das materiellrechtliche Pendant zum ersten erwähnten Urteil, welches die Rechtsprechung zur Invalidität konsolidierte. Es ist der Versuch, medizinische und rechtliche Beurteilung im Kontext der Invalidität wieder in Einklang zu bringen.

Wie häufig sind sich Bundesrichterinnen und Bundesrichter völlig einig bei ihren Urteilen?

In der Mehrzahl der Fälle besteht kein Dissens. Dies erkennt man daran, dass der Entscheid im Zirkulationsverfahren gefällt wurde und nicht anlässlich einer öffentlichen Beratung. Jedes Urteil – mit Ausnahme der einzelrichterlichen Nichteintretensentscheide nach Art. 108 BGG – zirkuliert bei drei oder fünf Richterinnen und Richtern. In einer gewissen Zahl der Fälle gibt es Dissens, entweder bezüglich des Ergebnisses oder der Begründung, was zu einer erneuten Zirkulation führt. Erst wenn sich nach der Zirkulation keine Einigung finden lässt, schreitet man zur öffentlichen Beratung.

Sollten Bundesrichterinnen und Bundesrichter begründete Minderheitsmeinung (Dissenting Opinion) als Anhang beifügen können? Was halten Sie von dieser Idee, welche ursprünglich auch Teil der Revisionsbestrebungen des Bundesgerichtsgesetzes war, aber dann vom Nationalrat gestrichen wurde?

Der Stand der Dinge ist der folgende: Der Nationalrat hat die BGG-Revision am 13. März 2019 zuhanden des Ständerates verabschiedet. Am 16. April 2019 fand die Anhörung des Präsidiums des Bundesgerichts in der Rechtskommission des Ständerates statt. Die Dissenting Opinion ist glücklicherweise aus der BGG-Revision gestrichen worden. Das Bundesgericht ist gegen die Einführung der Dissenting Opinion. Der Nationalrat hat diese Ansicht geteilt. Der einzige verbliebene Streitpunkt ist die subsidiäre Verfassungsbeschwerde. Deren Beibehaltung – wie dies eine grosse Mehrheit des Nationalrats entgegen der Auffassung des Bundesgerichts entschieden hat – stützt sich mehr auf eine staatspolitische und sozialpsychologische Sicht, welche sich rational juristisch nicht begründen lässt. Denn diese Beschwerde bringt dem Beschwerdeführer praktisch nichts. Die grosse Mehrheit der Rügen in der subsidiären Verfassungsbeschwerde sind Willkürrügen, bei welchen die Rechtsuchenden von vornherein schlechte Karten haben. Es müsste nach Auffassung des Bundesgerichts darum gehen, ein wirksameres System zu schaffen, ein Auffangbecken für begründete Beschwerden: die Ersetzung der subsidiären Verfassungsbeschwerde durch eine Neuformulierung der Eintretensgründe bei der ordentlichen Beschwerde, vor allem im Bereich der nicht erreichten Streitwertgrenzen, wo bisher die subsidiäre Verfassungsbeschwerde möglich war, aber mit sehr tiefer Erfolgsquote von 2%-4%, dies im Vergleich zu Gutheissungsquoten von über 14% bei den ordentlichen Beschwerden. Die Ständeratskommission hat das EJPD mit der Suche nach einer mehrheitsfähigen Regelung beauftragt. Die Rechtskommission des Ständerates wird ihre Beratung nach der Sommerpause weiterführen. Der Ständerat wird zu Recht als «chambre de réflexion» bezeichnet. Seine Rechtskommission ist diesem Ruf voll und ganz gerecht geworden. Nach der gewährten «pause de réflexion» werden wir sehen, wie es weitergeht.

Wenn wir schon gleich beim Thema sind: Am Anwaltskongress SAV FSA in Luzern halten Sie das Eröffnungsreferat «Die Revision des Bundesgerichtsgesetzes: Welche Rechtspflege wollen wir?» Können Sie uns mehr hierzu verraten?

Inhaltliche Vorgaben hat mir niemand gemacht. Einiges aus unserem Interview wird sich in meinem Referat finden. Ich komme mir wie ein Wanderprediger vor, was Sie aus mehreren Publikationen ersehen: Die stufengerechte Belastung des Bundesgerichts als höchstem Gericht des Landes erscheint mir zentral zu sein und liegt mir daher am Herzen.

Können Sie unseren Leserinnen und Lesern Tipps zum Prozessieren am Bundesgericht geben?

In der Kürze liegt die Würze. Denken Sie an Omar Marbach. Der Anwalt muss so klar und zwingend kohärent und konzis schreiben, dass es tatsächlich in den Kopf des Richters geht. Das ist klassische Berner Streitgegenstandslehre im Sinne der grossen Prozessrechtler Max Kummer und Fritz Gygi, deren Schüler ich noch sein durfte. Sie lehrten uns, es auf den Punkt zu bringen. Der Fokus muss auf dem Streitentscheidenden liegen. Die Prozessgeschichte kann vorausgesetzt werden. Immer in medias res gehen!

Wie sind Sie mit dem Standort Luzern des Bundesgerichts zufrieden?

Der Sitz des Bundesgerichts befindet sich seit 1875 in Lausanne. Zuvor wurde Bern 1848 Bundeshauptstadt. In Zürich wurde 1854 die Eidgenössische Technische Hochschule ETH angesiedelt. Als nächste Bundesinstitution erhielten Lausanne, der Kanton Waadt und die Westschweiz das Bundesgericht. Dies alles geschah aus staatspolitischen, föderalistischen Beweggründen. Als Nächstes folgte die SUVA.

Die SUVA war die erste bundessozialversicherungsrechtliche Institution. Diese wurde damals bewusst nach Luzern vergeben zwecks institutioneller Integration der konservativen Zentralschweiz in den freisinnigen Bundesstaat. Es brauchte eine gerichtliche Begleitinstanz, welche Streitigkeiten aus der SUVA (und der Militärversicherung) in letzter Instanz schlichtete. So entstand das Eidgenössische Versicherungsgericht. Dieses war im rechtlichen Sinne – wenn auch nicht organisatorisch und vom Namen her – immer schon ein Bundesgericht, nämlich das höchste Spezialverwaltungsgericht des Bundes für die sich entwickelnde Bundessozialversicherung. Seinem Sonderzustand hat erst die Fusion mit dem Bundesgericht per 1. Januar 2007 ein Ende gesetzt. Das Bundesgericht am Standort Luzern ist eine Filiale des Bundesgerichts mit Sitz in Lausanne. Die Innerschweiz wollte und will, dass der Standort des Bundesgerichts in Luzern erhalten bleibt, weil er der föderalistischen Struktur unseres Landes entspricht.

Welche Empfehlungen zu Luzern, z.B. Restaurants, können Sie den Besucherinnen und Besuchern des Anwaltskongresses in Luzern geben?

Seit 1982 wohnte ich in Luzern selber, früher mit vier schulpflichtigen Kindern. Auch war ich lange Kirchenpflegepräsident der reformierten Matthäuskirche. Heute lebe ich in der Agglomeration. Luzern ist eine hochattraktive Stadt, in jeder Beziehung. Am Bundesgericht in Lausanne gibt es eine gut besuchte Kantine. In Luzern braucht es das nicht, ist doch das Gotthardgebäude ja von einer Vielzahl von Verpflegungsmöglichkeiten jeder Art und Preiskategorie umgeben.

Wie halten Sie sich persönlich fit?

Nur ein Richter, dem es gut geht, ist ein guter Richter. Es ist mir ein Urbedürfnis, mich zu bewegen, um mich gut zu fühlen. Da die Tätigkeit als Richter im Wesentlichen aus Lesen, Überlegen und Schreiben besteht – alles körperlose Tätigkeiten –, bin ich es mir selber schuldig, etwas für meinen Körper zu tun. Ich spiele leidenschaftlich gerne Tennis, wenn auch nur mittelmässig gut und ohne Ranking. Auch fahre ich sehr gerne Velo in der Stadt und auch auf Velo-touren. Ich fahre ab und zu sonntags mit dem Velo von Luzern nach Bern zu meiner Schwester.

Und zum Schluss noch die folgende (knallharte) Frage: Sie wurden in Inter-laken geboren und arbeiten in Luzern. An welchem Ort ist der Blick auf die Berge schöner?

Das kann ich beim besten Willen nicht sagen. Beide Städte sind weltweite Top-Tourismusdestinationen. Es handelt sich dabei um einen Wettkampf unter den Schönsten.

Entwicklung und Organisation der Bundesgerichtsbarkeit

Zur Rolle des Bundesgerichts für die Schweizer Rechtspflege

I. Die verfassungsrechtliche Stellung des Bundesgerichts[1]

Im 5. Titel Bundesbehörden, 4. Kapitel Bundesgericht und andere richterliche Behörden, unter der Marginalie Stellung des Bundesgerichts, bezeichnet Art. 188 Bundesverfassung[2] dieses als die oberste rechtsprechende Behörde des Bundes (Abs. 1); das Gesetz bestimmt die Organisation und das Verfahren (Abs. 2); das Bundesgericht verwaltet sich selbst (Abs. 3). Art. 189 BV zählt seine Zuständigkeiten auf. Danach beurteilt das Bundesgericht Streitigkeiten wegen Verletzung von Bundesrecht, Völkerrecht, interkantonalem Recht, kantonalen verfassungsmässigen Rechten, der Gemeindeautonomie und anderer Garantien der Kantone zugunsten öffentlich-rechtlicher Körperschaften sowie von eidgenössischen und kantonalen Bestimmungen über die politischen Rechte (Abs. 1 lit. a-f). Das Bundesgericht beurteilt Streitigkeiten zwischen Bund und Kantonen oder zwischen Kantonen (Abs. 2). Das Gesetz kann weitere Zuständigkeiten des Bundesgerichts begründen (Abs. 3; z.B. jene betreffend die Aufsicht über die vorinstanzlichen eidgenössischen Gerichte, Art. 1 Abs. 2 Bundesgerichtsgesetz[3]). Akte der Bundesversammlung und des Bundesrates können beim Bundesgericht nicht angefochten werden; Ausnahmen bestimmt das Gesetz (Abs. 4). Art. 190 BV ordnet unter der Marginalie Massgebendes Recht an: Bundesgesetze und Völkerrecht sind für das Bundesgericht und die anderen rechtsanwendenden Behörden verbindlich. Nach Art. 191 BV gewährleistet das Gesetz den Zugang zum Bundesgericht (Abs. 1); für Streitigkeiten, die keine Rechtsfrage von grundsätzlicher Bedeutung aufwerfen, kann das Gesetz eine Streitwertgrenze vorsehen (Abs. 2). Das Gesetz kann für bestimmte Sachgebiete den Zugang zum Bundesgericht ausschliessen (Abs. 3) und für offensichtlich unbegründete Beschwerden ein vereinfachtes Verfahren vorsehen (Abs. 4). Schliesslich ist das Bundesgericht nach Art. 191c BV in seiner Rechtsprechung unabhängig und nur dem Recht verpflichtet.

Die bundesgerichtliche Unabhängigkeit hat institutionell Verfassungsrang. Die verfassungsmässig garantierte Beurteilung durch das – von allen andern Staatsgewalten unabhängige – Bundesgericht hat demnach nicht nur grund-

---

[1] Überarbeitete und erweiterte Fassung des vor dem Europa Institut der Universität Zürich (EIZ) am 27. August 2021 gehaltenen Vortrages.

[2] BV; SR 101.

[3] BGG; SR 173.110.

rechtliche Bedeutung[4] sondern drückt, wenn auch nur implizite, den für die Schweiz als Rechtsstaat konstitutiven Grundsatz der Gewaltenteilung aus. Deswegen und unter Berücksichtigung der ebenfalls durch die Verfassung verbürgten Autonomie in der Gerichtsverwaltung kommt dem Bundesgericht unstreitig der Rang eines Verfassungsorgans zu, angesiedelt auf der gleichen Stufe wie die in den vorangehenden Kapiteln des 5. Titels geregelten Bundesversammlung (Art. 148 ff. BV) und Bundesrat (Art. 174 ff. BV).

II. Die genuinen Aufgaben des Bundesgerichts als eines Höchstgerichts: Rechtskontrolle und Rechtsfortbildung

Die zitierten gerichtsverfassungsrechtlichen Bestimmungen weisen somit dem Bundesgericht – ausdrücklich und klar – die Rolle eines von den andern Staatsgewalten unabhängigen Höchstgerichtes zu, dessen Aufgabe im Erkennen und Ahnden von *Rechtsverletzungen* liegt, welche die Vorinstanz im angefochtenen Entscheid oder der kantonale, kommunale Gesetzgeber im beanstandeten Erlass begangen haben. Der Begriff der Rechtsverletzung, und zwar der Verletzung von Bundesrecht, welchen der eingangs zitierte Art. 189 BV über die Zuständigkeiten des Bundesgerichts verwendet und worauf sich die folgenden Ausführungen beziehen,[5] kann nicht genug betont werden; um ihn dreht sich alles; er ist für die Rolle des Bundesgerichts als höchstes Gericht zentral.

Eine Rechtsverletzung liegt vor, wenn das Gericht eine Rechtsfrage, *id est* die Frage nach der Tragweite einer öffentlich-rechtlichen Bestimmung, eines Staatsvertrages, eines Gesetzes, einer Verordnung, einschliesslich jener nach der Übereinstimmung mit übergeordnetem Recht, unrichtig beantwortet oder wenn es die rechtlich massgebende Bedeutung einer privatautonomen Bestimmung verkannt hat, eines Rechtsgeschäftes, namentlich eines Vertrages. Es geht bei der Prüfung der Frage, ob eine Rechtsverletzung vorliegt, stets entweder um die von Amtes wegen zu ermittelnde topische Einschlägigkeit oder den zutreffenden Rechtssinn der Beurteilungsgrundlage im Rahmen der Normenhierarchie – *tertium non datur*. Das ist im öffentlichen Recht nicht anders als im Bereich von ZGB, OR und der in den letzten Jahren und Jahrzehnten ins Kraut geschossenen «zivilrechtlichen» Spezialgesetze.

---

[4] Art. 30 BV.

[5] Ziff. I. Vorbehalten sind die seltenen Streitsachen nach Art. 189 Abs. 1 lit. c–f BV, in denen auch Verstösse gegen kantonales Recht gerügt und vom Bundesgericht frei geprüft werden können.

Die Entscheidung von Rechtsfragen, insbesondere von neuen und damit *per se* grundsätzlichen Rechtsfragen – eine vom Bundesgericht noch nicht beurteilte Rechtsfrage hat immer grundsätzlichen Charakter –; die Weiterentwicklung der Rechtsprechung zu einer schon beantworteten Rechtsfrage, in Form sei es einer (allenfalls nuancierenden) Bestätigung, Präzisierung oder Änderung; die Auslegung von Gesetzesnormen und Vertragsbestimmungen, die Konkretisierung unbestimmter Rechtsbegriffe, die Bildung von Fallgruppen – diese und viele andere Rechtsakte machen die Domäne des Bundesgerichts als höchstem Gericht der Schweiz aus. Das Gericht, das Bundesgericht als Taktiker zur Erreichung der vom Gesetzgeber, der Bundesversammlung gesetzten strategischen Ziele (Arthur Meier-Hayoz). Da das BGG kein Vorlageverfahren kennt – unzweckmässigerweise, es wäre allen Beteiligten dienlich, die im vorausgehenden Prozess sich verfahrensentscheidend stellende Rechtsfrage dem Bundesgericht frühzeitig, vor dem Endentscheid, rasch und gesondert, unterbreiten zu können –, geschieht diese rechtliche Beurteilung notwendigerweise immer im Zuge der Beurteilung einer Beschwerde im konkreten Einzelfall.

Die Rolle des Bundesgerichts besteht nach dem Gesagten darin, dem Bundesrecht verbindliche Konturen zu geben und damit die Einheitlichkeit der Rechtsordnung im Bundesstaat sicherzustellen mit seinen 26 kantonalen Gerichtsbarkeiten und, wenn die Unabhängige Beschwerdeinstanz für Radio und Fernsehen (UBI) mitgezählt wird, vier eidgenössischen Vorinstanzen (Bundesstrafgericht, Bundesverwaltungsgericht, Bundespatentgericht).

Das Bundesgericht ist somit zwar Höchstgericht, aber nur beschränkt Verfassungsgericht. Sämtliche Versuche scheiterten letztlich, nach jeweils hoffnungsvollem Beginn, das Bundesgericht als Verfassungsgericht auf Bundesebene zu betrauen, sei es an der Urne, sei es schon im Parlament – es gab im Verlaufe des 20. Jahrhunderts mehrere Vorstösse, der letzte im Zusammenhang mit der Justizreform 2000.[6] Daran zeigt sich die heutige Präponderanz des demokratischen Verfassungsstrukturprinzips[7] vor dem rechtsstaatlichen. Dem war aber nicht immer so. Als zur Zeit der demokratischen Bewegung in den 1860er-Jahren, die zur zweiten Bundesverfassung von 1874 führte,[8] im Verhältnis von Bund und Kantonen fast alle staatlichen Kompetenzen bei den Gliedstaaten lagen, der Bund noch schwach und von ihm mangels Finanzkompetenzen keine Bedrohung der wirtschaftlichen Freiheitsrechte, kein unzuläs-

---

6   Kley, S. 169 ff.
7   Zum «ewigen Streit» zwischen Demokratie- und Rechtsstaatsprinzip mit Blick auf die Verfassungsgerichtsbarkeit Tschannen, S. 798 ff.
8   Dazu eingehend Kölz, S. 599 ff.

siger Eingriff in den Geldsäckel der Bürger, zu erwarten war, hatte die Konsti-
tuante das zu schaffende ständige Bundesgericht, durchaus nach dem Vorbild
des US-amerikanischen Supreme Courts, mit der Kompetenz betraut, kantonale und kommunale Einzelakte und Erlasse, letzte nicht nur im konkreten
Anwendungsfall, sondern auch im abstrakten Normenkontrollverfahren, auf
ihre Vereinbarkeit mit der Bundesverfassung zu prüfen und sie im Falle einer
nicht durch verfassungskonforme Auslegung auflösbaren Verfassungsverlet-
zung aufzuheben. Warum das, bald 150 Jahre später, da die Staatskompeten-
zen weit überwiegend beim Bund liegen, für Bundesgesetze und Staatsverträge nicht gelten soll, ist im Grunde rational-rechtsstaatlich nicht zu erklären
und einzig heutzutage vorherrschender staatspolitischer Sichtweise geschuldet: Das letzte Wort dem Souverän, Volk und Ständen, nicht der Dritten Gewalt, dem Bundesgericht.

III. Der Alltag des Bundesgerichts: eine Urteilsfabrik

Vom BGG, seit 2007 in Kraft, hatte man sich eine entlastende Wirkung erhofft.
Das Gegenteil trat ein. Laut Geschäftsbericht hat das Bundesgericht auch im
Jahr 2020 mit 38 Richtern, wovon 15 Frauen, und 134,7 Gerichtsschreiberstellen, wovon die Hälfte durch Frauen besetzt, bei 8'024 eingegangenen Fällen
7'863 Urteile erlassen.[9] Daraus resultiert konstant, tagaus, tagein, ein immen-
ser quantitativer Druck, der zur so speditiv wie nur möglichen Fallerledigung
zwingt. In dieser Masse von Fällen bleibt wenig, sehr wenig Zeit, sich in Musse
über ein einzelnes Dossier zu beugen, sich darin zu vertiefen, sich Zeit zu
nehmen, den Urteilsantrag des Referenten oder der Gerichtsschreiberin gelassen beiseite zu legen, um in den nächsten Tagen nochmals darüber zu re-
flektieren. Wer nun glaubt, in dieser Beschwerdeflut gehe es ausschliesslich
oder auch nur vorwiegend um Bundesrechtsfragen im dargelegten Sinne,[10] geschweige denn um neue und damit grundsätzliche Rechtsfragen, täuscht sich
gründlich: Von den 2020 gefällten Urteilen ergingen weit weniger als 10 Prozent in Fünferbesetzung, welche der Entscheidung über Rechtsfragen von
grundsätzlicher Bedeutung vorbehalten ist (oder die eingeschaltet wird, wenn
ein Richter oder eine Richterin sie verlangt), nämlich 537 oder 6,8 Prozent
aller Urteile. Amtlich publiziert, d.h. als praxisbildend betrachtet und daher in
die Amtliche Sammlung (AS) der bundesgerichtlichen Entscheidungen aufge-

---

[9] Geschäftsbericht 2020, S. 8-11. Im Zeitpunkt der Manuskriptabgabe lag der Geschäftsbe-
     richt 2021 noch nicht in zitierfähiger Form vor. Doch hat sich an der Belastung nichts We-
     sentliches geändert.
[10] Ziff. II.

nommen, wurden nochmals erheblich weniger, nämlich noch ganze 228 oder 2,9 Prozent aller Urteile. Die hellgrauen (staatsrechtlichen), weinroten (verwaltungsrechtlichen), ockergelben (zivilrechtlichen), hellgrünen (strafrechtlichen) und himmelblauen (sozialversicherungsrechtlichen) AS-Hefte, dieser exklusive Fundus publizierter Rechtsprechung, für den sich die Protagonisten der Schweizer Rechtsfakultäten ausschliesslich interessieren – vom Alltag des Bundesgerichts wissen und verstehen sie nichts[11] – , ist somit in keiner Weise repräsentativ für die Tätigkeit des Bundesgerichts. Hierbei im Vordergrund stehen die abteilungspräsidialen oder delegierten einzelrichterlichen Nichteintretensentscheide (zufolge offensichtlicher Unzulässigkeit[12]) sowie Endverfügungen (zufolge Gegenstandslosigkeit, Rückzug oder Vergleich[13]), welche mit 2'797 oder 35,5 Prozent aller Urteile und sonstigen Verfahrenserledigungen zu Buche schlagen. Der Haupthast, 4'529 oder 57,6 Prozent aller Entscheidungen, ergehen in Dreierbesetzung.[14] Diese Zahlen zeigen: das Bundesgericht hat ein Massengeschäft zu bewältigen. Unser höchstes Gericht ist eine Urteilsfabrik, in welcher die einzelrichterliche Nichteintretensproduktion und, in der soeben erwähnten Dreierbesetzung, die Abweisung von Beschwerden mit versteckter Tatsachenkritik,[15] Rügen gegen vorinstanzliche Beweiswürdigungen, anderweitige Ermessensbetätigungen, Zumutbarkeitsbeurteilungen und Interessenabwägungen bei weitem im Vordergrund stehen. Durch diese der BGG-Regelung inhärenten Möglichkeit, fallentscheidende Tatsachenkritik als rechtliche Rüge vorzutragen und dem Bundesgericht prozessual zur Entscheidung zu unterbreiten, wird Rechthaberei gefördert. Viele, sehr viele Fälle der achttausend Streitigkeiten, die jährlich nach der Maxime der Streithähne «Wir sehen uns in Lausanne wieder!» an das Bundesgericht weitergezogen werden, verdienen es nicht, dass das höchste Gericht darüber urteilt.

---

[11] Daher ist es höchst problematisch, wenn die Rechtskommissionen der Eidgenössischen Räte zu Fragen der letztinstanzlichen Bundesrechtspflege als Experten RechtsprofessorInnen beiziehen, die durch Unkenntnis der Materie glänzen. Nur das Sitzungsgeheimnis in den vorberatenden Kommissionen hindert mich daran, die Blüten zum Besten zu geben, mit denen sich diese AkademikerInnen schmückten, bar jeglicher Sachkenntnis um die tatsächlichen Verhältnisse in der Bundesrechtspflege im Allgemeinen und am Bundesgericht im Besonderen.

[12] Art. 108 Abs. 2 BGG

[13] Art. 32 Abs. 2 BGG.

[14] Art. 20 Abs. 1 BGG.

[15] Dazu Ziff. IV.

IV. Das Bundesgericht als verkappte letzte Tatgerichtsinstanz; Gründe

Damit sind wir bei Pudels Kern[16] angelangt, der Unterscheidung von Tat- und Rechtsfragen.[17] Die unrichtige[18] Tatsachenfeststellung ist im Kontext des BV- und BGG-geprägten bundesgerichtlichen Verfahrens dogmatisch das Gegenstück zur Rechtsverletzung. Nur für Letzte ist das Bundesgericht von Verfassung und Gesetzes wegen zuständig;[19] Feststellung und Ahndung von Rechtsverletzungen sind seine Aufgabe,[20] hingegen nicht die Korrektur unrichtiger Tatsachenfeststellungen, worunter selbstredend und zwingend auch das Ergebnis einer Beweiswürdigung fällt, weil diese jener von der Natur der Sache her inhärent ist: Ohne Beweiswürdigung gibt es keine Tatsachenfeststellung.[21]

In den Beschwerden erhobene Tatsachenkritik am vorinstanzlichen Entscheid ist das tägliche Brot des Bundesgerichts. Das gilt für sämtliche Bereiche des Zivil-, Straf- und öffentlichen Rechts. Interne Schätzungen aus allen sieben Abteilungen, die im Laufe der Jahre immer wieder bestätigt wurden, lauten auf etwa einen Vierfünftelanteil aufgeworfener Tatfragen unter den erhobenen Rügen in den Beschwerden. Zwar erklären Art. 97 Abs. 1 i.V.m. Art. 105 Abs. 1 und Abs. 2 BGG den vorinstanzlich festgestellten Sachverhalt unter Vorbehalt offensichtlicher Unrichtigkeit[22] für verbindlich. Eine unrichtige Tatsachenfest-

---

16 Johann Wolfgang Goethe, Faust. Der Tragödie Erster Teil, Reclam Nr. 15301, S. 38, Zeile 1323.
17 Dazu eingehend Meyer, Revision, S. 368; Meyer, Gedanken, S. 29 f.; Meyer, Probleme, N. 4–7.
18 Synonyme: unzutreffende, fehlerhafte, unwahre usw. Tatsachenfeststellung. Gemeinsamer Nenner aller dieser Bezeichnungen ist, dass die erfolgte Tatsachenfeststellung nicht der Lebenswirklichkeit entspricht, betreffe diese nun Sachverhalte, die sich in der Vergangenheit, Gegenwart, Zukunft (Prognose) oder hypothetisch («Was wäre wenn?») zutrugen, zutragen, zutragen werden oder würden.
19 Ziff. I.
20 Ziff. II.
21 Selbst eine Fristberechnung respektive die Überprüfung, ob eine Beschwerde am 30. Tag der Post zuhanden des Bundesgerichts übergeben wurde, ist beweiswürdigende Tatsachenfeststellung. Dass in die Fristberechnung Rechtsfragen hineinspielen (z.B. massgeblicher Tag für den Fristbeginn, allfälliger Fristenstillstand, erfolgloser Zustellversuch usw.), ändert daran nichts.
22 Anders als zu Zeiten des EVG gilt im 2007 vereinigten Bundesgericht offensichtliche Unrichtigkeit als Form von Willkür. Diese Praxis vermag dogmatisch nicht zu überzeugen: Willkür ist *per definitionem* qualifizierte Rechtsverletzung und folglich als solche vom allgemeinen Rügegrund der Bundesrechtsverletzung nach Art. 95 lit. a BGG schon erfasst. Ginge offensichtliche Unrichtigkeit im Willkürvorwurf auf, bliebe unerfindlich, sie in Art. 97 und Art. 105 als Rügegrund zu erwähnen. Zudem führt die bundesgerichtliche Gleichsetzung der beiden Begriffe zur Subsumption der Rüge offensichtlicher Unrichtigkeit = Willkür unter das gesteigerte Rügeprinzip nach Art. 106 Abs. 2 BGG. Infolgedessen verfallen die Beschwerdeführenden notgedrungen in Weitschweifigkeit, weil sie der Befürchtung wehren wollen, das Bundesgericht werfe ihnen «mangelnde Substantiierung» der Willkürrüge vor.

stellung als solche ist keine Bundesrechtsverletzung; man kann sie also nicht mit Aussicht auf Erfolg rügen – und dennoch beschlägt die grosse Mehrheit der Rügen, im Kern und von nahem besehen, Tatsächliches: Fragen der Sachverhaltsermittlung, des Beweises, der Beweiswürdigung. Wie ist das zu erklären? Tatfragen – Was ist passiert? Welcher Sachverhalt ist bewiesen? – sind sehr viel häufiger als Rechtsfragen. Es gibt unendlich viele Tatfragen, aber nur sehr begrenzt Rechtsfragen, geschweige denn neue, noch nicht beantwortete Rechtsfragen, als dass damit 38 Bundesrichter und Bundesrichterinnen voll beschäftigt wären. Tatfragen sind in den der Beschwerde ans Bundesgericht vorausgehenden Verfahren deswegen so wichtig, weil sie, je nachdem wie die Antwort auf sie ausfällt, unmittelbar fallentscheidend sind. Jeder Rechtsanwalt, jede Rechtsanwältin weiss: Prozesse werden nur selten aus rechtlichen Gründen gewonnen, hingegen sehr oft aus tatsächlichen Gründen verloren, weil eben die der Beurteilung des streitigen Rechtsverhältnisses zugrunde liegenden Tatsachen nicht so bewiesen werden können, wie es die Rechtsuchenden aus ihrer Sicht gerne hätten. Hierin liegt die Hauptursache für die konstant zu hohe quantitative Belastung des Bundesgerichts: Die Beschwerdeführenden tragen Tatsächliches im Kleide rechtlicher Rügen vor und versuchen damit, die gesetzliche Bindung an den vorinstanzlich festgestellten Sachverhalt und damit die verfassungsmässig gewollte Freistellung des Bundesgerichts von Sachverhaltsfragen zu überspielen. Was im Grunde genommen und bei Lichte besehen vielleicht tatsächlich fragwürdig, diskutabel, unrichtig sein mag, wird als offensichtlich unrichtig, willkürlich oder sonst rechtsverletzend gerügt wie namentlich als Verstösse gegen die Untersuchungsmaxime, die freie Beweiswürdigung und – in epidemischem Ausmass – das rechtliche Gehör sowie das Diskriminierungsverbot.[23]

Wenn es aber Seite um Seite bedarf, um angebliche Willkür darzutun, so wird gerade daraus ersichtlich, dass von Willkür, der schlimmsten Form von Rechtsverletzung, gleichsam der Abwesenheit des Rechts, nicht die Rede sein kann.

[23] Der Nachweis für diese Feststellungen liegt in der täglichen Analyse einer jeden einzelnen Beschwerde. Allgemein ersichtlich war die Tendenz, Tatsachenrügen in Rechtsrügen zu verpacken, beim Übergang von der vollen Kognition mit Befugnis zur Tatsachenüberprüfung zur eingeschränkten Kognition der Rechtsüberprüfung des EVG respektive des Bundesgerichts per 1. Juli 2006 und 1. Januar 2007. Bis dahin war in Prozessen um Sozialversicherungsleistungen die Rüge der unrichtigen Tatsachenermittlung, einschliesslich appellatorischer Kritik an der Beweiswürdigung im angefochtenen Entscheid, prozessual zulässig; seither, zuerst in der Invalidenversicherung, dann allgemein (mit Ausnahme der Geldleistungen von Unfall- und Militärversicherung) ist die Rüge der unrichtigen Sachverhaltsfeststellung ausgeschlossen. Die Beschwerdeführenden haben auf diese Kognitionseinschränkung dadurch reagiert, dass sie seither rügen, eine Tatsachenfeststellung sei nicht einfach unrichtig, sondern sie sei qualifiziert unrichtig, also offensichtlich unrichtig, willkürlich oder sie verletze sonstwie Recht. Dies geschah und geschieht auch heute weiterhin in Tausenden von Fällen, obwohl sich an der Prozessthematik nichts geändert hat.

V. Bisheriger Abhilfeversuch: die gescheiterte Revision des BGG

Die Änderung des BGG gemäss Botschaft des Bundesrates vom 15. Juni 2018[24] zielte darauf ab, die Stellung des Bundesgerichts als Höchstgericht zu stärken. Erreichen wollte man dieses Ziel dadurch, dass die insuffiziente[25] subsidiäre Verfassungsbeschwerde (Art. 113 ff. BGG) durch die Eintretensgründe der Rechtsfrage von grundsätzlicher Bedeutung einerseits, des besonders bedeutenden Falles[26] anderseits ersetzt worden wäre, dies im Wesentlichen bei nicht erreichtem Streitwert im Zivilrecht, gegen Übertretungsbussen von höchstens 5'000 Franken im Strafrecht und in den bisher ausgeschlossenen verwaltungsrechtlichen Materien gemäss Art. 83 BGG. Art. 89b der Vorlage definierte die Eintretensgründe wie folgt: Eine Rechtsfrage von grundsätzlicher Bedeutung (Abs. 1) stellt sich insbesondere, wenn das Bundesgericht eine wesentliche Rechtsfrage noch nicht entschieden hat und diese einer Klärung bedarf (lit. a); die Präzisierung oder Änderung der bisherigen Rechtsprechung des Bundesgerichts angezeigt ist (lit. b); die Rechtsprechung der Vorinstanzen (Art. 75, 80, 86) zu einer Rechtsfrage nicht einheitlich ist (lit. c); die Vorinstanz es ablehnt, die Rechtsprechung des Bundesgerichts anzuwenden (lit. d). Ein besonders bedeutender Fall (Abs. 2) liegt insbesondere vor, wenn der angefochtene Entscheid grundlegende Rechtsprinzipien schwerwiegend verletzt (lit. a); bei einer Streitigkeit über internationale Rechts- oder Amtshilfe Gründe für die Annahme bestehen, dass elementare Verfahrensgrundsätze verletzt worden sind oder das Verfahren im Ausland schwere Mängel aufweist (lit. b); der angefochtene Entscheid weitreichende oder ausserordentliche Folgen zeitigt (lit. c).

Die Vorteile dieser Regelung liegen auf der Hand, eröffnete sie ja *uno actu* den Rechtsuchenden einerseits einen viel weiteren und wirksameren Zugang ans höchste Gericht als die im Wesentlichen auf das Willkürverbot beschränkte ineffiziente subsidiäre Verfassungsbeschwerde und ermöglichte sie anderseits dem Bundesgericht eine volle Rechtsüberprüfung dort, wo dies sowohl von der ureigenen Aufgabe eines höchsten Gerichts, der Rechtsfortbildung, als auch vom Rechtsschutzbedürfnis im jeweiligen Einzelfall her gesehen angezeigt ist.

---

[24] BBl 2018 4605 ff.
[25] Dazu Ziff. VI.
[26] BBl 2018 4643 f.

Die Revision scheiterte daran, dass der Gesetzesentwurf unglücklicherweise die subsidiäre Verfassungsbeschwerde beibehielt, obwohl das Bundesgericht die Sinn- und Zwecklosigkeit dieser Duplizität nachgewiesen hatte.[27]

VI. Die Mär vom Rechtsschutzabbau

Der Einwand, es werde Rechtsschutzabbau betrieben, ist bei jeder Revision im Justizbereich zu hören. Er ist ein polemisches Killerargument, das jede Bemühung für eine Stärkung des Bundesgerichts als Dritter Staatsgewalt – Konzentrierung auf die genuinen Aufgaben eines Höchstgerichtes[28] – wenn nicht im Keime erstickt, so doch spätestens in der parlamentarischen Beratung oder an der Urne zur Strecke bringt. Das war schon das Schicksal der in den 1980er-Jahren verfolgten Justizreform, die in der Volksabstimmung vom 1. April 1990 scheiterte.[29] Seither hält sich in Parlament und medialer Öffentlichkeit hartnäckig die Meinung, nur das Bundesgericht, einzig und allein das Bundesgericht, sei in der Lage, unabhängigen und zuverlässigen Rechtsschutz im streitigen Einzelfall zu gewähren. Seitdem die Kantone kraft Bundesrecht verpflichtet sind, im öffentlichen Recht unabhängige Verwaltungsgerichte (mit voller Kognition) und in Zivil- sowie Strafsachen den zweifachen Instanzenzug einzurichten, kann die zwar allgemein verbreitete, jedoch abwegige Vorstellung, dem Bundesgericht komme gleichsam ein Rechtsschutzmonopol zu, ernsthafterweise nicht aufrecht erhalten werden; sie führt zu einer ungerechtfertigten Abwertung der kantonalen Rechtspflege und der vier eidgenössischen Vorinstanzen, denen bloss noch die Rolle eines Durchlauferhitzers im Beschwerdefluss ans höchste Gericht zufällt. Dabei verhält es sich gerade umgekehrt: Wegen der primordialen Wichtigkeit der Tatfragen für den Ausgang eines Prozesses,[30] deren Beurteilung dem Bundesgericht an sich entzogen ist,[31] muss der Schwerpunkt der Gerichtsbarkeit zwecks Gewährleistung von Rechtsschutz im streitigen Einzelfall unten, am Beginn des funktionellen Instanzenzuges, liegen, auf der Ebene der Bezirks- und Kantons- oder Obergerichte im Zivil- und Strafrecht, der Verwaltungs- und Versicherungsgerichte im öffentlichen Recht. Bezüglich des individuellen Rechtsschutzes im Einzelfall teilt sich das Bundesgericht diese Aufgabe mit den kantonalen und eidgenös-

---

27 Die abweichende Stellungnahme des Bundesgerichts wurde gemäss Verfahrensprotokoll integral in die Botschaft aufgenommen. Im Falle der Beibehaltung der subsidiären Verfassungsbeschwerde beantragte das Bundesgericht den Eidgenössischen Räten Ablehnung der Vorlage (BBl 2018 4629–4632).

28 Ziff. II.

29 BBl 1990 II 1028 ff.

30 Ziff. IV.

31 Ziff. II.

sischen Vorinstanzen, d.h. das höchste Gericht hat dort und nur dort einzuschreiten, wo der angefochtene Entscheid wirklich Bundesrecht verletzt, was, wie die Zahlen zeigen, selten der Fall ist. In Anbetracht dieser Gegebenheiten erscheint, wozu die geltende BGG-Regelung das Bundesgericht zwingt, eine umfassende urteilsmässige Erledigung von tausenden unzulässiger oder unbegründeter Beschwerden in hohem Grade als unverhältnismässig, weil sie für dieses Alltagsgeschäft Ressourcen bindet, welche für die Erfüllung der genuinen Aufgaben des Bundesgerichts als eines Höchstgerichtes fehlen. Das geltende System ist auch ineffizient, weil es nun einfach keinen Sinn ergibt, in tausenden von Beschwerden zahllose Willkürrügen über 10, 20, 30 oder auch mehr Seiten urteilsmässig abzuhandeln – wo doch zum Vornherein von Willkür nicht gesprochen werden kann.[32]

Das Schlagwort des Rechtsschutzabbaus verkennt denn auch die Realitäten. Laut bundesgerichtlichen Geschäftsberichten liegt die Gutheissungsquote über die Jahre hinweg, alle Beschwerden gerechnet, gerade mal bei /- 14 Prozent; bei der subsidiären Verfassungsbeschwerde sogar nur 2 bis 4 Prozent. Indem nahezu neun von zehn Rechtsmittel für unzulässig erklärt oder abgewiesen werden, das Bundesgericht keinen Anlass zur Intervention gesehen hat und demzufolge am Ende kein anderes Ergebnis resultiert als das von der kantonalen oder eidgenössischen Vorinstanz Entschiedene, zeigt sich, welch leeres Versprechen in der populären Meinung liegt, das Bundesgericht müsse über alles und jedes urteilen. Vielmehr ist der jetzige Rechtszustand staatspolitisch bedenklich, weil er Illusionen nährt und *ab initio* unerfüllbare Hoffnungen enttäuscht – in tausenden von Fällen.[33]

VII. Die Frage nach dem Vertrauen in das Bundesgericht

Das Bundesgericht, nach dem US-Supreme Court und der britischen Gerichtsbarkeit wohl das älteste Höchstgericht der Welt, urteilt seit 1875 in voller Unabhängigkeit. Seine schöpferische Rechtsprechung, namentlich im Bereich der Grundrechte, strahlt über die Landesgrenzen hinaus. Das Bundesgericht stellt eine im schweizerischen Rechtsbewusstsein fest verankerte Institution dar und geniesst nach allen Umfragen nach wie vor ungeschmälert das Vertrauen der Bevölkerung, was sich auch am 28. November 2021 durch die mas-

---

[32] Vgl. oben Fn. 22 *in fine*.

[33] Ein rechtskundiger Parlamentarier, praktizierender Rechtsanwalt, Mitglied der Rechtskommission, hat mir, wenn auch leider nicht während der Sitzung, aber doch auf dem Gang vom Bundeshaus zum Bahnhof, freimütig eingestanden, es sei schon so, dass, solange die Willkürrüge (Art. 9 BV) in jedem Verfahren erhoben werden könne, sich an der Überlastung des Bundesgerichts nichts ändern werde. Dem kann nur beigepflichtet werden.

sive Ablehnung der Los-Initiative[34] mit mehr als zwei Dritteln der Stimmen und allen Kantonen gezeigt hat. Wer insbesondere die Debatte um die BGG-Revision mitverfolgt hat, kann in der Tat keinen anderen Schluss ziehen als den, dass das Vertrauen in das Bundesgericht grenzenlos ist: «Das Bundesgericht wird es in meinem Fall schon richten», hört man landauf, landab. Das gilt aber nur für den Rechtszustand *de lege lata* – *de lege ferenda* ist es mit dem Vertrauen in das Bundesgericht vorbei. Sachliche Argumentation hat da einen schweren, ja aussichtslosen Stand. Das hat sich namentlich bei der vom Bundesgericht vertretenen Ersetzung der subsidiären Verfassungsbeschwerde durch die erwähnten Eintretensgründe[35] im Rahmen der vom Parlament aufgegebenen BGG-Revision gezeigt: «Wer garantiert mir, dass das Bundesgericht eine Grundsatzfrage oder einen besonders bedeutenden Fall bejaht?» Diese Haltung, dem Bundesgericht unter dem geltenden Recht alles und jedes zu- und anzuvertrauen, ihm hingegen mit Blick auf – seine Aufgabenerfüllung als Höchstgericht stärkende – Verfahrensänderungen gegenteils zu misstrauen, ist ein Anwendungsfall sozialpsychologischer Schizophrenie. Diese in der politischen und medialen Debatte immer wieder aufbrechende Irrationalität verhindert seit Jahrzehnten die Weiterentwicklung der Bundesrechtspflege, welche angesichts der chronischen Überlastung des Bundesgerichts dringend notwendig ist.

VIII. Das Bundesgericht als Höchstgericht bedarf eines Annahmeverfahrens

Ein Annahmeverfahren, welcher Ausprägung auch immer, ist Markenzeichen, Wesensmerkmal eines Höchstgerichts, macht dieses geradezu aus. In der Tat entscheiden, wohin man auch blickt, die höchsten Gerichte der rechtsstaatlich-zivilisierten westlichen Hemisphäre (*id est*: der europäischen und in der Tradition des common law stehenden angelsächsischen Welt) selber darüber, welche Fälle Gegenstand materieller Entscheide sein sollen und welche nicht. Einzig und allein das Schweizerische Bundesgericht wird, im Widerspruch zu den verfassungsrechtlichen Vorgaben, welche es als Höchstgericht definieren,[36] von der geltenden Verfahrensordnung, die das Parlament zu ändern sich beharrlich weigert, gezwungen, jährlich achttausend Urteile zu erlassen, in denen es, wie aufgezeigt,[37] quantitativ weit überwiegend um Tatfragen geht.

---

34 Die sogenannte Justizinitiative «Bestimmung der Bundesrichter und Bundesrichterinnen im Losverfahren» wurde gemäss Swiss-Info mit 68,07% der Stimmen abgelehnt (provisorisches amtliches Ergebnis).

35 Ziff. V.

36 Ziff. I.

37 Ziff. III.

Wer sich ernsthaft, vertieft und nicht interessegebunden mit der Materie beschäftigt,[38] kann zu keinem andern Schluss gelangen als dem: Es gibt keinen
rationalen Grund, den unhaltbaren Rechtszustand, die chronische Überlastung, andauern und das Schweizerische Bundesgericht nicht ebenso wie jedes
andere Höchstgericht der zivilisierten rechtsstaatlichen Welt selber über die
Annahme der Fälle entscheiden zu lassen. Dass dies ausnahmslos nach einer
gründlichen internen Prüfung der Beschwerden geschähe, ist selbstverständlich. Für die Feststellung der Unzulässigkeit oder Unbegründetheit einer Beschwerde bedarf es keines Urteils. Das Bundesgericht verdient auch diesbezüglich Vertrauen.

Literaturverzeichnis

Kley Andreas, Geschichte des öffentlichen Rechts der Schweiz, 2. Aufl., Zürich/St. Gallen
2015

Kölz Alfred, Neuere schweizerische Verfassungsgeschichte. Ihre Grundlinien in Bund und
Kantonen seit 1848, Bern 2004

Meyer Ulrich, Probleme und Änderungsbedarf aus Sicht der Schweizer Judikative, Justice –
Justiz – Giustizia 2021/2 (zit. Meyer, Probleme)

Ders., Gedanken zu einer zeitgemässen Justiz, SJZ 2020, S. 27-31 (zit. Meyer, Gedanken)

Ders., Die Revision des Bundesgerichtsgesetzes: Welche Bundesrechtspflege wollen wir?,
Anwaltsrevue 9/2019, S. 367-372 (zit. Meyer, Revision)

Tschannen Pierre, Wem gehört die Verfassung?, ZBJV 143/2007 S. 793 ff.

---

[38]   Ziff. II. ff., insbesondere Ziff. VII.

Vom Vierwaldstättersee an den Lac Léman – Wegmarken einer juristischen Reise

A. Vom Eidgenössischen Versicherungsgericht zum Bundesgericht

Mein Stellenantritt am 1. Juli 1981 als Gerichtssekretär des Eidgenössischen Versicherungsgerichts (EVG)[1], dem die faszinierende Aufgabe zufiel, (selbständig) Urteile auf dem Gebiet des Bundessozialversicherungsrechts zu schreiben, fiel in eine Zeit, da sich *zwei sozial-* und *rechtspolitische Entwicklungen* kreuzten: der *abschliessende Ausbau der Schweiz zum* Sozialstaat[2] und damit verbunden der *Bedeutungszuwachs des EVG* als *oberste Gerichtsinstanz in der Bundessozialversicherung* einerseits, die auf eine Vereinheitlichung der Bundesrechtspflege abzielenden Bestrebungen andererseits. Ein Blick in die Geschichte erschliesst die Bedeutung dieser Konstellation. Bis es zur Gründung eines eigenständigen, von der Bundesversammlung institutionell und personell getrennten Bundesgerichtes kam, brauchte es von der Gründung des Bundesstaates 1848 an eine Generation, nämlich die *(radikal-)demokratische* Bewegung der 1850er- und 1860er-Jahre, die in die Totalrevision der Bundesverfassung (BV) von 1874 einmündete. Die BV 1874 erst schuf das *ständige Bundesgericht*, und zwar mit *Sitz in Lausanne*, ein ganz bewusster Entscheid des Parlaments, nachdem *Bern* 1848 zum *Bundessitz* und das aufstrebende *Zürich* 1855 zum *Sitz der Eidgenössischen Technischen Hochschule (ETHZ)* bestimmt worden waren. In der Folge erweiterte die Bundesversammlung die Zuständigkeit des Bundesgerichts Schritt um Schritt: Rechtsgleichheit, Niederlassungs-, Glaubens- und Gewissens-, Handels- und Gewerbefreiheit, sie alle wurden sukzessive dem Bundesgericht überantwortet und der parlamentarischen Ver-

---

[1] Das EVG existierte vom 1. Dezember 1917 bis zum 31. Dezember 2006. Vgl. zu seiner Entwicklung im Laufe der Zeit den Aufsatz der letzten Präsidentin des EVG, alt Bundesrichterin Dr. Susanne Leuzinger, Die Errichtung des Eidgenössischen Versicherungsgerichts vor 100 Jahren und die Entwicklung der Verwaltungsrechtspflege im Bund, in: SZS 61/2017, S. 587–615.

[2] Im letzten Viertel des 20. und zu Beginn des 21. Jahrhunderts traten insgesamt *sechs* zentrale Bundessozialversicherungsgesetze in Kraft: am 1. Januar 1984 gleich zwei, nämlich jene über die Unfallversicherung (UVG; SR 832.20) sowie die Arbeitslosenversicherung und Insolvenzentschädigung (AVIG; SR 837.0), am 1. Januar 1985 das Bundesgesetz über die berufliche Vorsorge (BVG; SR 831.40), am 1. Januar 1996 das Bundesgesetz über die Krankenversicherung mit dem bundesrechtlichen Obligatorium in der Krankenpflege (KVG; SR 832.10), am 1. Juli 2005 die bundesgesetzliche Regelung der Mutterschaftsentschädigung im Rahmen der Erwerbsersatzordnung (Art. 16b–16h EOG; SR 834.1), am 1. Januar 2009 schliesslich das Bundesgesetz über die Familienzulagen (FamZG; SR 836.2).

fassungskontrolle entzogen. Zuletzt verblieben der Beurteilung durch die politischen Behörden nur mehr Streitigkeiten über die unentgeltliche Ausrüstung der Wehrmänner, den konfessionell neutralen, kostenlosen Grundschulunterricht sowie das Recht auf schickliche Bestattung.[3] Die BV 1874 enthielt aber nicht nur die Grundlage für das Bundesgericht und die erwähnten drei kleinen Sozialrechte, sondern barg auch die ersten sozialpolitischen Triebe, die für die Organisation der Bundesrechtspflege in der Folge prägend sein sollten. Es war die Zeit einer im Vergleich zu West- und Mitteleuropa verspätet, dafür aber umso heftiger einsetzenden Industrialisierung, die die Schweiz als noch armes Land erfasste. Eine Antwort darauf bildete Art. 34 BV 1874. Diese Bestimmung erklärte den Bund für befugt, einheitliche Bestimmungen über die Verwendung von Kindern in den Fabriken und über die Dauer der Arbeit erwachsener Personen in denselben aufzustellen, ebenso Vorschriften zum Schutze der Arbeiter gegen einen die Gesundheit und Sicherheit gefährdenden Gewerbebetrieb zu erlassen (Absatz 1); ferner unterliegen der Aufsicht und Gesetzgebung des Bundes der Geschäftsbetrieb von Privatunternehmungen im Gebiete des *Versicherungswesens* und jener der Auswanderungsagenturen (Absatz 2). Diese drei sozialpolitisch relevanten Bundeskompetenzen bezüglich des *Arbeiterschutzes* (einschliesslich der *Kinderarbeit*), im *Privatversicherungswesen* und der *Auswanderungsagenten*[4] zeigen, dass der junge Bundesstaat, in einer noch schwachen Stellung gegenüber den Kantonen, mit Ausnahme der Zölle ohne Finanzkompetenzen, den Herausforderungen der industriellen Revolution zunächst mit den Mitteln des *Privatrechts* in Verbindung mit der *staatlichen Aufsicht über privatwirtschaftliche Tätigkeiten* begegnete. Von *Sozialversicherung* war noch nicht die Rede. Erst am 15. November 1889 erstattete der Nationalrat und spätere Bundesrat Ludwig Forrer (FDP, Winterthur)[5] die «Denkschrift über die Einführung einer Schweizerischen Unfallversicherung»[6]. Sie ist die *Magna Charta* der schweizerischen Sozialversicherung. In ihr findet sich aufgrund der

---

[3] Alfred Kölz, Neuere schweizerische Verfassungsgeschichte, ihre Grundlinien in Bund und Kantonen seit 1848, Bern, 2004, S. 804 f.

[4] Es mussten die Praktiken von (nach der heutigen Terminologie) *Schlepperorganisationen* in den staatlichen Griff gezwungen werden, die ihre Klienten meist nach Le Havre führten und für die Fahrt über den Grossen Teich nach der Neuen Welt einschifften, zum Teil unter menschenunwürdigen Zuständen.

[5] Vgl. das eindrückliche Porträt von Walter Labhart, in: Urs Altermatt, Die Schweizer Bundesräte. Ein biographisches Lexikon. Zürich und München 1991, S. 290–295.

[6] BBl 1889 S. 856 und S. 857 ff. Sie ist publiziert als Anhang zur Botschaft des Bundesrates vom 28. November 1889 betreffend Einführung des Gesetzgebungsrechts über Unfall- und Krankenversicherung, BBl 1889 S. 825 ff.

negativen Erfahrungen[7] mit der *Kausalhaftpflicht* der Fabrikherren, die diese auf die eben damals und (auch) zu diesem Zweck gegründeten Gesellschaften[8] wie die Rentenanstalt, die Zürich- oder die Winterthur-Versicherungen abwälzten, der wie eine Losung anmutende Satz: «Haftpflicht bedeutet den Streit, Versicherung den Frieden. Schon das blosse Wort hat einen wohlthuenderen Klang.»[9] Darauf erfolgte die Annahme der ersten Bundeskompetenz im Bereich der Unfall- und Krankenversicherung gemäss Art. 34bis BV 1874 in der Volksabstimmung vom 26. Oktober 1890. Die Ausführungsgesetzgebung dazu, die *Lex Forrer* als schweizerische Variante des deutschen, somit des *Bismarck'schen Modells* der Kranken-, Unfall- und Rentenversicherung, überlebte jedoch die Referendumsabstimmung vom 20. Mai 1900 nicht. Es kam nur noch zur Gründung der Schweizerischen Unfallversicherungsanstalt (SUVA), mit der nun, bundesinstitutionell betrachtet, *die Stunde der Innerschweiz, des Kantons und der Stadt Luzern* schlug. Die Eidgenössischen Räte, vor die Frage gestellt, wo diese neu geschaffene SUVA als selbständige öffentlich-rechtliche Anstalt des Bundes mit ihrem damaligen Monopol zur Durchführung der obligatorischen Unfallversicherung für die Arbeitenden in gefahrenträchtigen Betrieben ihren Sitz haben sollte, entschieden sich, wiederum nach heftiger parlamentarischer Auseinandersetzung, sie als Bundesinstitution nach Luzern zu vergeben. Deren Errichtung in Luzern und die Ansiedelung der für SUVA-Streitigkeiten geschaffenen höchsten Gerichtsinstanz, des EVG, am gleichen Ort, sind Schritte, die für die Entwicklung des Bundesstaates ihren tieferen Sinn in der *Integration der katholisch-konservativen Innerschweiz* in den bisher von der «freisinnigen Grossfamilie» (*Erich Gruner*) beherrschten Bundesstaat fin-

---

[7] S. dazu Ulrich Meyer, Wesenselemente, geschichtliche Grundzüge und Bedeutung der Bundessozialversicherung, in: Ulrich Meyer (Hrsg.), Schweizerisches Bundesverwaltungsrecht, Bd. XIV, Soziale Sicherheit, 3. A., Basel 2016, S. 33 N 11. Das dem sozialen Frieden abträgliche Hauptproblem bildete die Einrede des haftungsausschliessenden Selbstverschuldens des verunfallten Fabrikarbeiters, vgl. BBl 1889 S. 881 ff.

[8] Vgl. die sozial- und versicherungsgeschichtlich äusserst interessanten Chroniken zu den 125-Jahre-Jubiläen der Zürich- und Winterthur-Versicherungen: Karl Lüönd, Neugierig auf morgen, Zürich 1998; Joseph Jung, Die Winterthur, eine Versicherungsgeschichte, Zürich 2000; Hans-Martin Oberholzer, Zur Rechts- und Gründungsgeschichte der Privatversicherung – insbesondere in der Schweiz, Diss. Freiburg 1992. S. 214 ff.

[9] BBl 1889 S. 901. – Die glänzend geschriebene Denkschrift enthält weitere Blüten, die auch 150 Jahre später bedenkenswert sind, z. B. die Sätze: «Der Mensch ist jede Stunde des Tages zum Mindesten ein Mal unvorsichtig. Das liegt in seiner Natur. Nichts Langweiligeres als stete Vorsicht, die sorgfältige Prüfung jedes Pfersteins, bevor man denselben betritt.» (BBl 1889 S. 884).

den. *Hierin* lag der Grund, die Jurisdiktion über SUVA- und auch Militärversicherungsstreitigkeiten nicht dem Bundesgericht in Lausanne zu übertragen sondern dem EVG, das am 1. Dezember 1917 seine Tätigkeit aufnahm.[10]

Während eines halben Jahrhunderts blieben Bundesgericht und EVG zwei völlig voneinander getrennte Gerichte, sieht man von ganz gelegentlichen personellen Wechseln ab.[11] Erst mit der Einführung des Bundesgesetzes über das Verwaltungsverfahren (VwVG) 1968/1969 in Verbindung mit der Revision des Bundesgesetzes über die Organisation der Bundesrechtspflege (OG) kam es zur rechtlichen Gleichstellung: Einbindung der Sozialrechtspflege in das verwaltungsgerichtliche Anfechtungsstreitverfahren, Status des EVG als organisatorisch selbständige Sozialversicherungsabteilung des Bundesgerichts, Mitwirkung der EVG-Richter an den öffentlich-rechtlichen Abteilungen des Bundesgerichts, weshalb ich als «Peregrinus» 1988/89 das Bundesgericht kennenlernte.

Die Justizreform 2000, die zur Gründung des Bundesstrafgerichts (2004), des Bundesverwaltungsgerichts (2007) und des Bundespatentgerichts (2012) führte, verstärkte die Tendenz zum Zusammenschluss der beiden Höchstgerichte. Mit dem Bundesgerichtsgesetz vom 17. Juni 2005, in Kraft getreten am 1. Januar 2007, ist das EVG im Bundesgericht aufgegangen. Es gibt seither nicht nur in *rechtlich-verfahrensmässiger* Hinsicht, sondern auch in *institutionell-organisatorischer* Hinsicht nur noch *ein einziges Bundesgericht*[12].

---

[10] Das EVG war, juristisch betrachtet, ein etwas zweifelhaftes Geschöpf; denn es besass keine *verfassungsmässige*, sondern nur eine *gesetzliche* Grundlage, dies auch nicht nach dem Inkrafttreten des Art. 114bis BV 1874, der den Bund ab 1914 zur Schaffung eines Eidgenössischen *Verwaltungs*gerichts ermächtigte, s. dazu *Leuzinger* (op. cit. Fn. 1. S. 597 f., S. 615 f.).

[11] So wurde Bundesgerichtsschreiber Paul Piccard, Erfinder des noch heute geltenden Unfallbegriffes (Art. 4 Bundesgesetz über den Allgemeinen Teil des Sozialversicherungsrechts/ ATSG; SR 830.1), Bundesrichter am EVG (von 1917 bis 1943) und, nach dem Luzerner Sozialdemokraten Joseph Albisser, dessen zweiter Präsident. In umgekehrter Richtung wechselte der Tessiner Fernando Pedrini, seit 1932 Richter in Luzern, auf das Frühjahr 1950 ans Bundesgericht, wo er es auf weitere 12 Jahre und insgesamt auf 30 Jahre Richtertätigkeit an beiden Höchstinstanzen brachte. Dass mit Josef Albisser im prekären Kriegs-, Krisen- und Grippejahr 1917 ein Sozialdemokrat zum ersten Präsidenten des EVG gewählt wurde, ist als einer der ersten Schritte zur Integration der Sozialdemokratie in den Bundesstaat zu würdigen, wobei es dann noch 27 Jahre dauerte, bis mit dem Zürcher Regierungsrat und späteren Zürcher Stadtpräsidenten Ernst Nobs, einem gebürtigen Grindelwaldner, 1944 der erste Sozialdemokrat in den Bundesrat einzog.

[12] Dauerte es somit von der Gründung des EVG 1917 bis zur verfahrensmässigen Integration 1969 52 Jahre, brauchte es für die organisatorische Vereinheitlichung noch 38 Jahre. So verblieb die Frage des örtlichen Zusammenschlusses durch Übersiedelung der beiden sozialrechtlichen Abteilungen an den Sitz des Bundesgerichts in Lausanne. Hielte der Beschleunigungseffekt an, ja nähme er zu – was indes angesichts der gerichtsnotorischen Langsamkeit des helvetischen Gesetzgebungsprozederes, insbesondere bei Justizvorlagen,

B. Entwicklung des Bundesgerichts seit 2007

Verfassungs- und Gesetzgeber können einem höchsten Gericht von nicht judiziellen Kompetenzen, wie zum Beispiel der Aufsicht, die das Bundesgericht über die erstinstanzlichen Bundesgerichte ausübt, drei Aufgaben zuteilen: erstens: Gewährung von *Rechtsschutz* im streitigen Einzelfall; zweitens: Entscheidung *grundsätzlicher Rechtsfragen* im Zuge der Beurteilung eines streitigen Einzelfalles (oder auf Vorlage hin durch eine untere Instanz), womit *die Fortbildung des Rechts* einhergeht; drittens: *Kontrolle der anderen Staatsgewalten*, gegenüber der Exekutive durch die *Verwaltungs-* und bezüglich der Legislative vermittelst der *Verfassungsgerichtsbarkeit* (soweit sie *de constitutione lata* existiert).

Die erste Aufgabe, Rechtsschutz, ist im schweizerischen Rechtsbewusstsein am tiefsten verankert. Es besteht vor Bundesgericht weder Vertretungszwang noch Anwaltsmonopol,[13] Laienbeschwerden sind zulässig. Die Zeit ist gekommen, dass das Bundesgericht, ohne wesentliche Abstriche beim Rechtsschutz, in die Lage versetzt wird, sich vermehrt der zweiten Aufgabe zuwenden zu können, der Auslegung und Fortbildung des Bundesrechts, was seine ureigene Aufgabe als höchstes Gericht ist: das Gericht als Taktiker zur Erreichung der strategischen Ziele des Gesetzgebers, wie es seinerzeit und immer noch gültig *Arthur Meier-Hayoz* so plastisch formuliert hatte.[14] Wie sieht es nun mit der konkreten Arbeit des Bundesgerichts im zwölften Jahr nach der Fusion aus?

---

sehr unwahrscheinlich ist –, wäre damit frühestens in 20 oder 30 Jahren zu rechnen gewesen. Der Aufschrei der Innerschweizer Tagespresse Ende 2014, die zehn Bundesrichter und Bundesrichterinnen des Standortes Luzern würden nächstens ihre Koffer packen und nach Lausanne abwandern, war daher unbegründet. Hingegen macht das bisher Gesagte eines klar: Käme es tatsächlich jemals zu einer Konzentration des Bundesgerichtes in Lausanne – ein einzig und allein dem Parlament, allenfalls dem Souverän, vorbehaltener Entscheid –, wäre aus staatspolitisch-föderalistischen Gründen zur Kompensation durch Zuzug einer anderen Bundesinstitution in die Zentralschweiz zu schreiten, und zwar umso mehr, als der Bundesgesetzgeber im Rahmen der Justizreform bewusst das Bundesstrafgericht nach Bellinzona und das Bundesverwaltungsgericht nach St. Gallen verlegt hat. Auch das Bundespatentgericht findet sich in der Vadianstadt, zwar nicht, wie zunächst vorgesehen, in den Räumlichkeiten des Bundesverwaltungsgerichts, sondern an bescheidener, aber zweckmässiger ziviler Adresse in unmittelbarer Nähe des Bahnhofs. Der Standort des Bundesgerichts in Luzern ist denn auch kein Thema der aktuellen Revision des Bundesgerichtsgesetzes (BGG; SR 173.110). Räumlich wäre zudem eine Unterbringung der beiden sozialrechtlichen Abteilungen in Lausanne nicht möglich.

13 Vgl. immerhin Art. 40 Abs. 1 BGG, wonach in *Zivil- und Strafsachen* Parteien vor Bundesgericht nur von zugelassenen Anwältinnen und Anwälten vertreten werden können.

14 Arthur Meier-Hayoz, Der Richter als Gesetzgeber, in: Festschrift Max Guldener, Zürich 1973, S. 189 ff.

Das Bundesgericht beurteilt mit 38 Richtern, wovon 14 Frauen, und 132,8 Gerichtsschreiberstellen, die sich auf derzeit exakt 151 Köpfe verteilen, wovon in harmonischer Geschlechterparität ungefähr gleich viele Männer und Frauen, bei 2017 zum ersten Mal mehr als 8000 jährlich anhängig gemachten Beschwerden (8027) nahezu gleich viele Fälle (7782)[15]. Das ist eine sehr grosse Leistung der Beteiligten aller Stufen. Wer nun aber glaubt, in diesem Fallgut gehe es ganz oder ausschliesslich um *Rechtsfragen* oder gar um *grundsätzliche* Rechtsfragen, täuscht sich. Zuverlässige Schätzungen aus den sieben Abteilungen lauten etwa auf einen *Vierfünftelanteil* aufgeworfener *Tatfragen* an den beschwerdeweise erhobenen Rügen, selbst im Zivilrecht.[16] Von den 2017 beurteilten 7782 Fällen ergingen bloss 8,31% in Fünferbesetzung, die der Entscheidung über Rechtsfragen von grundsätzlicher Bedeutung vorbehalten ist, nämlich 646 Urteile; davon fanden wiederum bloss 319 Urteile Aufnahme in die Amtliche Sammlung der Bundesgerichtsentscheide (BGE).

In quantitativer Hinsicht entwickelt sich die Belastung der Abteilungen unterschiedlich. In Nachfolge des EVG starteten die sozialrechtlichen Abteilungen in Luzern 2007 mit den weitaus höchsten Pendenzen und Fallzahlen in die Bundesgerichtszeit. In den folgenden Jahren hat sich die auf Rechtskontrolle beschränkte Kognition – die für die Sozialrechtspflege eindeutig wichtigste legislative Änderung – nachhaltig ausgewirkt. Die Pendenzen beider sozialrechtlicher Abteilungen, von denen die erste Rechtsgebiete über die Bundessozialversicherung hinaus betreut (insbesondere das Sozialhilferecht und das öffentliche Dienstrecht), sind von über 1700 auf 673 (per 31. Dezember 2017) gesunken.[17] Entsprechend hat der Standort Luzern eine von früher elf Richterstellen nach Lausanne abgegeben, ebenso etwa einen Fünftel der juristischen Assistenz auf der Ebene der Gerichtsschreiberschaft, die mit dem Verfassen von Referaten und der Urteilsredaktion betraut ist. Zyklisch-konjunkturell verläuft das Geschäftsaufkommen in den öffentlich-rechtlichen Abteilungen, indem es in hohem Masse vom Gang der Verfassungs- und Gesetzgebung abhängig ist, wobei auch hier in den letzten Jahren eine allgemeine Tendenz zu mehr anhängig gemachten Beschwerden besteht. Ein fulminanter und konstanter Anstieg der Geschäfte ist seit 2011 bei der Strafrechtlichen Abteilung festzustellen. Die Gründe hiefür sind mannigfaltig und nur teilweise auf die zum 1. Januar 2011 in Kraft getretene Schweizerische Strafprozessordnung zurückzuführen: zum Staatsanwaltsmodell komplementärer Ausbau der Vertei-

---

[15]   Geschäftsbericht des Bundesgerichts 2017, S. 9.
[16]   Ulrich Meyer, Tatfrage – Rechtsfrage, in: anwaltsrevue 2016, S. 211 ff.
[17]   Geschäftsbericht des Bundesgerichts 2017, S. 20.

digungsrechte mit mehr anfechtbaren Entscheiden, Schaffung immer neuer Straftatbestände durch den Bundesgesetzgeber, Auswirkungen der Kriminalpolitik in den Kantonen u.a.m.

C. Revision des Bundesgerichtsgesetzes: eine Notwendigkeit

Die Erwartung einer *nachhaltigen Entlastung* des Bundesgerichtes durch die Justizreform 2007, das BGG, hat sich somit *definitiv nicht erfüllt*. Das Bundesgericht ist *heute eindeutig überlastet*. Die vom Bundesrat nach der Evaluation der Bundesrechtspflege im Herbst 2013 befürwortete,[18] auf Wunsch des EJPD 2016/17 überarbeitete Teilrevision des Bundesgerichtgesetzes ist zur *absoluten Notwendigkeit* geworden. Das Erscheinen der Botschaft wurde auf Sommer 2018 angekündigt. Zentrales Anliegen ist es, einerseits das Rechtsmittelsystem zu vereinfachen und andererseits das Bundesgericht in den bisher nach Art. 83 BGG ausgeschlossenen Materien zuständig zu erklären, Letzteres aber nur, soweit es sich um Rechtsfragen von grundsätzlicher Bedeutung handelt oder um Fälle, die sonst, das heisst aus anderen Gründen, von besonderer Bedeutung sind. Die *subsidiäre Verfassungsbeschwerde* insbesondere, ein nachträglich ins Gesetz aufgenommener Fremdkörper im System der zivil-, straf- und öffentlich-rechtlichen Einheitsbeschwerde, muss fallen. Ein Abbau von Rechtsschutz ist damit *nicht* verbunden. Das Bundesgericht hiess im Jahre 2017 von 429 beurteilten subsidiären Verfassungsbeschwerden nur deren 8 ganz oder teilweise gut (1,9%); alle anderen wies das Gericht ab, soweit es überhaupt auf sie eintrat.[19] Mit einem solchen Rechtsmittel ist niemandem gedient. Die Rechtsuchenden erreichen damit nichts, ausser vergeblichen Mühen, enttäuschten Hoffnungen und unnützen Kosten. Ein solch ineffizientes Rechtsmittel untergräbt das Vertrauen in die Justiz. Die ganz wenigen Gutheissungen können de lege ferenda ohne Weiteres im Rahmen der Eintretensgründe der Einheitsbeschwerde erfasst werden. Im Gegenteil, die beiden Eintretensgründe der grundsätzlichen Rechtsfrage und der besonderen Bedeutung aus anderen Motiven, wie sie nun die Gesetzesvorlage in einer nicht abschliessenden Aufzählung substanziiert umschreibt, gehen weit über das Rechtsschutzpotenzial der subsidiären Verfassungsbeschwerde hinaus. Und vor allem gilt wie seit je auch in Zukunft: Wo grobes Unrecht geschieht, wo die Vorinstanz grundlegende Rechtsprinzipien schwerwiegend verletzt, wird das Bundesgericht immer einschreiten.

---

[18] Bericht des Bundesrates vom 30. Oktober 2013 über die Gesamtergebnisse der Evaluation der neuen Bundesrechtspflege (BBl 2013 S. 9102 ff.).
[19] Geschäftsbericht des Bundesgerichts 2017, S. 9.

D. Schadensausgleichsrecht im Laufe der Zeit

Seit 1. Juli 1981 als Gerichtsschreiber und ab 1. Februar 1987 als Bundesrichter habe ich an schätzungsweise etwa 20 000 Urteilen mitgewirkt, von denen einige Hundert den Weg in die Amtliche Sammlung (BGE) gefunden haben. Ihnen davon zu berichten wäre unergiebig, da die weit überwiegende Anzahl dieser Entscheidungen sich nach dem Gesagten auf die Gewährung von Rechtsschutz im ZBJV 5/2018 streitigen Einzelfall beschränkten. Juristisch-dogmatisch spannend wird es im Schadensausgleichsrecht, das ich allein überblicke, nur selten. Rechtsanwendung im öffentlichen Recht ist zur Hauptsache Gesetzesauslegung. Im Zentrum steht dabei der vom Gesetzgeber leider so häufig, in der jüngeren Zeit laufend geänderte Wortlaut des Gesetzes, von dem sich stets fragt, ob er den Rechtssinn wiedergibt. In der Regel tut der Wortsinn das, in prekären Auslegungssituationen aber bisweilen nicht. *Dreimal nein* befand das Bundesgericht in BGE 135 V 249 (Der *abgeleitete Wohnsitz* zählt nicht zum *Wohnsitzbegriff nach Artikel 23–26 ZGB*, wiewohl Art. 13 Abs. 1 ATSG just darauf verweist.), in BGE 133 V 1 (*Untersuchungshaft ist Strafvollzug*, von dem allein Art. 21 Abs. 5 ATSG spricht.) und in BGE 135 V 283 (Rentner/innen haben bei Unterdeckung ihrer Vorsorgeeinrichtung unter besonderen Umständen eine Einbusse hinzunehmen, obzwar Art. 65d Abs. 3 lit. b letzter Satz BVG den Anfangsbetrag der Rente *in jedem Fall, dans tous les cas, in ogni caso* gewährleistet.). Lassen Sie mich daher allein von jenen juristischen Herausforderungen sprechen, deren Annahme und hoffentlich auch Bewältigung im schweizerischen Sozialversicherungsrecht als Teil des Schadensausgleichsrechts bleibende Wegmarken gesetzt hat.

I. Medizinischer Paradigmenwechsel seit Inkrafttreten der Eidgenössischen Invalidenversicherung (1960)

Als ich 1981 in den EVG-Dossiers der Medizin begegnete,[20] zeichnete sie sich noch durch eine strenge Geschlossenheit der Konzepte aus. Den Vertretern der Schulmedizin standen nur wenige Aussenseiter gegenüber. Die Medizin gab dem Recht den Krankheitsbegriff vor und füllte ihn abschliessend aus. Diesen juristisch infrage zu stellen, bestand kein Anlass, da der medizinische Krankheitsbegriff damals eng begrenzt war. Und wer nicht in diesem restriktiven Sinne medizinisch krank war, sich aber (weiterhin) trotz ärztlich bestä-

---

[20] Diese Begegnung war und ist unausweichlich, weil mit Ausnahme der Arbeitslosigkeit, des Alters und der dienstlich bedingten Erwerbsausfälle sowie familiären Mehrbelastungen praktisch alle sozialversicherten Risiken eine *gesundheitliche Komponente* aufweisen, vgl. Meyer (op. cit. Fn. 7), S. 90 f.

tigter Genesung krank fühlte und nicht zur Wiederaufnahme der Arbeit zu ZBJV 5/2018 bewegen war, erhielt das Etikett «neurotisch». In der obligatorischen Unfall- und Militärversicherung konnte «Der neurotische Rentenbewerber»[21] in der Regel mit einer *Abfindung* in der Höhe von einer bis drei Jahresrenten rechnen; in der 1960 in Kraft getretenen Eidgenössischen Invalidenversicherung (IV), die das Institut der Abfindung zu keinem Zeitpunkt kannte, erhielt er dagegen keine Rentenleistung; hier galt die, unter Umständen wiederholte, *Rentenverweigerung* als *therapeutisches Mittel*, um den Widerstand des neurotischen Rentenbewerbers gegen die als zumutbar betrachtete Arbeitsaufnahme zu brechen.[22] Diesem Neurosenmodell, an dem sich der historische Gesetzgeber zu Beginn des 20. Jahrhunderts nachweislich orientiert hatte,[23] entzogen die in dessen zweiter Hälfte einsetzenden medizinisch-psychiatrischen Entwicklungen die Grundlage. Der Gesundheits- und Krankheitsbegriff der Weltgesundheitsorganisation (WHO) trat auch in der Schweiz seinen Siegeszug in der universitären Lehre, Forschung und Praxis an. Er zeichnet sich durch *zwei Merkmale* aus. Da ist zunächst der *Einbezug des Subjektiven*, das heisst der Selbsteinschätzung des Patienten, in den Krankheitsbegriff: Wer sich, selbst wenn medizinisch nichts zu konstatieren ist, krank *fühlt, ist* medizinisch gesehen krank. Hierin liegt die Überwindung des Neurosekonzeptes, das charakteristisch war für eine hierarchische Gesellschaft, bevor die westlichen Zivilisationen, so auch die Schweiz, im Zeichen von 1968 aufbrachen zu neuen Wertehaltungen wie Emanzipation, Partizipation, Säkularisierung, Pluralisierung, Nichtdiskriminierung usw. An die Stelle der Neurose trat die *Depression*, in einem ganz umfassenden Sinne verstanden als das Unglücklichsein in eben dieser alle Möglichkeiten eröffnenden postmodernen Gesellschaft, woran der Einzelne oft scheitert und mit tiefgründiger

---

[21] So der Titel der Tübinger Habilitationsschrift Klaus Foersters: Neurotische Rentenbewerber: psychodynamische Entwicklung und sozialer Verlauf aufgrund mehrjähriger Katamnesen, Stuttgart 1984, in überarbeiteter Fassung publiziert als Bd. 14 der Reihe Medizin in Recht und Ethik.

[22] BGE 106 V 89.

[23] Vgl. den Bericht der Kommission des Ständerates für die Vorberatung des Gesetzesentwurfes über die Kranken- und Unfallversicherung vom 20. November 1909: «Schwieriger gestaltet sich aber die gesetzliche Behandlung und Regelung der Invaliditätsleistungen in bezug auf Unfälle, deren rechtzeitige, völlige oder teilweise Heilung durch die Existenz der Versicherung selbst beeinträchtigt wird ...» (BBl 1909 S. 375 f.). Die letzten auf dem Neurosemodell beruhenden Urteile sind BGE 107 V 173 und 239 (betreffend Abfindung in der Unfallversicherung) und BGE 106 V 89 (fortgesetzte Rentenverweigerung in der Invalidenversicherung).

Traurigkeit reagiert.[24] Noch weitreichender ist das zweite Merkmal, der *Einbezug der sozialen Dimension*, in den Gesundheits- bzw. Krankheitsbegriff. Gesund ist nach der WHO-Definition nur, wer sich physisch, psychisch *und sozial* vollständig wohl befindet. Damit verlor der medizinische Krankheitsbegriff seine Konturen. *Jede* menschliche Schwierigkeit ist letztlich und im Grunde genommen eine medizinische Angelegenheit: Persönliche, insbesondere familiäre Konflikte wie Scheidungen, Trennungen, Erziehungsprobleme, Lernstörungen, Prüfungsversagen, alle Erscheinungsformen sozialer Desintegration wie durch Immigration geprägte Lebenslagen, «Mobbing» (ein gegenüber den 1980er-Jahren neuer Begriff) am Arbeitsplatz und dessen Verlust – all das und noch vieles mehr sind Lebenssachverhalte, die als Anlass zur ärztlichen Behandlung Eingang in die medizinische Praxis gefunden haben. Das Leiden am Leben ist zur behandlungsbedürftigen Krankheit geworden. Was früher generationenübergreifend Familie, Freundschaft, Vereine, Dorf- oder Quartiergemeinschaft, Pfarrer oder Priester, kurz die sozialen Strukturen zur Problembewältigung auffingen, ist im Laufe des letzten Viertels des 20. Jahrhunderts durch Medikalisierung aller Lebensbereiche an die ärztliche und nicht ärztliche Psychotherapie oder psychologische Beratung delegiert worden.

II. Rechtliche Bewältigung

1. Im Sozialversicherungsrecht

Der *Wegfall des Neurosemodells* hinterliess auf der rechtlichen Ebene zunächst einmal ein grosses und einige Jahre andauerndes *Vakuum*. Dabei gilt es zwischen *Krankheit* und *Invalidität* als sozialversicherten Risiken zu unterscheiden. Im *Krankenversicherungsrecht* hat die Rechtsprechung nicht gezögert, den medizinischen Paradigmenwechsel rechtlich umzusetzen.[25] Zu etwas anderem verblieb angesichts des tautologischen Charakters der juristischen Krankheitsdefinition in Art. 3 Abs. 1 ATSG auch gar keine Handhabe: Krank ist, wer wegen Krankheit der Behandlung bedarf und/oder deswegen nicht arbei-

---

[24] Allan V. Horwitz/Jerome C. Wakefield, The Loss of Sadness – How Psychiatry Transformed Normal Sorrow Into Depressive Disorder, Oxford 2007, S. 194 ff.; Alain Ehrenberg, La Fatigue d'être soi, Paris 1998, deutsch übersetzt in suhrkamp taschenbuch wissenschaft, Frankfurt am Main 1998, S. 99 ff., S. 222 ff.; Allen Frances, Normal. Gegen die Inflation psychiatrischer Diagnosen, 2. A., Köln 2013, S. 203 ff.

[25] So schon der 1994 ergangene BGE 120 V 200: Dysthymie (d. h. eine subdepressive Verstimmungslage) und Insomnie (Schlaflosigkeit) im Rahmen einer anderen (nicht näher bezeichneten) psychischen Störung «und von Berufsproblemen» haben Krankheitswert.

ten kann.[26] Das heisst, krankenversicherungsrechtlich gesprochen: Das, was der eidgenössisch approbierte Arzt selber behandelt, verordnet oder delegiert, ist Pflichtleistung im Sinne des KVG, selbst wenn im Grunde nicht medizinische Probleme behandelt werden wie zum Beispiel die völlig normale Traurigkeit der Hinterbliebenen nach einem Todesfall in der Familie.

Anders hat die Rechtsprechung im Invaliditätsrecht der IV, UV, MV und beruflichen Vorsorge auf den medizinischen Paradigmenwechsel reagiert. Eine erste Antwort bildet der 2001 – 21 Jahre nach dem letzten IV-rechtlichen Neuroseurteil (BGE 106 V 89) – ergangene BGE 127 V 294. Danach braucht es für die Bejahung einer rentenbegründenden Invalidität mehr als eine schwierige soziokulturelle oder psychosoziale Belastungssituation, z. B. eine davon unterscheidbare, im fachpsychiatrischen Sinne einwandfrei diagnostizierte Depression; den erforderlichen Schweregrad liess das Gericht allerdings offen. Darauf folgte der zweite Schritt drei Jahre später mit der Begründung der Schmerzpraxis gemäss BGE 130 V 352, 396 und 131 V 49. Diese Rechtsprechung führte im Zusammenwirken mit den legislatorischen Massnahmen der 4. und 5. sowie der IV-Revision 6a zur Halbierung der Neurentenzusprechungen im Vergleich zum Höchststand im Jahre 2003.[27]

2. Im zivilen Schadenersatzrecht

Sozialversicherungsrecht, namentlich das Invaliditätsrecht (Erwerbsunfähigkeitsrecht), bildet zusammen mit dem zivilen Schadenersatzrecht das Schadensausgleichsrecht. Es läge daher nahe, dass die zivilrechtliche Praxis zur Schätzung der Arbeitsunfähigkeit (als Vorstufe der Erwerbsunfähigkeit und der Invalidität) auch auf den medizinischen Paradigmenwechsel geantwortet hätte. Das ist bis heute nicht geschehen. Es geht an dieser Stelle nicht um die ärztlichen Zeugnisse, mit denen im privaten- und öffentlichen Arbeitsrecht *vorübergehende* Arbeitsunfähigkeiten attestiert werden (was für sich allein schon ein näher zu beleuchtendes Problem ist). Ich denke vielmehr an die *langfristigen* Leistungen, also an den *Ersatz des Restschadens*, soweit ein solcher in Anbetracht des heutzutage beträchtlichen, sich oft vollem Schadensausgleich nähernden Leistungsumfanges der involvierten Sozialversicherungszweige noch verbleibt. Diesbezüglich wäre es im Sinne der Einheit der Rechtsordnung geboten, dass hüben und drüben die gleiche rechtliche Be-

---

26   Ulrich Meyer, unter Mitarbeit von Myriam Schwendener, Krankheit als leistungsauslösender Begriff im Sozialversicherungsrecht, in: Thomas Gächter (Hrsg.), Ulrich Meyer, Ausgewählte Schriften, Zürich 2013, S. 249 ff.

27   IV-Statistik 2016, Übersicht, S. 7: Lag die Neurentenquote 2003 bei 6%, betrug sie 2016 noch 2,7%.

trachtungsweise Platz griffe. Das ist immer noch nicht der Fall. Es ist bemerkenswert, dass zivilrechtliche Doktrin und Praxis *diesbezüglich* den interdisziplinären Diskurs mit der Medizin weniger pflegen, als dies im Sozialversicherungsrecht seit vielen Jahren der Fall ist. Die zivilrechtliche Schadenserledigung betrachtet den Mediziner hinsichtlich der Einschätzung der Arbeitsunfähigkeit im Wesentlichen nach wie vor als abschliessend urteilenden *Sachverständigen*, obwohl es sich dabei um *keine genuin ärztliche Aufgabe* handelt.[28]

III. Konsolidierung der Rechtsprechung zur Invalidität

Die wichtigste juristische Wegmarke liegt in der Konsolidierung der Rechtsprechung zur Invalidität. 2011 gelang mit BGE 137 V 210 der *formellrechtliche* Schritt, der das schweizerische sozialversicherungsrechtliche Abklärungssystem – ein klassisches Administrativverfahren vor dem Versicherungsträger, das auf der Grundidee beruht, dass es zur Prüfung eines Rentenanspruches in der Regel keinen Prozess und im Beschwerdefall nicht immer ein Gerichtsgutachten braucht – EMRK-konform ausgestaltete. Der Nichtzulassungsentscheid des Europäischen Gerichtshofs für Menschenrechte (EGMR) in Sachen Spycher vom 17. November 2015 nimmt auf BGE 137 V 210 ausdrücklich Bezug.[29] Seither ist die Rechtslage klar: Die Abklärung sozialversicherungsrechtlicher Leistungsansprüche darf und soll schwergewichtig auf der administrativen Ebene erfolgen, also vor dem Sozialversicherungsträger, der dafür verantwortlich ist und die Verfügungskompetenz innehat. Als Korrelat dazu stehen den Versicherten und ihren Rechtsvertretern umfassende Partizipationsrechte zu, die weit in die Abwicklung der Begutachtung hineinreichen. In *materiellrechtlicher* Hinsicht ist BGE 141 V 281 zu erwähnen, der mit BGE 143 V 409 und 418 ergänzt und bestätigt wurde. Nach dieser nunmehr gefestigten Rechtsprechung sollen sämtliche psychischen und psychosomatischen Leiden, im Grunde genommen alle, nötigenfalls selbst somatische Krankheiten, sozialversicherungsrechtlich *nach dem gleichen Prüfungsmassstab* beweismässig abgeklärt werden. Darin liegt ein wesentlicher Gewinn an Rationalität, was der Rechtsgleichheit, Rechtssicherheit und Voraussehbarkeit zugutekommt. Die Erfahrung aus über 30 Jahren Rechtsprechung bestätigt sich einmal mehr: Im öffentlichen Recht und insbesondere im Sozialversicherungsrecht als einem

---

[28] Vgl. dazu Ulrich Meyer, Am Beispiel der Rechtsprechung zur Invalidität, in: Atti della 55a giornata di studio del 6 giugno 2016 CFPG. Basel 2017, S. 102, mit Hinweis auf Daniel Summermatter, BGE 9C_492/2014: Honni soit qui mal y pense, in: HAVE 4/2015 S. 441.

[29] Entscheidung Nr. 26275/12 Ziff. 25.

Gebiet, in dem es täglich Tausende von Rechtsverhältnissen administrativ zu regeln gilt, sollten die formell- und materiellrechtlichen Konzepte stets einheitlich-integrativer Natur sein.[30]

---

[30] Das Beschreiten von Seiten- und Nebenpfaden in Form uferloser Ausdifferenzierungen führt immer in die Irre. Ende der 1990er-Jahre gab es zum *adäquaten Kausalzusammenhang* als Leistungsvoraussetzung nach versicherten Unfällen etwa *zehn unterschiedliche Praxislinien*, je nachdem um welche Art von eingetretener Gesundheitsbeeinträchtigung es sich handelte. Damit kontrastiert die extensiv angewendete einheitliche zivilrechtliche Adäquanzformel, nach der, soweit *medizinisch-psychiatrische* Ursache-Wirkungs-Zusammenhänge zu beurteilen sind, stets alle gesundheitlichen Folgen als adäquat anerkannt werden (BGE 123 III 110). Das ist im Zivilrecht angesichts der durch Art. 43 f. OR eröffneten Möglichkeiten eines differenzierten Schadensausgleichs kein Unglück, im Sozialversicherungsrecht aber schon, weil ihm dieser Weg de lege lata weitestgehend verschlossen ist («Alles-oder-Nichts-Prinzip»).

Das Projekt Justitia 4.0

Ulrich Meyer / Jacques Bühler

Dieser Beitrag beschreibt im Wesentlichen den Stand und die Ziele des Projekts Justitia 4.0 sowie die Auswirkungen der Einführung der elektronischen Akte auf den Alltag des Richters. Es handelt sich um eine schriftliche Fassung des Referats von Ulrich Meyer, Bundesgerichtspräsident, das am 23. November 2018 in Luzern anlässlich des Richtertags gehalten wurde.

1. Einleitung

[Rz 1] Die Grundvoraussetzungen für die elektronische Kommunikation in Straf-, Zivil- und in bundesgerichtlichen Verfahren existieren seit 2011. Die Schweiz besitzt nämlich die gesetzlichen Grundlagen und IT-Infrastruktur sowie den erforderlichen Bildungsstand. Dennoch bekommen die Justizbehörden nur ganz selten elektronische Eingaben. Die in den Nachbarländern gemachten Erfahrungen zeigen, dass die elektronische Kommunikation erst genutzt wird, wenn sie einfach und obligatorisch ist. Das Projekt Justitia 4.0 wurde gestartet, um die elektronische Kommunikation zu vereinfachen und die elektronische Akte einzuführen. Gleichzeitig erarbeitet das Bundesamt für Justiz eine gesetzliche Grundlage zur Einführung eines Obligatoriums für die beruflichen Rechtsvertreter und für die in Verfahren involvierten Behörden. Somit soll die elektronische Kommunikation in der Justiz vorangetrieben werden.

2. Ziele und Umfang des Projekts Justitia 4.0

2.1. Projektziele

[Rz 2] Das Projekt Justitia 4.0 verfolgt drei Hauptziele. Es geht darum,

- die elektronische Kommunikation zwischen Verfahrensbeteiligten, inklusive Akteneinsicht flächendeckend einzuführen,
- die Fälle der Strafverfolgungsbehörden und der Gerichte, ab Beginn des Verfahrens bis zum Archivieren der Akten, elektronisch zu führen
- und ein Obligatorium für die professionellen Parteivertreter und die in den Verfahren involvierten Behörden im Gesetz zu verankern.

[Rz 3] Die Erreichung dieser Ziele erleichtert den Zugang zur Justiz mit positiven Auswirkungen auf Effizienz und Qualität der Justiz selber.

2.2. Umfang des Projekts

[Rz 4] Das Projekt betrifft Straf-, Zivil- und Verwaltungsgerichtsverfahren. Dies bedingt Änderungen in der Bundesgesetzgebung und in den kantonalen Verfahrensordnungen. Im Strafprozess ist das Verfahren vor den Strafverfolgungsbehörden und vor den Gerichten Bestandteil des Projekts. Hingegen befindet sich die Übermittlung von Daten zwischen der Polizei und den Staatsanwaltschaften ausserhalb des Projekts Justitia 4.0. Dieser Bereich wird im Programm zur Harmonisierung der Informatik in der Strafjustiz (HIS) geregelt. Im Falle einer Verurteilung werden die Daten den Strafvollzugsbehörden übermittelt.

[Rz 5] Die Zivilprozesse sind vollständig Bestandteil des Projekts Justitia 4.0.

[Rz 6] Die verwaltungs*internen* Verfahren tangieren das Projekt Justitia 4.0 nicht. Einzig das Verwaltungs*gerichts*verfahren ist im Projekt inbegriffen. Die Einführung der elektronischen Akte und der elektronischen Kommunikation (inklusive der Akteneinsicht) in diesen Prozessen verlangt eine Anpassung der entsprechenden kantonalen Verfahrensordnungen.

3. Teilprojekte

3.1. Wandel in der Justiz: von der papierenen zur elektronischen Akte

[Rz 7] Der Wandel der Justiz von der papierenen zur elektronischen Akte wird mit Sicherheit die Gewohnheiten der Richterinnen und Richter, Staatsanwältinnen und Staatsanwälte sowie deren Mitarbeitenden ändern. Heute werden zum Bearbeiten der Fälle die Akten auf den Pulten ausgebreitet, Notizen geschrieben, wichtige Passagen farbig hervorgehoben, Post-its aufgeklebt und es wird im Gesetz, in der Rechtsprechung sowie in der Literatur recherchiert. Morgen wird das Gleiche in einem elektronischen Dossier und in elektronischen Akten ermöglicht. Die Bearbeitung der Akten soll dadurch in Zukunft weniger kompliziert und weniger aufwändig sein. Die Denkweise soll gleich bleiben können, hingegen müssen neue Werkzeuge verwendet werden. Eine längere Anpassungszeit wird auf jeden Fall notwendig sein. In diesem Projekt können die Nutzer die Werkzeuge, die ihnen die Arbeit mit elektronischen Akten erleichtern werden, mitgestalten.[1]

3.1.1. Die Infrastruktur

[Rz 8] Die Fläche, die man heute für die Bearbeitung der papierenen Akten auf dem Schreibtisch benötigt, wird in Zukunft am Bildschirm aufgeschaltet. Ein normaler Bildschirm deckt heute, in den meisten Fällen, die Bedürfnisse der Benutzer vollkommen ab. Für das Arbeiten mit elektronischen Dossiers hingegen werden mehrere oder grössere und auch bessere Bildschirme zum Einsatz kommen. Allenfalls kann die Infrastruktur noch mit einem e-Reader ergänzt werden. Dies kann zum Beispiel für die Abfrage der Gesetze oder der Rechtsprechung sehr angenehm sein. Das Bundesgericht und die Justizbehörden der Kantone werden diese Infrastruktur anschaffen müssen. Im Projekt Justitia 4.0 sollen einzig Erfahrungen gesammelt und Empfehlungen ausgearbeitet werden.

3.1.2. Bearbeitung am Bildschirm

[Rz 9] Dokumente gemäss heutigen Akten werden höchstwahrscheinlich in Zukunft im PDF- Format vorliegen. Grundsätzlich werden diese nicht ausgedruckt, sondern am Bildschirm zur Bearbeitung bereitgestellt. Das Bundesgericht entwickelt gegenwärtig für seine eigenen Bedürfnisse verschiedene Teil-Applikationen, die für die Bearbeitung der elektronischen Akten erforderlich sind:

- Die auf dem Markt vorhandenen Funktionalitäten, die es erlauben, mit unveränderbaren PDF-Dateien zu arbeiten, sind mit zusätzlichen auf die juristische Arbeit ausgerichteten Werkzeugen zu ergänzen. Es soll somit sichergestellt werden, dass die Richterinnen und Richter sowie deren Mitarbeitende, wie heute in der Papierwelt, persönliche oder (allen) zugängliche Notizen auf den Dokumenten anbringen, gewisse Textstellen farbig markieren, bestimmte Dokumente und Seiten mit elektronischen Postits versehen, Auszüge aus den Dokumenten generieren und diese, wenn nützlich, einander gegenüber stellen können.
- Zusätzlich – und dies stellt einen grossen Nutzen dar – soll in den Akten einfach und treffsicher gesucht werden können. Bei umfangreichen Dos-

---

[1] Zum Einbezug der Benutzer im Projekt: siehe unten Ziff. 3.

siers wird dies das mühsame und unzuverlässige Durchstöbern von Aktenbergen nach einer bestimmten Stelle, an die man sich noch schwach erinnert, mit Vorteil ersetzen.

- Eine Teil-Applikation ermöglicht die Abwicklung der Fälle und insbesondere die Entscheidfindung durch einen Spruchkörper auf dem Zirkulationsweg.

[Rz 10] Diese Entwicklungen des Bundesgerichts fliessen in das Projekt als Pilot ein. Die Benutzer und IT-Fachleute aller Instanzen überprüfen, ob dieser Pilot den Anforderungen der ersten und zweiten Instanzen ebenfalls genügt. Anschliessend kann darauf aufgebaut oder es können daraus Ideen für eine weitere Entwicklung übernommen werden.

3.1.3. Die Digitalisierung der eingehenden papierenen Akten

[Rz 11] Ein Teil der Akten wird auch in Zukunft immer noch in Papierform eintreffen und vorab digitalisiert werden müssen, um die elektronische Bearbeitung zu ermöglichen. Hier handelt es sich in erster Linie um eine organisatorische Herausforderung, die auf jede beteiligte Stelle zugeschnitten sein muss. Das Projekt Justitia 4.0 wird den Strafverfolgungsbehörden und Gerichten die Lösung des Problems nicht vollständig abnehmen können. Das Projekt sieht Checklisten mit vorgängig zu beantwortenden Fragen vor, damit sich die eingehenden Akten anschliessend rasch und sicher erfassen lassen. Es beginnt bei einer Schätzung der Anzahl Seiten, die im Durchschnitt täglich erfasst werden müssen, um abzuwägen, ob die Digitalisierung intern oder extern erfolgen sollte. Weiter muss man sich mit der Frage der Aufbewahrung der Originaldokumente auseinandersetzen: Letztere werden in Papierform archiviert, solange nicht digital archiviert wird; anschliessend – ab Inkrafttreten der digitalen Archivierung – muss das Digitalisierungsverfahren so zuverlässig gestaltet sein, dass die elektronische Fassung das Original ersetzen und das Papier-Dokument vernichtet werden kann – wie immer im juristischen Umfeld, mit Ausnahmen.

3.2. Elektronische Kommunikation und elektronische Akteneinsicht über die Plattform Justitia.Swiss

[Rz 12] Bei der Behandlung von Gerichtsfällen werden zahlreiche Dokumente verschickt und eingesehen. Dies erfolgt heute postalisch und morgen auf dem elektronischen Weg.

3.2.1. Elektronische Kommunikation

[Rz 13] Aus dem Bericht 2018 der Europäischen Kommission für die Effizienz der Justiz (CEPEJ – Commission européenne pour l'efficacité de la Justice[2]) ist ersichtlich, dass die Schweiz über die erforderliche IT-Infrastruktur und gesetzlichen Grundlagen verfügt, die den elektronischen Rechtsverkehr ermöglichen. Unser Land befindet sich auf dem gleichen Stand wie die meisten westeuropäischen Länder, mit Ausnahme von Österreich und Spanien, die höhere Werte ausweisen.[3] Derzeit wird die Möglichkeit, vor Gericht elektronische Eingaben einzureichen, in weniger als 1% der eingehenden Fälle genutzt. Die Gründe dafür sind sehr zahlreich und werden nicht umfassend aufgezählt:

- Die Verwendung der erforderlichen qualifizierten elektronischen Unterschrift ist nicht ganz einfach und relativ teuer, besonders wenn sie wenig gebraucht wird.
- Das Vorhandensein von mehreren Plattformen, die im Übrigen nur beschränkt interoperabel sind, nämlich einzig für den teuersten Versandtyp, die eingeschriebene Sendung mit Empfangsbestätigung, stiftet Unsicherheit.
- Das Volumen der Daten, die besonders im interoperablen Verkehr über die Plattformen gesendet werden können, ist beschränkt und relativ gering.[4]
- Die Parteien müssen ein schwer einschätzbares Risiko auf sich nehmen: das einwandfreie Funktionieren der Leitungen bis zur Plattform. Es ist immer noch einfacher und sicherer, sich an den nächsten Postschalter zu begeben und dort eine eingeschriebene Sendung aufzugeben.
- Man muss seine Gewohnheiten und seine Arbeitsmethodik ändern. Dies tut man einzig, wenn sich daraus erhebliche Vorteile ergeben, was gegenwärtig nicht der Fall ist.

[Rz 14] In unserer heutigen Gesellschaft stellt das Internet kein unüberwindbares Hindernis dar, denn praktisch jeder Bürger bucht seine Flüge, seine Hotels und seine Theatertickets online. Es ist einfach, benutzerfreundlich und funktioniert einwandfrei. Jedoch ist die Tragweite der Transaktion natürlich nicht

---

[2] Mehr zur CEPEJ: siehe https://www.coe.int/fr/web/cepej/home (alle Websites zuletzt besucht am 12. Februar 2019).

[3] CEPEJ Bericht 2018 (<https://rm.coe.int/rapport-avec-couv-18-09-2018-fr/16808def9d>), Ziff. 4.2.2 S. 213.

[4] Mehr zur maximalen Grösse im ERV: https://www.bj.admin.ch/bj/de/home/staat/rechtsinformatik/e-uebermittlung.html (Ziff. 6.4 des Kriterienkatalogs Zustellplattformen) sowie https://www.privasphere.com/h/index.php?id=69&L=1&ref=GAC_035#h_20.

dieselbe wie bei der Einleitung eines gerichtlichen Verfahrens. Das Projekt Justitia 4.0 trägt den hier oben aufgezählten Gründen der sehr geringen Nutzung des heutigen Systems Rechnung und plant Vereinfachungen, namentlich:

- die Nutzung eines einzigen Portals: Justitia.Swiss;
- die Beschränkung des Einsatzes der digitalen Unterschrift auf fristauslösende Eingaben oder sogar deren Ersatz durch gleichwertige Authentisierungsverfahren; das Verfahrensrecht soll entsprechend angepasst werden; Überlegungen in diese Richtung sind im Bundesamt für Justiz im Gange;[5]
- den Ersatz des Mail-Verkehrs durch die Zurverfügungstellung eines geschützten Raums auf der Plattform Justitia.Swiss.

[Rz 15] Besondere Sorgfalt ist den Bereichen Benutzerfreundlichkeit und Ergonomie der Benutzerschnittstellen zu widmen. Diese Aspekte sollen unter Berücksichtigung der *Sicherheit* (die im Hintergrund gewährleistet wird, ohne die Benutzerfreundlichkeit zu beeinträchtigen) und des *Föderalismus* realisiert werden. Es sollen Lösungen und Werkzeuge eingeführt werden, die allen Kantonen, unabhängig deren Grösse und Finanzkraft, dienen.

3.2.2. Die elektronische Akteneinsicht

[Rz 16] Die elektronische Akteneinsicht für die laufenden und für die abgeschlossenen Verfahren soll, wie die elektronische Kommunikation, über die Plattform Justitia.Swiss abgewickelt werden: Gesuch, Entscheid und allenfalls Zurverfügungstellen der Akten. In diesem Bereich erhofft man ebenfalls einen Effizienzgewinn: Die Akten müssen nicht mehr vor Ort, zum Beispiel am Gericht, eingesehen oder zugestellt werden. Es ist ein Zeitgewinn für die Parteien bzw. die Anwältinnen und Anwälte. Die Akten können unverzüglich und gleichzeitig eingesehen werden. Basel-Stadt entwickelt gegenwärtig eine Plattform zur Akteneinsicht.

---

[5] Zu den aktuellen Vorhaben im Bereich Rechtsinformatik des BJ: https://www.bj.admin.ch/bj/de/home/staat/rechtsinformatik.html.

3.3. Obligatorium der elektronischen Kommunikation für die professionellen Vertreter und die Behörden (Teilprojekt Gesetzgebung)

[Rz 17] Die Justizkonferenz und die Konferenz der kantonalen Justiz- und Polizeidirektorinnen und -direktoren (KKJPD) haben im Herbst 2016 gemeinsam, mit der Unterstützung des Schweizerischen Anwaltsverbands und in Anwesenheit von Frau Bundesrätin Sommaruga, beantragt, das Eidgenössische Justiz- und Polizeidepartement möge eine gesetzliche Grundlage zur Einführung eines Obligatoriums bezüglich elektronischer Kommunikation mit den Justizbehörden und bezüglich elektronischer Aktenführung in den Justizbehörden erstellen. Das Bundesamt für Justiz ist daran, einen Gesetzesentwurf auszuarbeiten. Es soll ein neues Bundesgesetz zur elektronischen Kommunikation mit Gerichten und Behörden (BEKG) entstehen. Die heutigen Verfahrensgesetze des Bundes, insbesondere die Straf- und die Zivilprozessordnung, sollen ebenfalls angepasst werden. Die ersten Vorentwürfe befinden sich gegenwärtig in einer grundlegenden Überarbeitung. Es ist vorgesehen, dass die Vernehmlassung zu diesem Vorentwurf im 2. Halbjahr 2019 eröffnet wird.

4. Einbindung der Benutzer (insb. Richter, Staatsanwälte) im Projekt

[Rz 18] Die Projektorganisation des Projekts Justitia 4.0 beruht im Wesentlichen auf dem Milizprinzip. Der professionelle Kern ist viel kleiner als in anderen Projekten dieser Grösse. Aus diesem Grunde ist die Mitwirkung aus Benutzerkreisen von zentraler Bedeutung. Wenn das Projektteam auf die Mitarbeit im Projekt von Benutzern zählen kann, wird das Projekt gelingen.

4.1. Übersicht der Grundzüge der Governance (übereinstimmende Stossrichtung Justizkonferenz und KKJPD)

[Rz 19] Die Hauptträger des Projekts Justitia 4.0 sind die Justizkonferenz – in erster Linie die obersten Gerichte der vierzehn Kantone[6], die den Zusammenarbeitsvertrag mit dem Bundesgericht unterzeichnet haben – und die KKJPD, auf deren Seite (Exekutive) alle Kantone die HIS[7] Vereinbarung unterzeich-

---

[6] Zürich, Bern, Luzern, Freiburg, Basel-Stadt und -Landschaft, Appenzell Ausserrhoden und Innerrhoden, Graubünden, Aargau, Waadt, Wallis, Neuenburg und Genf.

[7] HIS: Programm für die Harmonisierung der Informatik in der Strafjustiz.

net und ratifiziert haben. An der letzten Justizkonferenz, die am 19. Oktober 2018 in Genf stattfand, ferner an der Herbsttagung der KKJPD vom 15. November 2018 wurde die Governance strategisch auf Kurs gebracht. Danach wird es eine dreistufige Projektorganisation geben, bestehend aus einem strategischen Gremium, dem Steuerungsausschuss (bis anhin gemischter Ausschuss genannt), einem oberen operativen Organ (in Zukunft der Projektausschuss) und einer fünfköpfigen Projektleitung. Im *Steuerungsausschuss* (strategische Ebene) sitzen 8 Vertreter der Trägerorganisationen: 4 Judikative (Gerichte und Anwaltschaft) und 4 Exekutive (KKJPD und Strafverfolgungsbehörden). Auf dieser Stufe werden im Wesentlichen die allgemeine Stossrichtung sowie die Finanzen des Projekts vorgegeben und die Berichte des Kontrollorgans abgenommen. Der *Projektausschuss* besteht aus Vertretern des Managements der Gerichte, der Strafverfolgungsbehörden und der KKJPD. Auf eine ausgeglichene Vertretung der Kantone, der Sprachregionen, der benutzten IT-Systeme (Juris, Tribuna oder Insellösung) und der verschiedenen im Projekt involvierten Behörden ist unbedingt zu achten. Die Steuerung des Projekts Justitia 4.0, unter anderem über Meilensteine, erfolgt im Wesentlichen auf dieser Stufe. Die *Projektleitung* bestehend aus 5 Projektleitern (4 Informatik- bzw. Projektfachleuten und 1 Vertreter Gerichte) ist für die Realisierung des Projekts zuständig. Bei dieser Zusammensetzung ist es offensichtlich, dass die Projektleitung sehr auf die Inputs der Benutzerinnen und Benutzer angewiesen ist.

4.2. Zentraler Einbezug der Fachgruppen

[Rz 20] Ein Aufruf zur Beteiligung am Projekt Justitia 4.0 wurde während des letzten Sommers lanciert. Die Rückmeldungen von Seiten der Gerichte waren erfreulich. Es fehlen noch ein paar Staatsanwälte und Vertreter des Justizvollzugs. Die Anwaltschaft (SAV) hat einige wenige Anwälte delegiert. Insgesamt wurden bis heute ca. 100 Personen aus fast allen Kantonen, davon die Hälfte mit einer kleinen Verfügbarkeit, aufgenommen. Die Benutzer werden gemäss ihren Präferenzen in acht thematische Fachgruppen aufgeteilt:

- zwei Fachgruppen zum Thema «Austausch-Plattform Justitia.Swiss»: eine technisch ausgerichtete und die andere fachlich;
- zwei Fachgruppen zum Thema «elektronischer Arbeitsplatz»: wiederum technisch und fachlich;
- eine Fachgruppe, die sich mit dem wichtigen Bereich der Kommunikation befasst;

- eine Fachgruppe, die die Verfahrensabläufe protokolliert, um diese einerseits den anderen Fachgruppen zur Verfügung zu stellen und andererseits in einer späteren Phase als Testszenario zu nutzen.
- Zu gegebener Zeit wird eine Fachgruppe alle Fragen rund um den Betrieb der Plattform Justitia.Swiss behandeln.
- Schliesslich wird anfangs 2019 noch eine zusätzliche Arbeits- oder Fachgruppe zusammengestellt zur Begleitung des Gesetzgebungsprozesses und zur Redaktion der interkantonalen Verwaltungsvereinbarung, die unter anderem die Trägerschaft, die Finanzierung und den Betrieb der Plattform Justitia.Swiss regeln soll.

[Rz 21] Es ist vorgesehen, die Fachgruppen während der ganzen Projektdauer einzusetzen. In der Konzeptphase für die Formulierung der Anforderungen und für die Analyse der Pilot-Applikationen, wie der elektronische Arbeitsplatz des Bundesgerichts, die Akteneinsichtplattform von Basel-Stadt und noch weitere zu entwickelnde Prototypen. Am Ende der Realisierungsphase werden die Benutzer aus den Fachgruppen für die Tests und die Abnahme der Entwicklungen einbezogen.

5. Weitere Arbeiten

[Rz 22] Die Projektleitung Justitia 4.0 wird das Projekt in den nächsten Monaten und Jahren wie folgt vorantreiben.

5.1. Konzeptphase in den Fachgruppen

[Rz 23] Ab anfangs 2019 werden die Fachgruppen eingeladen, um die Anforderungen der Teilprojekte zu redigieren bzw. zu bestätigen. Prototypen werden den Fachexperten helfen, die Ausrichtung der verschiedenen Entwicklungen genauer zu definieren. Die Konzeptphase sollte bis ins Jahr 2020 gehen. Die während dieser Phase erarbeiteten Pflichtenhefte sollen als Grundlage für die Realisierung der Applikationen dienen.

5.2. Unterschiedliche Beschaffungsverfahren

[Rz 24] Es wurden im Rahmen des Projekts Justitia 4.0 etwa zehn verschiedene Beschaffungsobjekte identifiziert. Es geht vom Identifizierungs- und Datenübermittlungssicherheitskonzept bis hin zur Entwicklung der Plattform und ihrer Module; ein Kommunikations- und Transformationskonzept gehört ebenfalls dazu. Bescheidene Objekte können eigenhändig und andere nur über eine WTO-Ausschreibung beschafft werden.

5.3. Grundsätzlich iteratives Vorgehen und gestaffelte Einführung in den Kantonen

[Rz 25] Es ist vorgesehen, vorerst Grundversionen der Werkzeuge, die für die elektronische Bearbeitung der Fälle und die elektronische Kommunikation in der Justiz benötigt werden, zu realisieren. Diese sollen in ein paar Pilotkantonen eingeführt werden. Anschliessend werden Korrekturen und Verbesserungen angebracht, bevor die flächendeckende Einführung in allen Kantonen erfolgt. Die iterative Methodik, soweit vergaberechtlich zulässig, wird erlauben, noch während dem ganzen Rollout vernünftige Verbesserungen anzubringen.

5.4. Begleitung der Projektphasen durch eine passende Kommunikation

[Rz 26] Die Kommunikation ist ein zentrales Element jedes Projekts, das erhebliche Gewohnheitsänderungen auslöst. Zirka 15'000 Richterinnen und Richter, Staatsanwältinnen und Staatsanwälte sowie deren Mitarbeitende sind vom Projekt Justitia 4.0 betroffen. Dazu kommen noch zirka 12'000 Anwältinnen und Anwälte[8]. Das Projekt startet offiziell am 14. Februar 2019 mit einem nationalen Kick-off Event in Luzern, an dem ca. 300 Personen teilnehmen können. Im zweiten Halbjahr 2019 und 2020 werden dezentrale regionale Informationsveranstaltungen organisiert, um auf diese Weise möglichst viele betroffene Personen der Justizbehörden der Kantone und der Anwaltschaft direkt über das Projekt zu informieren. Eine zentrale Medien- und Informationsstelle ist Teil der Projektleitung und informiert Sie gerne.[9] Die Kommunikation beginnt mit einer Sensibilisierung der betroffenen Personen und wird im Verlauf des Projekts an Intensität gewinnen.

JUSTITIA 4.0:

DAMIT DER WEG ZUM RECHT

NICHT MEHR ÜBER PAPIERBERGE FÜHRT.

6. Fazit

[Rz 27] Die Gerichte und die KKJPD, als Auftraggeber des Projekts Justitia 4.0, haben sich zur Erreichung eines gemeinsamen Ziels zusammengeschlossen, die elektronische Kommunikation und die elektronische Justizakte flächende-

---

[8] Zum Mengengerüst, siehe die Schweizer Daten in der Datenbank der Europäischen Kommission für die Effizienz der Justiz: CEPEJ-STAT: https://www.coe.int/fr/web/cepej/dynamic-database-of-european-judicial-systems

[9] Auskünfte, Informationen, Anfragen: info@justitia.swiss.

ckend in der Schweiz einzuführen. Dazu haben sie sich eine Projektorganisation gegeben und Mittel zugesprochen. Nun geht es darum, die Erwartungen und Ängste der vom digitalen Wandel betroffenen Personen aufzunehmen und eventuellen Problemen im Projekt vorzugreifen. In einem föderalen Staat ist der Weg nicht geradlinig. Jedoch ist die Projektleitung dank dem Einbezug von zahlreichen Fachvertretern aus allen Regionen sehr nahe an den Benutzern und kann sie im Transformationsprozess optimal begleiten. Denn in diesem Vorhaben bildet nicht etwa der technische Aspekt die grösste Herausforderung, sondern der menschliche. Wir sind jedoch zuversichtlich, dass die Schweiz in ein paar Jahren seinen Einwohnern eine leicht auf elektronischem Weg zugängliche, effiziente und qualitativ hochstehende Justiz anbieten wird.

Wir lassen niemanden im Regen stehen

Ulrich Meyer / Kathrin Alder

Mit der anstehenden Revision des Bundesgerichtsgesetzes fürchten manche einen gefährlichen Abbau des Rechtsschutzes. Bundesgerichtspräsident Ulrich Meyer hält im Gespräch mit der NZZ dagegen.

Herr Meyer, Sie sind ein begeisterter Schachspieler. Erkennen Sie Parallelen zu Ihrer Arbeit als Bundesrichter?

Teilweise. Recht sprechen bedingt zwar auch Logik, aber nicht ausschliesslich. Es heisst vor allem zuhören, lesen, überlegen, werten, abwägen, konkretisieren und am Schluss entscheiden. Recht sprechen ist das ständige Bestreben, im Rahmen von Gesetz und Verfassung Gerechtigkeit walten zu lassen.

Ein hehres Ziel, doch mit Ausnahme von interessanten Urteilen ist die dritte Gewalt im Vergleich zur Politik wenig präsent. Müsste die Judikative nicht sichtbarer sein?

Nein! Justiz ist nicht Politik. Wichtig ist allein, dass die Gerichte täglich in voller Unabhängigkeit ihre Arbeit richtig und zeitgerecht erfüllen und dass sie in der Öffentlichkeit als funktionierende Institutionen wahrgenommen werden. Eine Personalisierung der Justiz lehne ich entschieden ab, und zwar aus prinzipiellen Gründen. Je weniger man von mir als Bundesgerichtspräsident spricht, desto besser!

Das Vertrauen der Schweizer Bevölkerung in die Justiz ist ungebrochen. Die Selbstbestimmungsinitiative der SVP, die auch ein Angriff auf das Bundesgericht war, hat das Stimmvolk vergangenen Herbst in Bausch und Bogen verworfen. Ein Vertrauensbeweis?

Ich habe mich vor der Abstimmung jeder Stellungnahme zu dieser Initiative enthalten – aus Gründen der Gewaltenteilung. Wir mischen uns als Bundesgericht nicht in den politischen Prozess ein. Und nun, da die Abstimmung vorüber ist, liegt es auch nicht an mir als Bundesgerichtspräsident, das Ergebnis zu kommentieren. Das hat im Bundeshaus zu geschehen und nicht am Bundesgericht.

Dennoch behauptet insbesondere die SVP, die Rechtsprechung am Bundesgericht sei politisch gefärbt.

Das Bundesgericht urteilt nicht politisch. Es ist nach der Bundesverfassung allein dem Recht verpflichtet. Nun ist es aber unvermeidlich, dass bundesgerichtliche Urteile politische Auswirkungen haben können. Ich erinnere daran, dass das Bundesgericht 1990 im Kanton Appenzell Innerrhoden das Frauenstimmrecht auf kantonaler Ebene durchgesetzt hat. Ein rein juristisch gefällter, in seinen Auswirkungen jedoch hochpolitischer Entscheid. Damit muss man als Richter leben können.

Das Bundesgericht klagt über eine hohe Arbeitslast. Die Zahl der eingegangenen Beschwerden hat im Jahr 2017 einen Höchststand erreicht. Woran liegt das?

Es gibt sicherlich viele gesellschaftliche Gründe dafür, allein schon die Zunahme der Bevölkerung. Der Hauptgrund liegt aber im Gesetz. Das Bundesgerichtsgesetz (BGG) ist seit 2007 in Kraft. Eines seiner Hauptziele war es, das Bundesgericht nachhaltig zu entlasten. Dieses Ziel wurde eindeutig verfehlt. Deswegen stehen wir nun vor der Revision. Es geht darum, das Bundesgericht richtig und stufengerecht zu belasten.

Kommende Woche wird sich der Nationalrat über die Revision des BGG beugen. Sind Sie zufrieden mit der Vorlage, die nun ins Parlament kommt?

Die Vorlage ist grundsätzlich sehr zu begrüssen. Der Gesetzesentwurf enthält viele positive Elemente, die das Bundesgericht befürwortet. Doch hat er einen groben Strickfehler: Entgegen der Ansicht des Bundesgerichts soll die subsidiäre Verfassungsbeschwerde erhalten bleiben.

Was stört Sie an der subsidiären Verfassungsbeschwerde? Immerhin kann damit die Verletzung verfassungsmässiger Rechte gerügt werden.

Das stimmt, aber sie bringt den Rechtsuchenden nichts. Schlicht und einfach nichts! Sie ist ein Rohrkrepierer. Von 300 bis 400 subsidiären Verfassungsbeschwerden pro Jahr heisst das Bundesgericht jeweils nur einige wenige gut. Vor allem aber wird die Verletzung verfassungsmässiger Rechte weiterhin in allen ordentlichen Beschwerden auf den Gebieten des Zivil- und Strafrechts sowie im öffentlichen Recht gerügt werden können.

Woran liegt es, dass die subsidiäre Verfassungsbeschwerde so selten gutgeheissen wird?

Es geht fast immer um den Vorwurf, das Kantonsgericht habe den Sachverhalt willkürlich festgestellt. Nun sind die Sachverhaltsfeststellungen des kantonalen Gerichts gemäss BGG für das Bundesgericht aber grundsätzlich verbindlich. Indem die Rechtsuchenden mit der subsidiären Verfassungsbeschwerde eine Überprüfung des Sachverhalts verlangen, haben sie von vornherein schlechte Karten. In aller Regel erfüllt die Vorinstanz ihre Aufgabe korrekt. Sie führt sorgfältig ein Beweisverfahren durch und würdigt die erhobenen Beweise umfassend. Es besteht in diesem Fall kein Raum, bezüglich des Sachverhalts den Vorwurf der Willkür zu erheben. Die subsidiäre Verfassungsbeschwerde gehört abgeschafft.

Nun gibt es Stimmen aus der Politik, aber auch aus der Lehre, die einen Abbau des Rechtsschutzes fürchten.

Das ist ein Killerargument, das noch gegen jede Justizreform der letzten 50 Jahre vorgetragen wurde. Dieses Argument auf die aktuelle Revision des BGG zu beziehen, ist schlicht abwegig. Es geht nicht um einen Umbau der Bundesrechtspflege und schon gar nicht um einen Abbau des Rechtsschutzes, sondern um punktuelle Verbesserungen unseres täglich angewendeten Arbeitsinstrumentes, des BGG.

Kritiker sagen aber auch, die Revision führe dazu, dass sich das Bundesgericht vermehrt nur noch mit Rechtsfragen von grundsätzlicher Bedeutung auseinandersetze. Das sei Rosinenpickerei.

Dass das Bundesgericht nur noch grundsätzliche Rechtsfragen beurteilen wolle, ist ein Schauermärchen. Die Vorlage ändert am unbeschränkten Zugang zum Bundesgericht nichts. In den allermeisten Rechtsbereichen bleibt er erhalten, insbesondere auch, was die Verletzung verfassungsmässiger Rechte betrifft.

Mutet es nicht willkürlich an, dass das Bundesgericht darüber entscheidet, wann eine Rechtsfrage von grundsätzlicher Bedeutung vorliegt?

Das entscheiden nicht wir, die Kriterien stehen im Gesetz. Zunächst einmal kommt diese neue Regelung ausschliesslich im Zivilrecht bei nicht erreichter Streitwertgrenze zum Zug und im Verwaltungsrecht dort, wo der Weg ans Bundesgericht bisher gesetzlich ausgeschlossen war. Das betrifft staatspolitisch wichtige Bereiche. Auf den Gebieten der ordentlichen Einbürgerung oder

der öffentlichen Beschaffungen wird der Rechtsweg damit überhaupt erst geöffnet – sofern sich eine Rechtsfrage von grundsätzlicher Bedeutung stellt oder sonst ein besonders bedeutender Fall vorliegt.

Jemand, der sich gegen einen willkürlich zustande gekommenen Einbürgerungsentscheid wehren will, kann also auch künftig an das Bundesgericht gelangen?

Ist ein Einbürgerungsentscheid Ergebnis einer sachgerechten Interessenabwägung, wird er Bestand haben. Werden dabei aber grundlegende Rechtsprinzipien schwerwiegend verletzt, wird das Bundesgericht weiterhin einschreiten. Das haben wir auch dem Parlament bestätigt. Wir haben mithilfe von Auswertungen durch unabhängige Experten den Nachweis erbracht, dass die wenigen bisherigen Gutheissungen von subsidiären Verfassungsbeschwerden mit dem künftigen System mehr als aufgefangen werden. Wir werden immer korrigierend einschreiten, wenn sich die Vorinstanz nicht an die Rechtsprechung des Bundesgerichts gehalten oder sonst einen Akt des Unrechts begangen hat. Wir lassen niemanden im Regen stehen.

Sie befürchten, dass Sie mit der Revision des BGG mehr Arbeit bekommen und nicht weniger?

Ohne die subsidiäre Verfassungsbeschwerde ist die Vorlage ein in sich ausgewogenes Ganzes, bei dem sich Mehr- und Minderbelastung in etwa die Waage halten. Bei Belassen der subsidiären Verfassungsbeschwerde führt die Gesetzesrevision zu einer Mehrbelastung. Dafür hätte das Parlament die Verantwortung zu tragen.

Erleichterung soll dem Bundesgericht etwa die neue Bussenregelung bringen.

Es ist zweifellos zu begrüssen, dass sich das Bundesgericht nicht mehr mit einer Busse von 150 Franken befassen muss, die schon zwei kantonale Gerichtsinstanzen überprüft und bestätigt haben. Ich gehe als normaler Bürger mit einer Erkältung ja auch nicht an die Universitätsklinik, ausser natürlich, ich leide unter Komplikationen.

Ganz grundsätzlich: Wie beurteilen Sie die Qualität der Gesetzgebung im Allgemeinen? Es gibt ja Stimmen die sagen, sie werde immer schlechter.

Das Bundesgericht ist nicht Gesetzgeber.

Aber es muss mit den Gesetzen arbeiten und sie anwenden.

Einverstanden. Aber die mit der Gesetzgebung betrauten Institutionen und Personen zu kritisieren und ihnen zu sagen, wie sie es besser machen müssten, ist nicht meine Sache. Das Bundesgericht heizt mit dem Holz, das ihm das Parlament vor die Türe legt.

Mit Moral hat das nichts zutun

Ulrich Meyer / Katharina Fontana

Haben in der Schweiz Volk und Parlament das letzte Wort, oder ist es die Justiz? Welche Rolle soll das Bundesgericht in der Schweizer Demokratie wahrnehmen?

Wer vor dem imposanten Bundesgericht in Lausanne steht, spürt die Macht der Justiz. So unnahbar, ja einschüchternd das Gerichtsgebäude auf Mon-Repos, so umgänglich und ohne Allüren ist Ulrich Meyer. Der bald 65-jährige Präsident des Bundesgerichts, ein Pfarrerssohn aus dem Emmental, pendelt derzeit zwischen Lausanne und seinem eigentlichen Arbeitsort in Luzern, wo die beiden sozialversicherungsrechtlichen Abteilungen ihren Sitz haben. Der Sozialdemokrat hat das Schweizer Sozialversicherungsrecht in den letzten Jahrzehnten massgeblich geprägt und sich dabei oft den Zorn von Schadenanwälten zugezogen. So ist es in erster Linie Meyers Verdienst, dass das Bundesgericht seine ausufernde Schleudertrauma-Renten-Praxis aufgegeben hat.

Herr Meyer, seit Anfang 2017 präsidieren Sie das höchste Schweizer Gericht. Dennoch, so wage ich zu behaupten, sind Sie, wie schon Ihre Vorgänger, in der Öffentlichkeit weniger bekannt als so mancher Hinterbänkler im Bundesparlament. Sollte der Präsident des Bundesgerichts nicht eine bedeutendere Rolle spielen?

Das sehe ich anders. Wichtig ist, dass man das Bundesgericht kennt und dass es als Institution funktioniert. Ob man weiss, welche Person jeweils an der Spitze steht, ist dagegen zweitrangig. Ich würde sogar sagen, dass die Personalisierung der Justiz letztlich ihr Ende bedeuten würde.

Warum?

Weil das der Unterschied zwischen Recht und Politik ist: Diese lebt von charismatischen Persönlichkeiten, wogegen der Richter allein dem Recht verpflichtet ist, ohne Ansehen der Person. Ein Richter, der prominent sein will und seine Person in den Vordergrund stellt, ist fehl am Platz.

Das Verhältnis von Politik und Justiz gibt von jeher zu reden. Schaut man sich die Situation in der Schweiz an: Wie mächtig ist die Justiz?

Es sind vier grosse Prinzipien, auf denen die schweizerische Eidgenossenschaft gemäss der Bundesverfassung beruht: Demokratie, Rechtsstaat, Föderalismus und Sozialstaat. Von diesen vier Prinzipien ist das demokratische Prinzip wohl das stärkste. Das zeigt sich namentlich darin, dass die Schweiz auf Bundesebene keine Verfassungsgerichtsbarkeit hat und sich das Bundesgericht an Gesetze und Staatsverträge halten muss, die das Parlament und eventuell das Volk gutgeheissen haben. Um Ihre Frage zu beantworten: Die Macht der Justiz ist durch die Demokratie begrenzt.

Montesquieu prägte das Bild, dass der Richter nicht mehr sein dürfe als der «Mund des Gesetzes». Inwieweit trifft diese Rollenverteilung heute in der Schweiz noch zu? Kritiker bemängeln, dass sich das Bundesgericht immer mehr als Herrscher der Rechtsordnung verstehe.

Sie sprechen den Kern unserer Funktion als Bundesrichter an. Das Bild der Gewaltenteilung, wie sie in der Formulierung Montesquieus zum Ausdruck kommt, trifft für unser Rechtssystem voll und ganz zu. Nach schweizerischer Staatsauffassung ist der Gesetzgeber der Stratege: Er sagt, in welche Richtung es geht. Und der Richter ist der Taktiker, der die Ziele des Gesetzgebers erreichen und umsetzen muss, wie dies der frühere Zürcher Zivilrechtsprofessor Arthur Meier-Hayoz treffend formuliert hat. Das heisst, dass wir als Bundesrichter eine zudienende Funktion ausüben, keine politisch-gestaltende. Unsere Aufgabe ist es, die gesetzliche Klaviatur zum Klingen zu bringen.

Wie weit ein Richter bei der Interpretation von Rechtsnormen gehen kann, ist umstritten. Im amerikanischen Supreme Court gibt es die Originalisten, die die Verfassung strikt wortgetreu verstanden wissen wollen, und ihre Gegenspieler, welche die Verfassung als living instrument verstehen. Gibt es solche unterschiedlichen Denkschulen auch am Bundesgericht?

Das Bundesgericht ist kein Verfassungsgericht wie der Supreme Court, man kann die beiden Institutionen nicht miteinander vergleichen. Nach unserem System ist klar, dass wir die Rechtsordnung nicht durch direkte Berufung auf die Bundesverfassung aus den Angeln heben dürfen. Eine andere Auffassung vertritt der Europäische Gerichtshof für Menschenrechte, der die Garantien der Menschenrechtskonvention zu schützen hat. Diese Konvention ist an sich ein Staatsvertrag, der Gerichtshof betrachtet diesen Staatsvertrag aber als living instrument – als eine Vereinbarung, die man dynamisch auslegen kann...

... was in den einzelnen Staaten immer wieder für Unmut sorgt.

Das mag sein. Und doch ist der Menschenrechtsgerichtshof im Kern eine epochale Errungenschaft. Das Bundesgericht hat eine andere Optik als das Strassburger Gericht.

Der Strassburger Gerichtshof versteht sich als das Gewissen Europas. Was befähigt einen Richter dazu, als Gewissen aufzutreten? Warum soll er dazu besser in der Lage sein als die Bürgerinnen und Bürger?

Das Gericht als Gewissen – das entspricht nicht meinem Richterbild. Für mich ganz entscheidend ist der Grundsatz der richterlichen Zurückhaltung und Bescheidenheit. Ich muss die Aufgabe, die mir Verfassung und Gesetz zuweisen, erfüllen. Das ist eine rein rechtliche Aufgabe. Mit Moral hat das nichts zu tun.

In den Fokus der politischen Aufmerksamkeit geraten ist das Bundesgericht 2012, als eine seiner Abteilungen in einem umstrittenen Urteil zum Schluss kam, dass die Menschenrechtskonvention der Verfassung vorgehe. Seither weiss man nicht mehr recht, was im Verhältnis von Völkerrecht und Landesrecht eigentlich gilt und wer das letzte Wort hat. Können Sie zur Klarheit beitragen?

Das Verhältnis von Völkerrecht und Landesrecht ist gegenwärtig Gegenstand einer Initiative...

...der Selbstbestimmungsinitiative der SVP, die als Reaktion auf das erwähnte Urteil lanciert wurde.

Genau. Die Initiative ist derzeit in den eidgenössischen Räten hängig, irgendwann wird es darüber eine Volksabstimmung geben. Die Frage des Verhältnisses von Völkerrecht und Landesrecht befindet sich also auf der politischen Ebene, und der Bundesgerichtspräsident greift in diese Debatte nicht ein. Wir warten ab und schauen, was geschieht.

Dann versuche ich es mit einer anderen Frage: Als der Ständerat jüngst über die Selbstbestimmungsinitiative diskutierte, waren sich die Ratsmitglieder im Unklaren darüber, ob die Schubert-Praxis des Bundesgerichts noch gilt – also die Möglichkeit des Parlaments, in einem Gesetz bewusst von einem Staatsvertrag abzuweichen. Gilt die Schubert-Praxis noch?

Auch diese Frage würde zu einer inhaltlichen Diskussion über das Thema Völkerrecht und Landesrecht führen. Ich kann und will mich dazu im Moment nicht äussern.

Der erwähnte Entscheid von 2012 hat bei Politikern für Unmut gesorgt. In der Folge erhielten die für das Urteil verantwortlichen Bundesrichter bei der Wiederwahl in der Bundesversammlung deutlich weniger Stimmen als ihre Kolleginnen und Kollegen. Braucht es ein anderes Wahlsystem?

Das muss der Gesetzgeber entscheiden. Nur so viel: Dass die Bundesrichter einer politischen Partei angehören und auf Vorschlag der Gerichtskommission von der Bundesversammlung gewählt werden, hat sich bewährt. Unser Wahlverfahren garantiert, dass man als Bundesrichter nicht abhebt. Letztlich haben wir ein einzigartiges Gerichtssystem: Wir sind politisch gewählt, urteilen aber nicht politisch.

Unter Juristen gibt es immer wieder böse Zungen, die behaupten, dass am Bundesgericht zu wenig exzellente Köpfe wirkten. Tatsache ist, dass gemäss Gesetz so gut wie jeder zum Bundesrichter gewählt werden könnte.

Das trifft zu, wobei in der Praxis natürlich alle 38 amtierenden Richterinnen und Richter erfahrene Juristen sind. Anders als in anderen Ländern gibt es in der Schweiz keine Richterkaste, keinen geschlossenen Richterstand und keine Richterlaufbahn. Das ist so gewollt und entspricht der demokratischen Tradition der Schweiz. Die vielfältige berufliche Erfahrung der Bundesrichter – einige waren früher Kantonsrichter, andere Anwälte, Professoren oder Verwaltungsjuristen – sorgt für eine Durchmischung der Meinungen. Und das ist gut so.

Das Bundesgericht klagt, es sei zu stark belastet. Seit der letzten grossen Justizreform, die das Bundesgericht entlasten sollte, ist es aber erst elf Jahre her. Was läuft falsch?

Die Justizreform, von der Sie sprechen, hat sicherlich eine Besserung bewirkt. Doch sie ging zu wenig weit. So ist es heute beispielsweise immer noch möglich, wegen einer blossen Busse, die schon von zwei unabhängigen Gerichten bestätigt wurde, vor Bundesgericht zu ziehen. Das muss sich ändern. Wir haben heute in Lausanne und Luzern jährlich über 8000 neu eingereichte Fälle – so geht es nicht weiter.

Der Bundesrat hat auf den Appell reagiert und dürfte demnächst eine Revision des Bundesgerichtsgesetzes verabschieden. Kritische Stimmen wenden ein, dass das Bundesgericht den Rechtsschutz einschränken möchte. Was sagen Sie?

Es handelt sich keineswegs um eine Abbauvorlage. Vielmehr möchten wir einerseits den Weg ans Bundesgericht öffnen in Bereichen, die bisher ausgeschlossen waren. Andererseits wollen wir uns stärker auf rechtliche Grundsatzfragen konzentrieren. Das ist unabdingbar. Sonst ist es uns nicht länger möglich, unsere Aufgabe als oberstes Gericht bezüglich der Qualität der Urteilsbegründungen zufriedenstellend zu erfüllen. An kaum ein anderes nationales Höchstgericht kann man derart ungefiltert gelangen wie ans Bundesgericht, kaum ein anderes hat 8000 Fälle!

Ein Bundesrichter hat mir erzählt, dass er über die Abgeschiedenheit auf Mon-Repos überrascht gewesen sei. Während der ersten Tage im Amt habe er weder Anrufe noch E-Mails erhalten und sich gefragt, ob es vielleicht ein Problem mit der Infrastruktur gebe. Doch dem war nicht so. Ist man als Bundesrichter sehr einsam?

Die juristische Arbeit, wenn man an einem Dossier arbeitet, ist zwangsläufig etwas einsam. Man kann einen Fall ja nicht lösen, indem man sich mit Kollegen austauscht oder in der Cafeteria sitzt. Es gilt: «Ich und das Dossier». Dennoch: Richter und namentlich Bundesrichter sein ist der schönste Beruf, den es gibt, er spiegelt die ganze Lebenswirklichkeit wider. Zumindest gilt das für mich: Ich bin seit 31 Jahren am Bundesgericht tätig, und mir war an keinem einzigen Tag langweilig.

Die Justizinitiative ist staatspolitisch verfehlt

Die Justizinitiative würde zu einer inakzeptablen Schwächung der Bundesversammlung und des Bundesgerichts als Verfassungsorganen führen und ist aus staats- und justizpolitischer Sicht klar abzulehnen.

Die Mitglieder des Bundesgerichts wurden seit je von der Bundesversammlung gewählt und – entsprechend der bis 1931 geltenden Legislaturdauer – jeweils alle drei Jahre zu Beginn der ersten Session in der neuen Legislatur wiedergewählt. Um diese Wiederwahlen nicht in so rascher Abfolge vornehmen zu müssen, verlängerte das Parlament deren Amtsdauer auf sechs Jahre.

Seit der Gründung der Gerichtskommission, welche die Wahlen und Wiederwahlen vorbereitet und der Vereinigten Bundesversammlung dazu Antrag stellt, sind sämtliche zur Wiederwahl antretenden Bundesrichter und Bundesrichterinnen wiedergewählt worden. Bezüglich Wahlen an das Bundesgericht ist die Vereinigte Bundesversammlung allen Anträgen der Gerichtskommission ausnahmslos gefolgt. Wo also ist das Problem?

Es gibt kein Problem. Das Schweizerische Bundesgericht, nach dem US-Supreme Court und der britischen Gerichtsbarkeit wohl das älteste Höchstgericht der Welt, urteilt seit 1875 in voller Unabhängigkeit, seit bald 150 Jahren also, Tag für Tag, in mehr als achttausend Fällen, welche ihm jährlich unterbreitet werden.

Seine schöpferische Rechtsprechung, namentlich im Bereich der verfassungsmässigen Grundrechte, strahlt über die Landesgrenzen hinaus. Das Bundesgericht stellt eine im schweizerischen Rechtsbewusstsein fest verankerte Institution dar und geniesst nach allen Umfragen ungeschmälert das Vertrauen der Bevölkerung.

Kein Bundesrichter und keine Bundesrichterin denkt bei der Bearbeitung eines Dossiers an die Partei, der er oder sie angehört. Jedes Gerichtsmitglied weiss, handelt und urteilt danach, dass es sein Mandat nicht von einer politischen Partei, sondern, auf Antrag der Gerichtskommission, von der Vereinigten Bundesversammlung erhalten hat.

Die Initiative will die Auswahl der Kandidaten und Kandidatinnen für das Bundesgericht zur Expertensache machen. Das ist (neben der unwürdigen Loswahl) der fundamentalste Irrtum des Begehrens: Richterwahlen sind an sich, von der Natur der Sache her, eine hochpolitische Angelegenheit. Dies ganz einfach deswegen, weil es sowohl für die Gesellschaft als auch für den Einzelnen von primordialer Bedeutung ist, wer als Richter oder Richterin amtet.

Das ist weltweit so, auch und gerade dort, wo Richter und Richterinnen auf nicht erneuerbare feste Amts- oder gar auf Lebzeit gewählt oder nominiert werden. Wie unterschiedlich die Systeme zur Richterbestellung auch seien, überall liegt diese in den Händen direkt oder indirekt demokratisch legitimierter Verfassungsorgane und nicht der Blackbox eines Expertengremiums, welches vom Bundesgericht nichts versteht.

Verfassungsgericht und «Richterstaat»

Verfassungsgerichtsbarkeit kann durchaus demokratisch ausgestaltet werden. Sie führt keineswegs zur Ausschaltung von Parlament, Volk und Ständen, wie in den Debatten immer wieder behauptet wird.

In der vergangenen Herbstsession lehnte der Ständerat eine als Reaktion auf die legiferierten Covid-19-Massnahmen eingereichte Motion zur Einführung der Verfassungsgerichtsbarkeit auf Bundesebene ab. Die in der Debatte zum Ausdruck gelangte Gleichsetzung von Verfassungsgerichtsbarkeit mit verpöntem «Richterstaat» im Sinne einer undemokratischen Ausschaltung von Parlament, Volk und Ständen wird der Sache nicht gerecht.

Der junge Bundesstaat war noch schwach

Verfassungsgerichtsbarkeit bedeutet die Befugnis des höchsten Gerichts, Gesetze auf ihre Übereinstimmung mit der Bundesverfassung zu überprüfen. Gegenüber den Kantonen steht dem Bundesgericht seit 1875 diese Kompetenz zu. Dazu, dasselbe auf Bundesebene zu tun, bestand damals kein Anlass, weil vom jungen Bundesstaat – schwach, um seine Existenz ringend und ohne Finanzkompetenzen – keine Bedrohung der verfassungsmässigen Rechte, insbesondere kein unzulässiger Eingriff in den Geldbeutel, zu befürchten war.

Angesichts der sukzessiven Übertragung von immer mehr Kompetenzen auf den Bund gab es mehrere Anläufe, die Verfassungsgerichtsbarkeit entsprechend zu erweitern. Vergeblich, sämtliche Versuche scheiterten, entweder an der Urne oder schon im Parlament.

Was ist vom Argument zu halten, die Verfassungsgerichtsbarkeit sei undemokratisch und bedeute eine Aushebelung der Volksrechte; das letzte Wort in strittigen Fragen müsse der Gesetzgeber oder gegebenenfalls das Stimmvolk haben? Das Argument greift zu kurz. Denn es gibt verschiedene Modelle von Verfassungsgerichtsbarkeit, weitgehende und zurückhaltende.

Zum Thema befragt, hatte sich das Bundesgericht in früheren Jahren zwar nicht zum Grundsatz, ob Verfassungsgerichtsbarkeit einzuführen sei oder nicht, geäussert, jedoch darauf hingewiesen, dass es von den in Betracht kommenden Varianten das sogenannte «konkrete Normenkontrollverfahren» bevorzugen würde. Dieses besteht in der nur vorfrageweisen Prüfung der im Prozess umstrittenen Gesetzesnorm und bei negativem Prüfungsergebnis in deren fehlender Anwendung im Einzelfall, nicht jedoch in der abstrakten Prüfung der Gesetzesbestimmung selber.

Daher ist die geäusserte Befürchtung, das Bundesgericht könnte vom Parlament verabschiedete, unter Umständen vom Volk in einer Referendumsabstimmung angenommene Gesetze aufheben, von vornherein unbegründet.

Zurückhaltung bei politischen Wertungen

Hinzu treten als flankierende Massnahmen die (vom Supreme-Court entwickelten) Grundsätze von «political question» und «judicial-self-restraint», die bedeuten: Wo es sich um politisch umstrittene Fragen handelt, die so oder anders beantwortet werden können, hat ein Verfassungsgericht, gerade in der Schweiz mit ihren ausgebauten Volksrechten, nicht einzuschreiten bzw. Zurückhaltung zu üben.

Beispiel hiefür ist just die im NZZ-Ratsbericht vom 13. September 2022 erwähnte Volksabstimmung über die AHV-Reform 21, welche das Bundesgericht niemals korrigiert hätte, auch nicht, wenn deren Ergebnis anders ausgefallen wäre. Denn die Rentenalter von Mann und Frau sind weder verfassungs- (insbesondere nicht durch die Rechtsgleichheit) noch menschenrechtlich determiniert. Vor solchen Fehlschlüssen haben sich sowohl das Bundesgericht als auch der Europäische Gerichtshof für Menschenrechte (EGMR) wohlweislich gehütet.

Nebenbei gesagt: Dass der EGMR, wie in der Ratsdebatte gesagt wurde, als verfassungsgerichtliche Instanz genüge, offenbart ein seltsames Staatsverständnis, ist doch kaum einsehbar, dass die Schweiz als souveränes Land bezüglich Schutz der Grundrechte auf ein internationales Gericht angewiesen sein solle.

Verfassungsgerichtsbarkeit kann demokratisch ausgestaltet werden. Ihre Einführung würde die Schweiz nicht zu einem Richterstaat machen. Dass der Ständerat mit der Ablehnung der Motion sie im Grundsatz nicht will und damit den Weg zum demokratiekompatiblen Modell der konkreten Normenkontrolle verbaut, ist aus rechtsstaatlicher Sicht zu bedauern. Der nächste Anlauf bleibt abzuwarten.

40 Bundesrichter sind 20 zu viel

Die Reform der Bundesrechtspflege stockt. Statt dass man Kosmetik betreibt, ist eine Lösung gefragt, die ein auf die Hälfte verkleinertes Bundesgericht effizient arbeiten lässt – ohne Abbau von Rechtsschutz.

Das Bundesgericht ist seit Jahren überlastet, der Handlungsbedarf ist unbestritten. Dennoch verzichtete das Parlament 2020 auf die Revision des Bundesgerichtsgesetzes (BGG). Zurzeit arbeitet eine Expertenkommission an einer Neuauflage der Revision, um die unumstrittenen Punkte umzusetzen. Gleichzeitig ist das Bundesgericht seinerseits daran, sich neu zu organisieren; es hat beim Parlament Antrag auf zwei zusätzliche Richterstellen eingereicht.

Im Lichte dieser rein kosmetischen Vorkehren, welche an der chronischen Überlastung rein gar nichts ändern werden, gleicht unser höchstes Gericht jenem berühmten Kranken, der beständig die Lage wechselt, weil er sich Erleichterung davon verspricht. Die richtige Therapie bestünde darin, das Bundesgericht nicht zu vergrössern, sondern zu verkleinern. Die Gründe werden nachfolgend dargelegt.

Das Bundesgericht als Urteilsfabrik

Wenn Bürger und Bürgerinnen unter sich oder mit dem Staat in Streit geraten, geht es zunächst immer um die Klärung von «Tatfragen» im Sinne von «Was ist passiert?», «Was ist bewiesen?». Diese Feststellung der im Konfliktfall umstrittenen Tatsachen – im juristischen Jargon «Sachverhalt» genannt – obliegt an sich den erst- und zweitinstanzlichen Gerichten der Kantone sowie den eidgenössischen Vorinstanzen wie namentlich dem Bundesstraf- und dem Bundesverwaltungsgericht, nicht hingegen dem Bundesgericht. Dieses ist eigentlich nur für sogenannte «Rechtsfragen» zuständig, also für die Frage nach der Rechtsfolge: Was ergibt sich rechtlich aus dem von der letzten kantonalen oder eidgenössischen Vorinstanz durch Beweisführung festgestellten Sachverhalt?

Nun zeigt sich aber, dass es bei vier Fünfteln der jährlich rund 8000 neuen Dossiers, mit denen sich das Bundesgericht auseinandersetzen muss, doch um Tatfragen geht, was eigentlich die Vorinstanzen zu klären hätten. Wie ist das möglich? Durch den einfachsten Anwaltstrick der Welt: Man trägt eine sogenannte Tatsachenkritik als rechtlich verkleidete Rüge vor, etwa indem man Willkür anprangert. Willkür ist eine Rechtsfrage – also ist das Bundesgericht gehalten, die Willkürrüge zu prüfen – was zur Beschwerdeflut führt.

In nahezu neun von zehn Fällen resultiert dabei für die Rechtsuchenden ein Urteil, das ihnen nichts bringt – ausser Spesen nichts gewesen. Das Bundesgericht ist also mit dem geltenden BGG gezwungen, in 86 bis 87 Prozent aller Fälle nicht nur ein für die Beschwerdeführenden negatives Urteil zu erlassen, sondern dieses auch (zumindest summarisch) zu begründen. Daraus erwächst dem Bundesgericht – vom Steuerzahler zu berappen – ein unverhältnismässiger Aufwand. Dieser absorbiert einen Grossteil seiner personellen Ressourcen, die ihm für die Erfüllung der verfassungsmässigen Aufgaben als höchstem Gericht (Rechtskontrolle, Rechtsfortbildung, Gewährleistung einheitlicher Rechtsordnung im Bundesstaat) fehlen.

In finanzieller Hinsicht passiert der für das bundesgerichtliche Massengeschäft erforderliche Gesamtaufwand gerade die 100-Millionen-Marke. An diesem unhaltbaren Zustand wird sich nie etwas ändern, solange die Mehrheit im Bundesparlament in ihrem aus dem Postkutschen-Zeitalter stammenden Verständnis der letztinstanzlichen Bundesrechtspflege verharrt.

Bundesgericht muss selber entscheiden können

Die einzige sachgerechte und nachhaltige Lösung besteht darin, dem Bundesgericht – wie es für jedes höchste Gericht der rechtsstaatlich-zivilisierten westlichen Hemisphäre zutrifft – endlich die Kompetenz einzuräumen, selber zu entscheiden, welche Beschwerden Gegenstand eines materiell begründeten Urteils sein sollen und welche nicht.

Klug ausgestaltet führt ein solches Verfahren in keiner Weise zum Abbau von Rechtsschutz. Das Bundesgericht müsste einerseits weiterhin sämtliche Beschwerden annehmen und prüfen. Es sollte aber bei negativem Prüfungsergebnis auf die bisher vorgeschriebene urteilsmässige Begründung verzichten können.

Andererseits würden alle Beschwerden, welche unter dem jetzigen Zustand Erfolg haben (das sind wie erwähnt 13 bis 14 Prozent), vom Bundesgericht weiterhin geschützt. Denn das Bundesgericht schreitet immer zur Gutheissung, sobald es sieht, dass die Vorinstanz eine Rechtsverletzung begangen hat. Das wäre auch in Zukunft so.

Unter einem solchen System würde es nicht 38 und bald 40 Bundesrichter und Bundesrichterinnen brauchen, 20 würden vollauf genügen. Darin liegt ein Sparpotenzial von mindestens 20 bis 30 Millionen Franken, was auch die Finanzpolitiker in den Räten interessieren müsste.

Eigentlich geniesst das Bundesgericht auch bei den eidgenössischen Räten grosses Vertrauen. Gleichzeitig traut man ihm aber offensichtlich keine Verfahrensänderung zu, die es in der Effizienz seiner Aufgabenerfüllung als letzte Instanz stärken würde – ein Anwendungsfall sozialpsychologischer Schizophrenie. Diese Irrationalität verhindert seit Jahrzehnten die Weiterentwicklung der Bundesrechtspflege, die angesichts der chronischen Überlastung des Bundesgerichts dringend notwendig ist.

Vorwort zu Mark E. Villiger, Handbuch der Europäischen Menschenrechtskonvention (EMRK), 3. Aufl., Zürich 2020

«1950 – 2020 = 70». Diese Gleichung bedeutet im Kontext «Siebzig Jahre Menschenrechtsschutz in Europa». Am 4. November dieses Jahres werden genau 70 Jahre über den Kontinent gezogen sein, da die Europäische Menschenrechtskonvention (EMRK) in Rom als Antwort auf die leidvollen Erfahrungen des Zweiten Weltkrieges in der Form eines klassischen völkerrechtlichen Vertrages abgeschlossen worden war. Für die Schweiz ist die Konvention zwar relativ spät in Kraft getreten (Ratifizierung am 28. November 1974). Doch hat unser Land immer wieder durch – jeweils in massgeblicher Stellung auf verschiedenen Ebenen der Strassburger Institutionen tätige – grosse Persönlichkeiten Recht und Praxis der Konvention wesentlich mitgeprägt. Statt vieler seien erwähnt *Stefan Trechsel*, letzter Präsident der Europäischen Menschenrechtskommission (1995–1999), und *Luzius Wildhaber*, erster Präsident des mit dem 11. Zusatzprotokoll eingesetzten neuen Europäischen Gerichtshofs für Menschenrechte/EGMR (1998–2007). Zu ihnen gehört der Autor des vorliegenden Werks, *Mark E. Villiger*, der sich ab 1983,von der Pike auf, als juristischer Mitarbeiter im Sekretariat der Kommission, als Referatsleiter in der Kanzlei des alten Gerichtshofs, als Stellvertretender Kanzler der 3. Sektion des neuen EGMR, einen enormen Wissens- und Erfahrungsschatz erworben hatte, bevor er 2006 zum Richter am EGMR für das Fürstentum Liechtenstein gewählt wurde, welches Amt er bis 2015 ausübte, die letzten drei Jahre als Sektionspräsident. Fragt man im Gerichtsalltag als mit einer EMRK-Frage befasster Bundesrichter seine Gerichtsschreiberin «Was steht bei Villiger?», ist immer sein «Handbuch der EMRK» gemeint – eine verkürzte Betrachtungsweise, wie sie im Buche steht, ist der eminente Völkerrechtler doch u.a. Verfasser des (in englischer Sprache – erschienenen) Commentary on the 1969 Vienna Convention on the Law of Treaties (Leiden/Boston, 2009). Dieses Übereinkommen über das Recht der Verträge ist seinerseits für die Auslegung der EMRK, nach der Rechtsprechung des EGMR, wenn auch meist nur implizit oder gewohnheitsrechtlich herangezogen, von hoher Bedeutung, namentlich, was die teleologische Auslegung anbelangt, welche im Bestreben, einen effektiven Menschenrechtsschutz zu erreichen, Sinn und Zweck der Vertragsbestimmung in den Vordergrund rückt, wobei der Gerichtshof sich aber nicht über den gewöhnlichen Wortlaut der EMRK und der Zusatzprotokolle hinwegsetzen kann.

Was Prof. *Dr. Dietrich Schindler* zur ersten (1993) und Bundesrat *Arnold Koller* zur zweiten Auflage (1999) festgestellt hatten, beansprucht für die dritte, vollständig neu bearbeitete Auflage – *a fortiori* – Gültigkeit: Wer sich, sei es als Richter, sei es als Rechtsanwältin, in wissenschaftlicher Forschung, universitärer Lehre, judizieller oder administrativer Praxis mit der EMRK zu befassen hat, kommt an Mark E. Villigers – schon jetzt legendärem – Handbuch nach wie vor nicht vorbei. Ein solches ist es in der Tat, kein Kommentar, der Lehrmeinungen kompiliert, sondern es ist ein Kompass, ein Wegweiser durch die komplexe, weit ausholende, tief lotende – nicht durchwegs widerspruchsfreie – EGMR-Rechtsprechung. Die thematische Vielschichtigkeit dieser Praxis spiegelt die grundlegenden politischen, ökonomischen und soziokulturellen Veränderungen, welche den Alten Kontinent in den letzten Jahrzehnten erfasst haben. Es lohnt sich nicht nur, wissenshalber im Buch zu lesen; seine Lektüre ist vielmehr ein Vergnügen. Denn es liest sich leicht – dank der klaren und exakten Sprache des lebenslangen Gerichtsjuristen und Richters wissenschaftlichen Formats, dem die dienende Funktion des Rechts offensichtlich am Herzen liegt. So wähnt man sich bei der Lektüre niemals verloren, ist vielmehr stets orientiert, auch dank der vielen Verweise, welche die Zusammenhänge erschliessen. Das Werk verschafft damit direkt und rasch Überblick über die mannigfaltigen Rechtsprechungslinien des Gerichtshofs, wobei die Schweizer Fälle zu den materiellen Garantien der EMRK und einzelner Protokolle jeweils separat am Ende eines Kapitels referiert werden. Besonders beeindruckt das Buch durch seine Geschlossenheit in der inhaltlichen und formalen Darstellung, wie sie nur die Arbeit eines Einzelnen hervorbringen kann, die Frucht ständigen Bemühens, getragen von der Liebe zur Sache – «Genie ist Fleiss» (*J.W. von Goethe*).So hat sich das Warten seit 1999, während über 20 Jahren, mehr als gelohnt; Mit der dritten Auflage seines Handbuchs hat der Autor der jubilierenden EMRK, allen an ihr Interessierten und sich selber – teilt er doch deren Jahrgang – das denkbar schönste Geschenk gemacht. Die EMRK ist mit Abstand die erfolgreichste aller Konventionen des Europarates, insbesondere, was ihre institutionelle, prozedurale und inhaltlich-materielle Relevanz für die Ausgestaltung der nationalen Rechtsordnungen und die praktisch-konkrete Rechtsanwendung im Einzelfall anbelangt. Diese Erfolgsbilanz ist aus Sicht der schweizerischen Justiz zu bestätigen. Die Etablierung und – dank spürbar verbesserter Funktionsfähigkeit des Gerichtshofs erreichte – Konsolidierung eines weltweit einzigartigen Systems, welches für mehr als 800 Millionen Menschen in 47 Europaratsländern den Schutz der Menschenrechte durch eine justiziable und vollstreckbare Individualbeschwerde «X. gegen Staat Y.» gewährleistet, ist – rein objektiv betrachtet – unbestreitbar eine grosse rechtskulturelle Errungenschaft, die ernsthafterweise nicht infrage gestellt werden kann. Daran ändert immer wieder laut werdende Kritik an einzelnen EGMR-Urteilen nichts. Natürlich hat man als nationale Richterperson keine Freude daran, wenn die von ihr verantwortete Entscheidung den Stresstest der EMRK-Prüfung durch den EGMR nicht besteht, vor allem in Fällen, in denen man gelegentlich den Eindruck gewinnt, dass sich «Strassburg» tief in die Auslegung des Landesrechts hineinbegibt, z.B. bei der Frage nach dem Vorliegen einer genügenden gesetzlichen Grundlage. Aber Solches liegt nun einmal in der Natur der Sache. Die Jurisprudenz ist keine exakte Wissenschaft. Das Verständnis des EGMR hinsichtlich der Konvention als *living instrument* in Verbindung mit der (sogenannten) dynamischen Auslegung zeitigt bisweilen Ergebnisse, die man mit guten Gründen infrage stellen könnte. Glücklicherweise geschieht das nicht allzu oft, was vielleicht auf den in den letzten Jahren intensivierten Dialog unter den Höchstgerichten Europas zurückzuführen ist. Insgesamt ist man aus Schweizer Sicht geneigt, dem Gerichtshof, Schutzpatron der Jubilarin, das *Niklaus von Flüe* (1417–1487) zugeschriebene Wort zuzurufen: «Macht den Zaun nicht allzu weit.» Denn Begrenzung bedeutet auch Bewahrung. Entsprechend in der Pflicht stehen die nationalen Gerichte, soweit es um die Befolgung der EGMR-Rechtsprechung geht.

Graubünden und das Bundesgericht – Rosinen aus 50 Jahren verwaltungsgerichtlicher Rechtsprechung

Festvortrag, gehalten von Prof. Dr. Ulrich Meyer, Präsident Bundesgericht, Lausanne/Luzern, anlässlich der Veranstaltung 50 Jahre Verwaltungsgericht Graubünden, Chur, 7. Juni 2019

Sehr geehrte
Herr Präsident des Verwaltungsgerichts des Kantons Graubünden
Herr Vizepräsident
Frau Verwaltungsrichterin und Herren Verwaltungsrichter
Damen Aktuarinnen und Herren Aktuare
Frau Praktikantin und Herr Praktikant, Frau Kanzleichefin und Damen Sekretärinnen

Mit dieser meiner ersten Anrede ist das Geburtstagskind umfassend begrüsst. Das ist vom Anfang bis zum Schluss die Hauptsache, sind wir doch um Ihretwegen versammelt: «Freude herrscht»![1].

Was passierte nun vor 50 Jahren? Der Bundesrat setzte auf den 1. Oktober 1969 das von den Eidgenössischen Räten am 20. Dezember 1968 verabschiedete Bundesgesetz über das Verwaltungsverfahren in Kraft[2]. Dieses VwVG war *ein grosser Wurf* – und bleibt es auch 50 Jahre später, eine epochale juristische Errungenschaft: *Der Verwaltungsakt – die Verfügung – unterliegt seither der Beschwerde (vgl. Art. 44 VwVG), gerichtet, direkt oder indirekt, an eine verwaltungsunabhängige gerichtliche Instanz (vgl. Art. 47 lit. a-d VwVG).* Es war die Einführung der allgemeinen Verwaltungsgerichtsbarkeit nach dem System der Generalklausel (mit enumerierten Ausnahmen) auf Bundesebene, des Anfechtungsstreitverfahrens schweizerischen Zuschnitts, wie es einige wenige Kantone kannten – eine Vorreiterrolle spielte sehr früh der Kanton Basel-Stadt –, wie es von Bundesrechts wegen in speziellen Bereichen schon existierte (z.B. in der Gerichtsbarkeit auf dem Gebiet der Sozialversicherung) und wie es die führenden universitären Lehrer sowie mehrere Schweizerische Juristentage seit den 1940er-Jahren gefordert und gegen den Widerstand der

---

[1] Adolf Ogi, Bundesrat 1987-2000, s. Urs Altermatt, Die Schweizer Bundesräte. Ein biographisches Lexikon, 2. A., Zürich 2019, S. 624.
[2] Verwaltungsverfahrensgesetz, VwVG; SR 172.021.

Bundesverwaltung nach langem Ringen mit Erfolg durchgesetzt hatten[3]. Das VwVG kodifizierte bezüglich der Anforderungen an ein rechtsstaatliches Verfahren die über Jahrzehnte hin entstandene reiche und gefestigte verfassungsgerichtliche Rechtsprechung des Bundesgerichts. Wer waren diese Grossen? Allen voran: Max Imboden, André Grisel, Fritz Gygi – und das Bündner Urgestein Zaccaria Giacometti (1893–1970), der aus jener weltberühmten Künstlerfamilie des Bergells stammende liberal-demokratische Staatsdenker, Professor an der Universität Zürich[4], den ich hier zu Worte kommen lasse.

«Der Grundsatz der formellen und materiellen Verfassungsmässigkeit der staatlichen Funktionen sowie der formellen und materiellen Gesetzmässigkeit der Verwaltung und Rechtsprechung bedarf (...) naturgemäss der Sicherstellung. Es müssen Garantien geschaffen werden gegen mögliche Übertretungen dieser Grundsätze durch die rechtsanwendenden Organe, d.h. gegen Kompetenzüberschreitungen der staatlichen Behörden und gegen unmittelbare oder mittelbare materielle Gesetzwidrigkeiten der Exekutive und Justiz, besteht ja immer eine gewisse Spannung zwischen Recht und Wirklichkeit. Als spezifische und wirksamste Garantie kommt (...) die Rechtskontrolle der staatlichen Funktionen in Betracht. *Diese Kontrolle kann nur eine richterliche sein, nachdem allein die Justiz kraft ihrer Rechtsfeststellungsfunktion im konkreten Streitfalle eine objektive Anwendung des Rechts gewährleistet.* Der formelle Rechtsstaat im Sinne der Herrschaft des Gesetzes» – rule of law![5] – «erscheint erst dann vollendet, wenn nicht nur eine richterliche Rechtskontrolle der Rechtsprechung besteht – was schon lange eine Selbstverständlichkeit ist – sondern *neben einer richterlichen Prüfung der Verfassungsmässigkeit der Gesetze in der Gestalt einer Verfassungsgerichtsbarkeit vorab auch eine richterliche Kontrolle der formellen und materiellen Gesetzmässigkeit der Verwaltung im Sinne einer Verwaltungsgerichtsbarkeit eingesetzt wird*» [6].

---

[3]   Vgl. zum Ganzen Andreas Kley, Geschichte des öffentlichen Rechts der Schweiz, 2. A., Zürich/St. Gallen, S. 403 ff.

[4]   Andreas Kley, Von Stampa nach Zürich. Der Staatsrechtler Zaccaria Giacometti, sein Leben und Werk und seine Bergeller Künstlerfamilie.

[5]   Anmerkung U. Meyer.

[6]   Zaccaria Giacometti, Die Gewaltentrennung, in: Alfred Kölz (Hrsg.), Zaccaria Giacometti, Ausgewählte Schriften, Zürich 1994, S. 52. Hervorhebungen durch U. Meyer.

Frau Standespräsidentin
Sehr geehrte Mitglieder des Grossen Rates
Commembers, Commembras dal parlament e membri del parlamento
Stimà Signur President
Herr Regierungsvizepräsident
Herren Regierungsräte
Herr Kanzleidirektor
Sehr geehrte Vertreter der Bündner politischen, gerichtlichen, administrativen, kirchlichen und militärischen Behörden auf Stufe Kanton, Regionen, Kreise und Gemeinden
Getreue, liebe Miteidgenossen
Meine Damen und Herren

Mit meiner Zitation von Zaccaria Giacometti, einem der bedeutendsten Staats- und Verwaltungsrechtslehrer, welchen die Schweiz je hatte, stimme ich das Loblied auf den Kanton Graubünden an. Und ich fahre in meinem Gesang liebend gerne fort. Warum? *Weil die Bündner vor 50 Jahren, im Jahre 1969, dem Bunde sogleich auf dem Fusse folgten – ohne dass sie es gemusst hätten! Ein reiner Akt freundeidgenössischer Freiwilligkeit!* Denn die bundesgesetzliche Verpflichtung, im *allgemeinen* Verwaltungsrecht als letzte kantonale Instanzen verwaltungsunabhängige Gerichte einzusetzen, folgte erst 23 Jahre später. Bis zum 15. Februar 1992 war es vielmehr bundesrechtlich durchaus zulässig, dass (Beschwerde-)Entscheide einer kantonalen Regierung oder Verwaltungsbehörde Anfechtungsobjekt für die Staatsrechtliche Beschwerde oder die Verwaltungsgerichtsbeschwerde an das Bundesgericht bilden konnten[7] (mit der Folge, dass dieses nicht an deren Tatsachenfeststellungen gebunden war). *Was sich 1969 im Kanton Graubünden abspielte, ist ein selten schönes, um nicht zu sagen: ideales Zeugnis gelebter Bundesstaatlichkeit und echten Föderalismus.* Kantone und Bund verwirklichen im Gleichschritt das, was sich als sachlich geboten, vernünftig, weiterführend, zukunftsgerichtet, staatserhaltend abzeichnet. Dazu gehört nun einmal – nach 50 Jahren Verwaltungsrechtspflege wissen wir es definitiv – die Schaffung unabhängiger Verwaltungsgerichte, wie der Jubilar einer ist. Das möchte niemand mehr missen, weder inner- noch ausserhalb des Gebietes der drei Bünde.

Der Kanton Graubünden schuf aber 1969 weit mehr als ein reines Verwaltungsgericht, wie die Organisation und Kompetenzen der fünf Kammern zeigen: die 1. Kammer ist vorab zuständig für die politischen Rechte, eine pri-

---

[7] Art. 98a des Bundesgesetzes über die Organisation der Bundesrechtspflege (OG), eingeführt durch Bundesgesetz vom 4. Oktober 1991 (AS 1992 288; Botschaft vom 18. März 1991, BBl 1991 II 465).

mordiale Kompetenz in einem so vielschichtigen und weitläufigen Kanton, wie Graubünden es ist mit seinen rund 200'000 Einwohnern, 11 Regionen, 39 Kreisen und 106 Gemeinden, drei Amtssprachen – der einzige Kanton –, unterschiedlichen Traditionen und Glaubensbekenntnissen, 150 Tälern, 615 Seen und 937 Berggipfeln. Die 1. Kammer entscheidet, wer sich in Graubünden aufhalten, niederlassen und das Bürgerrecht erwerben darf, urteilt in den Bereichen Fremden-, Gewerbe- und übrige Polizei, Grundbuch, Grundstückerwerb durch Personen im Ausland, Konzessionen, Personal-, Anwalts- und Notariatsrecht, Erziehung und Kultur, Strassen und Wasser, Submissionen, öffentliche Dienste und Sachen. Die 2. und 3. Kammer sind im Sozialversicherungsrecht tätig, die 2. zuständig für AHV, Unfall- und Arbeitslosenversicherung, berufliche Vorsorge, Ergänzungsleistungen, Erwerbsersatzordnung, Familienzulagen und Opferhilfe, die 3. für die Militär-, Invaliden- und Krankenversicherung (einschliesslich Zusatzversicherungen nach Versicherungsvertragsgesetz[8]) sowie Gesundheitswesen, Sozialhilfe und unentgeltliche Prozessführung. In der 4. Kammer geht es ums Geld: Gebühren, Ersatzabgaben, Perimeter und übrige Beiträge, kantonale, kommunale, Kirchen- und direkte Bundessteuern. Kurtaxen und Tourismusförderungsabgabe, Enteignung, amtliche Schätzung, Katastrophenhilfe, Feuerwehr und Zivilschutz. Die 5. Kammer schliesslich ist zuständig für Baurecht, einschliesslich Bauen ausserhalb der Bauzonen (BAB), Natur-, Heimat- und Denkmalschutz, Ortsplanung, Umwelt- und Gewässerschutz, Wald, Gebäude, Elementarschäden, Landwirtschaft. Und ganz besonders verdient festgehalten zu werden: das Verwaltungsgericht Graubünden ist auch *kantonales Verfassungsgericht.*

Nun spreche ich kurz von mir. Denn die Frage drängt sich auf: Wieso komme ich dazu, vor Ihnen die Ansprache zum Jubiläum «50 Jahre Verwaltungsgericht Graubünden» halten zu dürfen? Gewiss, ich bin Bundesgerichtspräsident. Aber das ist eine rein formelle Legitimation[9], keine durch die Sache gerechtfertigte. Wie Sie wohl wissen, hat der Bundesgerichtspräsident in der Rechtsprechung nichts zu sagen, er kann kein präsidiales Machtwort sprechen – in der Konferenz der sieben AbteilungspräsidentInnen kommt ihm bloss beratende Stimme zu[10] –; er hat nur gegenüber dem Parlament (und der Presse) gegebenenfalls den Kopf hinzuhalten dafür, wie wir 38 Bundesrichterkollegen und -kolleginnen, auf die sieben Abteilungen verteilt, urteilen. Der Bundesgerichtspräsident ist also in der täglichen Spruchpraxis des höchsten Gerichts ein blosses einfaches und schlichtes Mitglied irgendeiner Abteilung, in meinem Fall der am Standort Luzern wirkenden II. sozialrechtlichen Abteilung. Nur hier be-

---

8   SR 221.229.1.
9   Art. 14 Abs. 3 zweiter Satz Bundesgerichtsgesetz (BGG), SR 173.110.
10   Art. 10 Abs. 2 Bundesgerichtsreglement (BGerR; SR 173.110.131).

gegne ich beruflich dem Verwaltungsgericht Graubünden, seiner 3. oder auch 2. Kammer, dies aber glücklicherweise nur selten. Das Verwaltungsgericht Bündens als kantonales Versicherungsgericht nach Art. 57 ATSG[11], erfüllt seine Aufgabe so gut, dass nur in wenigen Fällen eine Beschwerde den Weg an den Vierwaldstättersee findet. *Hierin* liegt, näher betrachtet, meine persönliche Wurzel, meine richterliche Betroffenheit zum heutigen Anlass: Denn nicht nur schuf der Bundesgesetzgeber 1968/69 das VwVG, sondern er änderte gleichzeitig das Bundesgesetz über die Organisation der Bundesrechtspflege (OG) u.a. dahingehend, dass er das bisher eine eigenartige Sonderexistenz führende Eidgenössische Versicherungsgericht (EVG) per 1. Oktober 1969 in die allgemeine Bundesverwaltungsrechtspflege integrierte. Das EVG beurteilte Verwaltungsgerichtsbeschwerden auf dem Gebiet der Bundessozialversicherung und «galt» seither als «organisatorisch selbständige sozialversicherungsrechtliche Abteilung des Bundesgerichts»[12], bis das Inkrafttreten des Bundesgerichtsgesetzes (BGG) vom 17. Juni 2005 am 1. Januar 2007 diesem seit 1968/69 währenden Zwitterzustand des EVG ein Ende setzte und es mit dem Bundesgericht fusionierte[13]. Seither erst gibt es ein einziges Bundesgericht, am Sitz in Lausanne (seit 1875) mit den je zwei zivil- und öffentlichen Abteilungen sowie der Strafrechtlichen Abteilung und am Standort Luzern mit den beiden sozialrechtlichen Abteilungen (seit 2007)[14].

Sie sehen, sehr geehrte Festgemeinde: meine Legitimation, heute zu Ihnen sprechen zu dürfen, ist schmal, da materiellrechtlich eng begrenzt, auf das Sozialversicherungsrecht beschränkt. Dazu gesellt sich nun aber doch der – nach meiner Überzeugung: rechtserhebliche – Umstand, dass ich dem Kanton Graubünden im Laufe meines bald 66-jährigen Lebens auf wohl hundertfache Art und Weise begegnet bin. Keine Bange, ich werde Sie nicht mit biographischen Einzelheiten langweilen. Aber von einigen nachhaltigen Eindrücken und prägenden Erlebnissen – Rosinen eben –, welche den kulturellen Reichtum Bündens aufleuchten lassen, will ich Ihnen berichten, bevor wir uns dann zusammen dem Ernst des Lebens zuwenden: der staats- und verwaltungsgerichtlichen Praxis des Bundesgerichts im Verhältnis zu seiner Vorinstanz, dem Verwaltungsgericht des Kantons Graubünden. Dass ich diesen Konnex

---

11   Bundesgesetz über den Allgemeinen Teil des Sozialversicherungsrechts vom 6. Oktober 2000; SR 830.1.

12   Vgl. Art. 122 OG.

13   Art. 131 f. BGG.

14   «Sozialrechtlich» deswegen, weil die beiden Luzerner Abteilungen Rechtsgebiete über die Bundessozialversicherung hinaus übernommen haben, vgl. Art. 34 f. BGerR. Zum Zusammenwachsen von Bundesgericht und EVG als ursprünglich vollständig getrennten Organen der Bundesrechtspflege s. Ulrich Meyer, Vom Vierwaldstättersee an den Lac Léman - Wegmarken einer juristischen Reise, in: ZBJV 154/2018 S. 319 ff.

von Ausserrechtlichem mit der Rechtsanwendung bewusst knüpfe, folgt aus meiner seit dem 1. Juli 1981, in bald 38-jähriger Bundesgerichtspraxis, gewonnenen Einsicht, dass es die reine Rechtslehre weder gibt noch geben kann. Daher haben wir uns als Richter und Richterinnen zuallererst mit uns selbst, unserem (teils unbewussten) Vorverständnis, auseinanderzusetzen. Wie sieht das Meinige im Falle des Kantons Graubünden aus?

Von Anbeginn meines eigenen bewussten Wahrnehmens, Fühlens und Denkens stand ich im Banne der geschichtlichen, künstlerischen und literarischen Traditionen der drei Bünde. Zuerst Alois Carigiets und Selina Chönz's Bände, ich habe sie auswendig gekonnt und selbstverständlich meinen vier längst erwachsenen Kindern mitgegeben, zuhanden der nächsten Generation: Schellen-Ursli; Flurina und das Wildvöglein; Der grosse Schnee; Zottel, Zick und Zwerg; Birnbaum, Birke und Berberitze; Maurus und Madleina: ein Erziehungs-, ein Kulturgut ersten Ranges. Dann der Jürg Jenatsch, dieses grossartige Epos von Conrad Ferdinand Meyer über Zeiten, da die drei Bünde im Brennpunkt europäischer Politik standen. Und vor allem der in Davos spielende Zauberberg Thomas Mann's, mein Lieblingsbuch, über den Hans Castorp, dieses «Sorgenkind des Lebens», der seinen Vetter Joachim Ziemssen auf drei Wochen im Lungenkurort besuchen wollte und schliesslich sieben Jahre blieb. Friedrich Dürrenmatts Versprechen, dieses geniale Requiem auf den Kriminalroman (eine bleibende Ungerechtigkeit, dass *er* nicht den Nobelpreis erhielt!), das in Graubünden seine Lösung fände – wenn da nicht der Zufall wäre – und von Chur aus erzählt wird. Mein durch Thomas Mann's Felix Krull, Geschichten eines Hochstaplers, inspiriertes Abenteuer, als 17-jähriger, zwar nur angelernter, aber sein Metier in Bälde mit Inbrunst während der gesamten Sommerferien 1970 ausübender Hilfskellner im Hotel Waldhaus St. Moritz (die Direktion wollte mich behalten, partout nicht zurück aufs Gymnasium gehen lassen). So *musste* mein Doktorvater, der Altmeister des Sozialversicherungsrechts, Prof. Dr. Dr. h.-c. Alfred Maurer, aus Graubünden stammen, aus Schiers im Prättigau[15]. Vom legendären Rechtshistoriker und Sachenrechtler an der Universität Bern Professor Peter Liver, aus Flerden stammend, Bündner Regierungsrat von 1936–40, ganz zu schweigen, von dem ich als Student auf den Lebensweg mitbekam, dass das Bundesgericht zwar das letzte Wort, aber nicht immer Recht hat. Schliesslich Jean Rudolf von Salis, diesem grossen Europäer, der wesentlichen Anteil daran hatte, dass die Schweiz den Zweiten Weltkrieg heil überstand, nachher aus ihrer Isolation der absoluten Neutralität herausfand und der uns gerade heute so viel zu sagen hätte. Nicht weniger beeindruckt haben mich viele Male die wunderschönen teils wilden, teils lieblichen

---

[15] Alfred Maurer, Beschwerlicher Aufstieg, Erinnerungen eines Juristen, 2 Bände, Basel und Frankfurt a.M., 1990.

Landschaften Graubündens: das Bundeslager der Pfadfinder 1966 im Dom-
leschg, Zelt, Kochstelle und Latrine im Wald aufgebaut, direkt am Hinterrhein
bei Rodels-Realta. Mit dem Velo Lukmanier, Albula, Bernina überquert, Engadin, Bündnerherrschaft und Livinental durchfahren. Mit meiner Schwester, auf
den Rollstuhl angewiesen, am Heck des VW Käfers 1200 an einem Träger be-
festigt, konnten keine Berge bestiegen, nur Pässe überquert werden, von denen es auf den 7'105 km2 Bündens einige hat, z.B. den Ofenpass, dessen Strasse
anfangs der 1960er-Jahre noch nicht geteert, abschüssig, ein einziger Schre-
cken war, hinab ins Val Müstair, dem klösterlichen Weltkulturerbe entgegen,
untergebracht im Hotel zu Santa Maria, verwöhnt vom Wirt mit seinen eigenhändig gepflückten Erdbeeren (nie haben sie mir besser geschmeckt), Jahre
später der Ausgangspunkt für Wanderungen nun mit meiner eigenen Familie,
nach Lü mit der (damals) höchst gelegenen Post Europas, oder an den Lai da
Rims, vorbei am Fusse des Pizzo Umbrail, weiter bis zum Pass und mit dem
Postauto zurück. Ferien im Schanfigg, in Pagig, wo weiter oben, in Arosa zur
Erholung weilend, nach einer Vortragstour durch Europa, Thomas Mann Anfangs März 1933 die Mitteilung erhalten hatte, er könne nach der Machtergrei-
fung der Nationalsozialisten nicht mehr ohne Gefahr für Leib und Leben nach
München zurückkehren[16]. Immer wieder Winterferien im Engadin, ab Chur mit
der Rhätischen Bahn, in Pontresina oder in Silvaplana am Fusse des Corvatsch.
Diesen mit seinen 3003 Metern Höhe über Meer sturzlos befahren, was für
ein Genuss! Verstehen Sie, meine sehr verehrten Damen und Herren, dass ich
Graubündens Land und Leuten nicht anders denn als mit einer tiefen Achtung
und bleibenden Zuneigung begegnen kann? Ist diese meine Haltung nun im
Sinne der strengen bundesgerichtlichen Praxis ein Ausstandsgrund? Ich über-
lasse Ihnen das Urteil, nehme aber in Anspruch, mich als Richter zurückneh-
men, auf kritische Distanz gehen zu können[17], dies im Sinne des schon erwähnten Friedrich Dürrenmatt, der in einem anderen Kriminalroman (Der Verdacht)
seinen Protagonisten, den Kommissär Hans Bärlach, sagen lässt: «Man soll sich
seiner Liebe nicht schämen, und die Vaterlandsliebe ist immer noch eine gute
Liebe, nur muss sie streng und kritisch sein, (...)»[18].

Nun zur staats- und verwaltungsrechtlichen Rechtsprechung des Bundesgerichts im Verhältnis zum Verwaltungsgericht des Kantons Graubünden.

---

16 Thomas Mann, Tagebücher 1933-1934, hrsg. von Peter de Mendelssohn, Frankfurt a.M., 1977
    S. IX f.
17 Dazu Ulrich Meyer, Grundvoraussetzungen richterlicher Tätigkeit, in: ZBJV 155/2019
    S. 220 f.
18 Friedrich Dürrenmatt, Gesammelte Werke, Bd. 4, Zürich 1988, S. 183.

Einen Schwerpunkt bildet klarerweise der Erwerb von Grundstücken durch Personen im Ausland, kein Wunder, wer möchte nicht hier ein Refugium sein Eigen nennen dürfen? BGE 112 Ib 249 gab dem Bundesgericht Gelegenheit, im Rahmen des Bundesgesetzes über den Erwerb von Grundstücken durch Personen im Ausland (BewG)[19] die Rechtsnatur der von den Gemeinden angeordneten Beschränkungen des Grunderwerbs durch Personen im Ausland zu klären: Verfügung (in Form der Allgemeinverfügung) oder Erlass? Nachdem die Bündner Bauherrin die Bewilligung zur Errichtung einer Ferienhaussiedlung in Vaz/Obervaz erhalten hatte, ersuchte sie um Bewilligung des Verkaufs von zwei Einheiten an Personen im Ausland, was das Grundbuchinspektorat gestützt auf die vom Gemeinderat vorher verhängte Bewilligungssperre ablehnte. Das Verwaltungsgericht wies die Beschwerde ab, was das Bundesgericht, im Ergebnis, bestätigte. Zwar teilte das Bundesgericht die Auffassung des Verwaltungsgerichts, bei der durch die Gemeinde verhängten Bausperre handle es sich um eine Allgemeinverfügung (die zufolge unterbliebener Anfechtung in Rechtskraft erwachsen und für die rechtsanwendenden Instanzen somit verbindlich gewesen wäre) nicht, was es einlässlich begründete. Aber, wie so oft in der Rechtsprechung, verschiedene Wege führen nach Rom. Denn selbst unter Annahme eines Erlasses hielt die Bündner Regelung vor der auf Willkür beschränkten bundesgerichtlichen Prüfung Stand, da es lediglich um Verfahrensfragen ging, zu deren selbständiger Regelung die Kantone nach Art. 13 Abs. 2 BewG befugt sind. Die Bewilligungssperre der Gemeinde war somit im massgeblichen Zeitpunkt objektives Recht und vom Grundbuchinspektorat anzuwenden. Auch im Lichte des verfassungsmässigen Grundsatz von Treu und Glauben ergab sich nichts Abweichendes, weil sich die Bauherrin weder auf wohlerworbene Rechte noch frühere Zusicherungen berufen konnte.

In zwei publizierten Urteilen (BGE 130 II 290, 132 II 171) nahm das Bundesgericht im Falle eines Apparthotels Stellung zum komplexen Verhältnis zwischen öffentlichrechtlichen Auflagen einer Bewilligung einerseits und dem privatrechtlichen Bewirtschaftungs- oder Mietverhältnis anderseits.

Auch die behördlich bewilligten maximal 667 von 1000 der Wohnungswertquoten haltenden im Ausland wohnenden Stockwerkeigentümer hatten sich – Voraussetzung für den Grunderwerb – gegenüber der ersten (bald illiquid gewordenen) Betriebsgesellschaft verpflichtet, ihr Appartement während mindestens sechs Monaten jährlich zur hotelmässigen Weitervermietung zur Verfügung zu stellen. Als Mietpreis wurden 43% des reinen Logementpreises der tatsächlich besetzten Logiernächte vereinbart, ein Vertrag, der nur mit Zustimmung des Grundbuchinspektorates Graubünden aufgehoben oder abge-

---

[19]   SR 211.412.41.

ändert werden durfte. Es kam zum Verkauf (u.a.) des Sonderrechts an den Räumlichkeiten des Restaurations- und Hotelbetriebes an eine zweite Betreibergesellschaft, welche wohlweislich die bestehenden für sie ungünstigen Mietverträge nicht übernahm und den vermietungspflichtigen Stockwerkeigentümern vorschlug, neue Mietverträge mit geänderten Konditionen abzuschliessen, was diese ablehnten. Mit ihrem Gesuch, die vermietungspflichtigen Stockwerkeigentümer seien zu mahnen, mit ihr einen wirtschaftlich tragbaren Mietvertrag abzuschliessen, hatte die zweite Betreibergesellschaft vor dem Grundbuchinspektorat und dem Verwaltungsgericht keinen Erfolg; sie wurde an den Zivilrichter verwiesen. Kern des Problems war, dass mit den initialen Mietverträgen (43%) ein wirtschaftlicher Hotelbetrieb nicht möglich war. Um der Bewirtschaftungspflicht nachkommen zu können, musste ein gangbarer Weg gefunden werden, die Mietverträge zu kündigen, um wirtschaftlich tragbare Mietkonditionen zu erreichen. Das Bundesgericht prüfte in Auseinandersetzung mit BGE 118 Ib 178 die verschiedenen in Betracht fallenden Möglichkeiten und kam zum Schluss, es müsse zulässig sein, dass die Behörde nach den allgemeinen Regeln über den Widerruf bzw. die Anpassung fehlerhafter Verfügungen auf die ursprünglich verfügte Vertragsgenehmigung zurückkomme, wenn sich zeige, dass mit dem früher genehmigten Vertrag die Bewirtschaftungspflicht nicht aufrechterhalten bleiben könne. Das BewG gebe somit den Verwaltungsbehörden die Befugnis, die Wohnungseigentümer unter Androhung des Bewilligungswiderrufs zu ermahnen, bestimmte durch die Verwaltungsbehörde inhaltlich festzulegende Änderungen der Mietverträge zu akzeptieren. So wies das Bundesgericht die Sache an das Grundbuchinspektorat zurück, damit dieses prüfe, ob die streitigen (u.U. rückwirkend zu verfügenden) Anpassungen für einen wirtschaftlichen Hotelbetrieb erforderlich und den Wohnungseigentümern zumutbar seien (BGE 130 II 290). Nach Abklärungen gelangte das Grundbuchinspektorat zum Schluss, um einen wirtschaftlich rentablen Hotelbetrieb zu gewährleisten, dürfe das Vermietungsentgelt den Satz von 16% des Bruttobeherbergungsergebnisses nicht übersteigen, was aber für die Wohnungseigentümer einen unzumutbaren Verlust aus der Vermietung zur Folge habe, weshalb es die Bewirtschaftungsauflagen für die Parteien mit Wirkung ex nunc et pro futuro aufhob. Sowohl das Verwaltungsgericht Graubünden als auch das Bundesgericht bestätigten diesen Verwaltungsentscheid (BGE 132 II 171).

Auf welchem Rechtsweg ist für die Abgeltung der aus einem neu für öffentliche Zwecke belasteten privaten Wegrecht sich ergebenden Mehrbelastung des betroffenen Grundeigentümers vorzugehen? Und unter welchem Rechtstitel ist die Entschädigung geschuldet? Nach dem Baugesetz? Aufgrund formeller oder materieller Enteignung? Seit BGE 118 Ib 196 wissen wir es: Der Erwerb eines im generellen Erschliessungsplan eingezeichneten öffentlichen Fusswegrechts über eine Privatstrasse hat auf dem Weg der formellen Enteignung zu erfolgen. Das Bundesgericht bestätigte die entsprechende Auffassung des bündnerischen Verwaltungsgerichts.

Besonders sympathisch ist mir als ehemaligem Angehörigen der Feuerwehr von Signau (nicht mit dem bündnerischen Zignau zu verwechseln!) im Emmental das Bündner Urteil betreffend Feuerwehrpflichtersatz. Eine Ungleichbehandlung von Mann und Frau hinsichtlich der Bezahlung von Feuerwehrpflichtersatz verstösst gegen die Geschlechtergleichheit gemäss Art. 4 Abs. 2 BV (1874) bzw. Art. 8 Abs. 2 der geltenden BV (1999). So sah es das Bündner Verwaltungsgericht, so sah es in insoweit harmonischer Übereinstimmung mit ihm das Bundesgericht. Auseinander gingen aber die Auffassungen über die Folgen dieser festgestellten Verfassungswidrigkeit. Die diesbezüglich vom Verwaltungsgericht angeführten Gründe liess das Bundesgericht nicht gelten; insbesondere betrachtete es eine Frist von nahezu 14 Jahren zur Anpassung eines verfassungswidrigen Gemeindereglementes als zu lange (BGE 123 I 56).

Rechtsgeschichte geschrieben hat der berühmte Entscheid über das Plakatmonopol auf privatem Grund (BGE 128 I 3). Auch wenn die Bündner Gemeinden in weiten Bereichen der Raumplanung und des Bauwesens autonom und ausserdem mit der Sorge für Ruhe, Ordnung und Sicherheit – die «niedere Polizei» – betraut sind und sie sich daher auf die verfassungsrechtlich garantierte Gemeindeautonomie berufen können, stellt ein rechtliches Plakatmonopol, soweit es privaten Grund erfasst, einen unverhältnismässigen Eingriff in die Wirtschaftsfreiheit dar, da eine Bewilligungspflicht, verbunden mit Sachnormen (Plakat-Gesamtkonzept, Interventionsbefugnis u.a.m.), genügt. So lautete die Auffassung des Verwaltungsgerichts und im Wesentlichen auch jene des Bundesgerichts, weshalb es die Beschwerde der Gemeinde «im Sinne der Erwägungen» abwies.

Aus jüngster Zeit verdienen Erwähnung die Urteile über die Zweitwohnungsabgabe (BGE 140 I 176), Romanisch als Schulsprache – *welches* Romanisch, «Rumantsch Grischun» oder die Idiome, blieb *offen* – (BGE 139 I 229, 141 I 36) und schliesslich die höchst umstrittene Gültigkeit der Fremdspracheninitiative – das Bundesgericht schützte die vom Verwaltungsgericht bejahte Verfassungskonformität in öffentlicher Beratung mit der denkbar knappsten Mehrheit von 3 zu 2 Stimmen – (BGE 143 I 361), welche das Bündner Volk dann aber verwarf. In allen diesen illustren Fällen entschied das Bundesgericht – zumindest im Ergebnis – wie das Verwaltungsgericht, bestätigte also seine Urteile.

Meine Damen und Herren, soweit meine Berichterstattung über die Rosinen aus 50 Jahren bundesgerichtlicher Rechtsprechung zum Verwaltungsgericht des Kantons Graubünden, das wir heute feiern. Indes, ohne Ihre Festfreude schmälern zu wollen: Diese Höhepunkte verwaltungs- und bundesgerichtlichen Zusammenwirkens widerspiegeln nicht beider Alltag. Denn in den rapportierten Fällen ging es wirklich um Rechtsfragen, sogar grundsätzliche Rechtsfragen, also Fragen, wie eine Regelung zu verstehen und anzuwenden ist. *Das ist die Aufgabe, welche das Bundesgerichts als höchste Gerichtsinstanz unseres Landes verbindlich zu entscheiden berufen ist (Art. 188 ff. BV; Art. 95 BGG). Das Bundesgericht ist Rechtskontrollinstanz, nicht Tatsachengericht.* Indes, die Praxis am Bundesgericht sieht ganz anders aus. Nach zuverlässigen Schätzungen aus den sieben Abteilungen betreffen etwa Vierfünftel aller beschwerdeweise erhobenen Rügen, im Grunde genommen und von Nahem besehen, Tatsächliches: Fragen der Sachverhaltsfeststellung, der Beweiserhebung und Beweiswürdigung. Das erstaunt nicht, sind ja Tatfragen – Was ist passiert? Welcher Sachverhalt steht fest und zur Beurteilung an? – ungleich viel häufiger als Rechtsfragen. Tatfragen sind in der gerichtlichen Tätigkeit auch in dem Sinne praktisch wichtiger als Rechtsfragen, weil sie, je nachdem, wie die Antwort auf sie ausfällt, unmittelbar verfahrens- oder prozessentscheidend sind. Jeder Rechtsanwalt, jede Rechtsanwältin weiss: Prozesse werden nur selten aus rechtlichen Gründen gewonnen, aber sehr oft aus tatsächlichen Gründen verloren[20]. Die Hauptursache für die zu grosse Belastung des Bundesgerichts liegt darin, dass Tatsächliches im Kleide rechtlicher Rügen vorgetragen und damit versucht wird, die gesetzliche Bindung des Bundesgerichts an den von der gerichtlichen Vorinstanz festgestellten Sachverhalt (Art. 105 Abs. 1 BGG) zu umgehen. Was früher einfach unrichtig war, ist heute offensichtlich unrichtig (willkürlich) oder wird als Rechtsverletzung gerügt, z.B. jene des rechtlichen Gehörs, welche in den letzten Jahrzehnten geradezu epidemische Ausmasse angenommen hat. Mit diesem Problem muss das Bundesgericht selber fertig werden, vor allem dann, wenn sich zeigen sollte, dass der Gesetzgeber nicht bereit ist, das Bundesgericht im Rahmen der laufenden Revision des BGG wirksam und nachhaltig zu entlasten[21]. Ihnen gegenüber aber, sehr geehrte Mitglieder des Bündner Verwaltungsgerichts, kann ich nicht genügend unterstreichen, wie fundamental wichtig für die Gewährung von Rechtsschutz im Rahmen des funktionellen Instanzenzuges es ist, dass Sie Ihre Kognition mit freier Überprüfung des von der Verwaltungsbehörde festgestellten Sachverhaltes voll ausschöpfen. Eine Verwaltungsgerichtsbarkeit, die nicht greift, ist schlimmer als keine (Fritz Gygi). Denn das Verwaltungsgericht

---

[20] Ulrich Meyer, Tatfrage – Rechtsfrage, in: Anwaltsrevue 2016 S. 211 ff.
[21] Botschaft zur Änderung des Bundesgerichtsgesetzes (BBl 2018 S. 4605 ff.) mitsamt integrierter Stellungnahme des Bundesgerichts (BBl 2018 S. 4629 ff.). Beschlüsse des Nationalrates vom 13. März 2019. Das Geschäft ist derzeit vor der Rechtskommission des Ständerates hängig.

Graubünden ist, wie seine kantonalen Schwestergerichte und das Bundesverwaltungsgericht, sehr oft die einzige verwaltungsexterne gerichtliche Instanz, die den streitigen Sachverhalt überprüft.

Ich sprach eingangs vom Hand in Hand Gehen des Kantons Graubünden und des Bundes in der Realisierung der Verwaltungsrechtspflege vor 50 Jahren. Heute ist wieder so ein Moment, in dem ein beidseitig aufeinander abgestimmtes Vorgehen angezeigt ist. Ich meine damit die Digitalisierung der Justiz im Rahmen des Projektes Justitia 4.0. Es ist ein gemeinsames Projekt der Gerichte unter dem Dach der vom Bundesgericht geleiteten Schweizerischen Justizkonferenz einerseits, den Staatsanwaltschaften bzw. der Konferenz der kantonalen Justiz- und Polizeidirektoren anderseits. Erfreulicherweise hat auch der Kanton Graubünden am 17. Januar 2019 die Anschlussvereinbarung unterschrieben.

So lassen Sie mich mit einigen zur aktuellen Lage Graubündens und der Schweiz trefflichen Sätzen des grossen Jean Rudolf von Salis schliessen. In seinem Aufsatz «Über Europa» schreibt er unter dem Titel Primat der Politik zur Europäischen Union als Friedens- und gemeinsamem Wirtschaftsraum: «Politischer Sinn ist auch nötig, wenn man das nötige Verständnis für das Sein und die Anliegen der verschiedenen Staaten und Nationen, für ihren Patriotismus, ihre Traditionen und Gebräuche, selbst für ihre Sonderinteressen und Besonderheiten aufbringt. Man hat nie gehört, dass infolge ihrer Zugehörigkeit zur Europäischen Union die Holländer aufgehört haben, Holländer zu sein, oder Spanier Spanier, oder dass die Franzosen und die Deutschen ihre nationale Existenz, Sprache, Kultur und selbst ihre Folklore, Nationalfeiern und Fahnen aufgegeben haben. Es bedarf grösster Staatskunst, geistigen Verständnisses, mit einem Wort vernünftiger Toleranz, um ein ganzes Europa zu machen, das aus vielen Einzelteilen und Besonderheiten zusammengesetzt ist. Die Aufgabe ist immens, sie sollte nicht unmöglich sein. Das heisst aber, dass demokratische Völker ihre Zustimmung zu diesem Unternehmen geben, ohne ihre Eigenarten zu verleugnen.»[22]

Namens des Bundesgerichts entbiete ich dem Bündner Verwaltungsgericht die besten Wünsche für die nächsten 50 Jahre. Es lebe der Kanton Graubünden! Es lebe die Schweizerische Eidgenossenschaft!

---

[22] Jean Rudolf von Salis, Letzte Aufzeichnungen, 2. A., Zürich 1997, S. 22 f.

Entwicklungen im Sozialversicherungsrecht

Entwicklung von Rechtsprechung und Verwaltungspraxis seit BGE 137 V 210 – Zwischenbilanz nach zwei Jahren

1. Die von BGE 137 V 210 entschiedenen Fragen

1.1 bezüglich der Medizinischen Abklärungsstellen (MEDAS)

Beim Erlass des Urteils BGE 137 V 210 hatte das Bundesgericht zunächst die institutionelle Ausgangslage zu berücksichtigen. Diese zeichnet sich dadurch aus, dass, nach einer strategischen Grundentscheidung des Gesetzgebers (vgl. Art. 164 Abs. 1 a.A. i.V.m. lit. c und lit. g BV[1]), welche die rechtsanwendenden Instanzen zu respektieren haben, über Ansprüche aus der schweizerischen Sozialversicherung primär und überwiegend auf administrativer Ebene Beweis geführt wird. Nach Art. 43 ATSG[2], der in allen Sozialversicherungszweigen mit Ausnahme der Beruflichen Vorsorge anwendbar ist, prüft der Versicherungsträger die Begehren, nimmt er die notwendigen Abklärungen von Amtes wegen vor und holt er die erforderlichen Auskünfte ein (Abs. 1 erster Satz); soweit solche ärztlichen oder fachlichen Untersuchungen für die Beurteilung notwendig und zumutbar sind, hat sich die versicherte Person diesen zu unterziehen (Abs. 2); bei unentschuldbarer Verletzung dieser Mitwirkungspflichten kann der Versicherungsträger auf Grund der vorhandenen Akten verfügen oder die Erhebungen einstellen und Nichteintreten beschliessen (Abs. 3 erster Satz). Wegleitend und prägend für die Erfüllung dieser Abklärungspflicht ist die verfassungsmässige Anforderung, dass der Versicherungsträger als Teil externer Staatsverwaltung die Grundsätze rechtsstaatlichen Handelns nach Art. 5 BV (Bindung an das Recht [v.a. in Form der Gesetzmässigkeit], Beachtung von öffentlichem Interesse, Verhältnismässigkeit, Treu und Glauben und Völkerrecht) berücksichtigt. Die Durchführungsstelle, Organ des Versicherungsträgers, ist und handelt als (das Verfahren leitende) Amtsstelle und nicht als Partei. Auch im Bereich der Invalidenversicherung findet daher vor den IV-Stellen ein Einparteienverfahren statt. Als Behörde ist die IV-Stelle folglich bei ihren (medizinischen und erwerblichen) Abklärungen nach Verfassung und Gesetz einzig dem Recht, der Objektivität und der Neutralität verpflichtet. Nach diesen normativen Vorgaben hat die IV-Stelle den rechtserheblichen Sachverhalt

---

[1] SR 101.
[2] SR 830.1.

in jedem Einzelfall von Amtes wegen vollständig und richtig abzuklären, d.h. bis zur Verfügungsreife im Sinne der Ermittlung eines spruchreifen (liquiden) Sachverhaltes, welcher eine abschliessende Beurteilung erlaubt.[3]

Ein wichtiges Gestaltungselement dieses in der schweizerischen Sozialversicherung seit jeher – zumindest seit Einführung des Verwaltungsverfahrensgesetzes und der damit einhergehenden Revision der Sozialversicherungsrechtspflege per 1. Oktober 1969 – bestehenden Systems bilden die ab 1978 auf verordnungs- und tarifvertraglicher Grundlage ins Leben gerufenen Medizinischen Abklärungsstellen (MEDAS)[4]. Im Hinblick auf die vom Bundesgericht in den letzten Jahren mit zunehmender Sorge verfolgten Entwicklungen im Bereich der IV-Begutachtungen[5] bot der mit BGE 137 V 210 zu beurteilende Fall Anlass, die Rechtskonformität des MEDAS-Systems unter Beachtung der tatsächlichen Gegebenheiten eingehend zu überprüfen. Zwecks Klärung der Frage, auf welche Weise die (damals) 18 Medizinischen Abklärungsstellen ihre Funktion als Hilfsorgane der Versicherung zur Abklärung und Schaffung der medizinischen Entscheidgrundlagen wahrnehmen, wurde eine eingehende Instruktion durchgeführt. BGE 137 V 210 baut auf deren Ergebnissen auf. E. 1.2.3, aus technischen Gründen in der Amtlichen Sammlung nicht publiziert, ist einsehbar unter www.bger.ch/presse/aktuelles/medienmitteilung/archiv. Die Verhältnisse in den 18 untersuchten Medizinischen Abklärungsstellen lassen sich zusammengefasst wie folgt charakterisieren:

- Verschiedenheit bezüglich Rechtsform und Organisation.
- Freiheit in der Auftragserfüllung. Es gibt keine Hinweise für eine Weisungsgebundenheit in der Auftragserfüllung durch das BSV oder eine durch die Hauptauftraggeberinnen (IV Stellen) erreichten Gleichschaltung.
- Milizsystem. Die meisten MEDAS werden nicht durch wenige hauptamtlich tätige Gutachter betrieben. Vorherrschend ist vielmehr die konsiliarische Mitwirkung von hauptberuflich in ihrer Praxis tätigen Arztpersonen, wodurch der Bezug zur medizinischen Praxis sichergestellt ist.
- Insgesamt ergab die durchgeführte Instruktion keine Anhaltspunkte dafür, dass die in den 18 MEDAS als Sachverständige tätigen MedizinerInnen nicht ausschliesslich ihrem ärztlichen Wissen und Gewissen verpflichtet, oder dass für die Erfüllung ihres Auftrages etwas anderes als die Erkenntnisse der medizinischen Wissenschaft wegleitend wären. Mit Blick auf diese Tatsachenfeststellungen hat sich das MEDAS-System, auch in

---

[3]   Vgl. zum Ganzen BGE 136 V 376.
[4]   BGE 104 V 208 ff.
[5]   Geschäftsbericht des Bundesgerichts 2009, S. 16.

rechtsvergleichender Hinsicht[6], als grundsätzlich rechtskonform bestätigt. Das Bundesgericht formuliert jedoch im Urteil eine Reihe von (appellatorischen) Anforderungen: Differenzierung des Begutachtungstarifs nach Aufwand und Komplexität des Falles, Sicherstellung von Qualität und Einheitlichkeit der Expertisen, Vergabe der MEDAS-Begutachtungen nach dem Zufallsprinzip.[7] Parallel dazu hat das Gericht zur Verbesserung des Rechtsschutzes der Betroffenen justiziable Korrektive formuliert, insbesondere eine Verstärkung der Partizipationsrechte, welche über den MEDAS-Bereich hinausgehen (Ziffer 1.2 hienach).

1.2 bezüglich weiterer Fragen der medizinischen Begutachtung

In den ersten Jahren nach dem Inkrafttreten des ATSG am 1. Januar 2003 versuchte das EVG, unter Berufung auf das Prinzip des einfachen und raschen Verfahrens die Abklärungen durch den Versicherungsträger von rechtlichen Anforderungen so weit wie möglich freizuhalten; es wollte einer unerwünschten und im Ergebnis kontraproduktiven «Verrechtlichung» des administrativen Abklärungsverfahrens steuern. Daher betrachtete das Gericht trotz der subsidiären Anwendbarkeit des VwVG gemäss Art. 55 Abs. 1 ATSG die Abklärungsregeln nach Art. 43 f. ATSG als abschliessende Ordnung.[8] Demzufolge stand den IV-LeistungsansprecherInnen etwa das vorgängige Fragerecht nicht zu. Das bedeutete im Vergleich zu den SUVA-Versicherten wegen der direkten Unterstellung der Anstalt unter das VwVG[9] und zufolge des Grundsatzes der Einheit der Sozialversicherung überhaupt gegenüber den obligatorisch Unfallversicherten[10] insofern einen Schritt zurück. Gleichzeitig bestätigte die Rechtsprechung – auch nach Inkrafttreten des ATSG am 1. Januar 2003 – das Fehlen eines verfassungsmässigen oder gesetzlichen Anspruchs auf gerichtliche medizinische Begutachtung.[11] Diese Rechtsprechung, welche im Ergebnis zu einer Minimierung der Partizipationsrechte auf administrativer Ebene bei gleichzeitig bestätigtem fehlendem Anspruch auf gerichtliche (oder überhaupt versicherungsexterne) Begutachtung führte, vermochte auf die Dauer nicht zu befriedigen und erschien im Lichte von Art. 6 Abs. 1 EMRK (Anspruch auf ein faires Verfahren) zunehmend als problematisch. Die beiden sozialrechtlichen Abteilung nahmen daher, nach Durchführung eines Verfahrens gemäss Art. 23 Abs. 1 BGG, anlässlich von BGE 137 V 210 drei Praxisänderungen vor. Ers-

---

6 BGE 137 V 210 E. 2.2.3 und E. 2.3 S. 233–237.
7 Zum Ganzen BGE 137 V 210 E. 3.1 – E. 3.3 S. 242–246.
8 BGE 133 V 446.
9 Art. 1 Abs. 2 lit. e VwVG; BGE 120 V 357.
10 So noch ausdrücklich BGE 120 V 357 E. 1c S. 361 unten f. mit Hinweis.
11 BGE 135 V 465: kein förmlicher Anspruch auf versicherungsexterne Begutachtung.

tens: Bei (anhaltender) Uneinigkeit zwischen IV-Stelle und Partei über Fragen betreffend die Expertise ist eine anfechtbare Zwischenverfügung zu erlassen.[12] Zweitens: Vor einer solchen Zwischenverfügung stehen der versicherten Person die vorgängigen Mitwirkungsrechte zu.[13] Drittens: Bei festgestellter Abklärungsbedürftigkeit hat das auf Beschwerde hin angerufene kantonale Versicherungsgericht (gegebenenfalls das Bundesverwaltungsgericht) grundsätzlich selber eine medizinische Begutachtung anzuordnen.[14]

1.3 bezüglich des funktionellen Instanzenzuges (Anfechtbarkeit)

Ein Grundelement des Konzeptes nach BGE 137 V 210 ist die frühe Einschaltung der gerichtlichen Instanz in das administrative Abklärungsverfahren. Daher ist die im Falle der Uneinigkeit bezüglich der Expertise zu erlassende Zwischenverfügung beim kantonalen Versicherungsgericht (bzw. beim Bundesverwaltungsgericht) neu mit Beschwerde gerichtlich anfechtbar.[15] Nun unterliegt die Beschwerde gegen die Zwischenverfügung nach der gesetzlichen Regelung dem Eintretenserfordernis des nicht wieder gutzumachenden Nachteils[16]. Für dessen Beurteilung knüpfte das Bundesgericht im Kontext der Gutachtensanordnung an die verfassungsbezogene Auslegung der Garantien für das Abklärungsverfahren an. Entscheidend fällt ins Gewicht, dass das Sachverständigengutachten im Rechtsmittelverfahren mit Blick auf die fachfremde Materie faktisch nur beschränkt überprüfbar ist. Daher kommt es entscheidend darauf an, dass qualitätsbezogene Rahmenbedingungen von Beginn weg durchgesetzt werden können. Greifen die Mitwirkungsrechte hingegen erst im Nachhinein – bei der Beweiswürdigung im Verwaltungs- und Beschwerdeverfahren –, so kann hieraus ein nicht wieder gutzumachender Nachteil entstehen, zumal im Anfechtungsstreitverfahren kein Anspruch auf Einholung von Gerichtsgutachten besteht. Des Weitern bedeuten die mit medizinischen Untersuchungen einhergehenden Belastungen bisweilen einen erheblichen Eingriff in die physische oder psychische Integrität. Daher besteht (mit Blick auf die bisher nicht zufallsbasierte Vergabepraxis) ein gesteigertes Bedürfnis nach gerichtlichem Rechtsschutz. Deshalb ist im Rahmen einer verfassungs- und konventionskonformen Auslegung die Eintretensvoraussetzung des nicht wie-

---

[12] Änderung der Rechtsprechung gemäss BGE 132 V 93: BGE 137 V 210 E. 3.4.2.6 S. 256.

[13] Änderung der Rechtsprechung gemäss BGE 133 V 446: BGE 137 V 210 E. 3.4.2.9 S. 258.

[14] Änderung der Rechtsprechung gemäss ARV 1997 S. 85, C 85/95 E. 5d mit Hinweisen, und Urteil H 355/99 vom 11. April 2000 E. 3b: BGE 137 V 210 E. 4.4.1.3 und E. 4.4.1.4 S. 264.

[15] BGE 137 V 210 E. 3.4.2.7 S. 256. – Keine anfechtbare Zwischenverfügung liegt vor, wenn die IV-Stelle noch nicht eine bestimmte Gutachterstelle benennt, sondern lediglich die Auswahl einer solchen in Anwendung von Art. 72bis IVV durch das Zuweisungssystem «Suisse-MED@P» ankündigt (BGE 139 V 8C_69/2012 vom 5. Juni 2013).

[16] Art. 55 Abs. 1 ATSG in Verbindung mit Art. 5 Abs. 2 und Art. 46 Abs. 1 lit. a VwVG (SR 172.021).

der gutzumachenden Nachteils für das erstinstanzliche Beschwerdeverfahren zu bejahen, zumal die nicht sachgerechte Begutachtung in der Regel einen rechtlichen und nicht nur einen tatsächlichen Nachteil bewirken wird. Beschwerdeweise geltend gemacht werden können materielle Einwendungen beispielsweise des Inhalts, die in Aussicht genommene Begutachtung sei nicht notwendig, sie stelle eine blosse «unzulässige Einholung einer second opinion» dar. Ferner können personenbezogene Ausstandsgründe vorgetragen werden, hingegen nicht die Rüge, die Abgeltung der Gutachten aus Mitteln der Invalidenversicherung führe zu einer Befangenheit der MEDAS[17], welchen prinzipiellen Einwand BGE 137 V 210 abschliessend verwarf.

2. Die von BGE 137 V 210 aufgeworfenen und offengelassenen Fragen

2.1 Anfechtbarkeit von Gerichtsentscheiden über Beschwerden gegen Verfügungen der IV-Stellen betreffend Gutachtenseinholung (BGE 137 V 210 E. 3.4.2.7 in fine S. 257)?

Diese Frage beurteilt sich nach den Artikeln 90 ff. BGG. Zulässig ist die Beschwerde primär gegen Endentscheide (Art. 90 BGG). Teilentscheide (Art. 91 BGG) und Zwischenentscheide (Art. 92 und Art. 93 BGG)[18] sind nur bei Erfüllung der in diesen Bestimmungen normierten Voraussetzungen anfechtbar. Bei Entscheiden kantonaler Gerichte (oder des Bundesverwaltungsgerichts) über Beschwerden, die sich gegen Verfügungen der IV-Stellen im Kontext der medizinischen Begutachtung richten, steht ebenfalls die Eintretensvoraussetzung des nicht wieder gutzumachenden Nachteils nach Art. 93 Abs. 1 lit. a BGG im Vordergrund. Nur formelle Ausstandsrügen können ohne dieses Eintretenserfordernis dem Bundesgericht direkt unterbreitet werden (Art. 92 BGG). Ob Entscheide kantonaler Gerichte oder des Bundesverwaltungsgerichts über Beschwerden gegen Verfügungen der IV-Stellen betreffend Gutachtenseinholung an das Bundesgericht weiterziehbar sein sollen, wurde im MEDAS-Urteil offen gelassen[19].

---

17 BGE 137 V 210 E. 3.4.2.7 S. 256 f.
18 Vgl. zur Abgrenzung von Teil- und Zwischenentscheiden BGE 133 V 477.
19 BGE 137 V 210 E. 3.4.2.7 in fine S. 257.

2.2 Beantwortung durch BGE 138 V 271

Das Bundesgericht hat diese für die Praxis sehr wichtige Frage wie folgt beantwortet. Das Problem der Weiterziehbarkeit an das Bundesgericht nach Art. 92 und Art. 93 BGG stellt sich im Allgemeinen mit Bezug auf Zwischenentscheide, die im Rahmen eines erstinstanzlichen Beschwerdeverfahrens erlassen werden. In der hier zur Diskussion stehenden Konstellation (Beschwerde gegen die Verfügung der IV-Stelle betreffend medizinischer Begutachtung) jedoch folgt die Qualifikation des vorinstanzlichen Entscheides als Zwischenentscheid der Rechtsnatur des Anfechtungsobjekts im kantonalen (bzw. bundesverwaltungsgerichtlichen) Prozess. Soweit der vor Bundesgericht angefochtene Beschwerdeentscheid die (formelle) Ausstandspflicht einer sachverständigen Person betrifft, bleibt er selbstständig anfechtbar.[20] Unzulässig sind demgegenüber allgemein gehaltene Vorbringen, die deswegen nicht unter dem Titel formeller Ablehnungsgründe behandelt werden könnten, wie z.B. auf Grund der Erfahrungen anderer versicherter Personen sei es unzumutbar, sich durch das verfügungsweise bezeichnete Institut abklären zu lassen; die IV-Stelle habe die Obliegenheit verletzt, gemeinsam mit der versicherten Person eine Einigung hinsichtlich des Gutachtens zu finden; die Gutachterstelle sei wirtschaftlich abhängig von der Invalidenversicherung; usw.[21]. Darüber hinaus ist von folgenden Grundsätzen auszugehen: Durch die Bejahung des nicht wieder gutzumachenden Nachteils wird der Regelfall, dass die Zwischenverfügung nicht anfechtbar ist, durchbrochen. Damit sollen Lücken im Individualrechtsschutz verhindert werden. Unter dem Blickwinkel der Verfahrensgrundrechte genügt es, wenn eine Instanz im funktionellen Instanzenzug die Verfahrensgarantien nach Art. 6 Ziff. 1 EMRK und Art. 29 ff. BV sowie effektiven Rechtsschutz im Einzelfall gewährleistet. Art. 6 EMRK gewährt den Zugang zu einem Gericht, aber kein Recht auf eine zweite Instanz. Erfordert kein drohender nicht wieder gutzumachender Nachteil einen gerichtlichen Zwischenentscheid, so ist auch die Rechtsweggarantie des Art. 29 aBV nicht tangiert[22]. Bezüglich des verfassungs- und konventionsgemäss zu gewährleistenden Rechtsschutzes gegen Verfügungen der IV-Stellen im Abklärungsbereich ergibt sich daraus: Soweit ein rechtlicher Nachteil im Raum steht, unterscheidet sich der Begriff des nicht wieder gutzumachenden Nachteils nach Art. 93 Abs. 1 lit. a BGG nicht von demjenigen gemäss Art. 46 Abs. 1 lit. a VwVG. Jedoch – und dies ist entscheidend – verändert sich im Verlauf des Instanzenzugs die für das Rechtsschutzbedürfnis massgebende Intensität des möglichen Nachteils. Das kantonale Versicherungsgericht und das Bun-

---

20   BGE 138 V 271 E. 2.2.1 S. 277.
21   BGE 138 V 271 E. 2.2.2 S. 277 f.
22   BGE 138 V 271 E. 3.1 S. 278.

desverwaltungsgericht können und sollen die Einholung eines interdisziplinären Gutachtens zu einem Zeitpunkt unter allen Titeln gerichtlich überprüfen, in welchem die Beweislage noch nicht präjudiziert ist. Erkennt die erste Beschwerdeinstanz im Einzelfall möglicherweise zu Unrecht, dass die gegen die Anordnung einer Begutachtung oder deren Modalitäten erhobenen materiellen Einwendungen unbegründet gewesen seien, so ist die versicherte Person zwar wie dargelegt in ihrer beweisrechtlichen Rechtsverfolgungsposition (weiterhin) beeinträchtigt, weil sie ein unter Verletzung der Parteirechte eingeholtes Gutachten naturgemäss nur bedingt in Frage stellen kann. Im Gegensatz zu Konstellationen, in denen dem Rechtssuchenden ein definitiver Rechtsverlust droht, wird ein nach einer einmaligen Rechtskontrolle allenfalls verbliebener Nachteil jedoch hinreichend ausgeglichen, da die betreffenden Rügen im Zuge der Anfechtung des Endentscheides vor Bundesgericht immer noch erhoben werden können (Art. 93 Abs. 3 BGG). Über das gesamte Verfahren in IV-Angelegenheiten hinweg betrachtet, entfällt demnach die Notwendigkeit einer Rechtskontrolle über den Zwischenentscheid der ersten Beschwerdeinstanz und damit die Rechtfertigung für dessen selbstständige Anfechtbarkeit vor Bundesgericht.[23] Ebenso kann im Rahmen der Behandlung von Beschwerden gegen Endentscheide die Umsetzung der Prinzipien gemäss BGE 137 V 210 ungeschmälert kontrolliert werden; ein doppelter Instanzenzug zur Überprüfung der Zwischenverfügung ist somit auch mit Blick auf die Sicherstellung einer einheitlichen Rechtsanwendung und die Rechtsfortbildung nicht erforderlich.[24]

2.3 Anfechtbarkeit von Rückweisungsentscheiden der kantonalen Gerichte oder des Bundesverwaltungsgerichts zwecks medizinischen Aktenergänzungen durch die IV-Stelle (BGE 137 V 210 E. 4.4.1.4 in fine S. 265)?

In Änderung der Rechtsprechung des EVG unter dem bis Ende 2006 gültig gewesenen Bundesgesetz über die Organisation der Bundesrechtspflege (OG)[25] und in Angleichung an die seit jeher gegenteilig lautende Rechtsprechung des Bundesgerichts hat die II. sozialrechtliche Abteilung die Rückweisungsentscheide zwecks (medizinischer) Aktenergänzung und neuer Verfügung als nicht selbstständig anfechtbare Zwischenentscheide im Sinne von Art. 93 BGG qualifiziert.[26] Im Nachgang zu BGE 137 V 210 war mit Blick auf die in E. 4.4.1.4

---

23   BGE 138 V 271 E. 3.2 S. 278 ff.
24   BGE 138 V 271 E. 3.3 S. 279.
25   Art. 131 Abs. 1 BGG (SR 173.110), AS 2006 1205.
26   Grundlegend: BGE 133 V 477.

in fine S. 265 aufgeworfene Frage zu klären, ob die Verbesserung der Partizipationsmöglichkeiten im IV-rechtlichen Abklärungsverfahren zu einer Modifizierung der Rechtsprechung gemäss BGE 133 V 477 führen würde. Denn das Bundesgericht hat in BGE 137 V 210 Grundsätze aufgestellt – wenn auch nicht in abschliessender Weise –, nach denen sich künftig beurteilt, ob ein kantonaler Rückweisungsentscheid rechtens ist oder ob die Beschwerdeinstanz selber durch Einholung eines Gerichtsgutachtens hätte Spruchreife herstellen sollen.[27]

2.4 Beantwortung der Frage durch BGE 139 V 99

Das Bundesgericht hat die Brücke von BGE 133 V 477 zu BGE 137 V 210 wie folgt geschlagen: Die Beschwerdeinstanz holt in der Regel ein Gerichtsgutachten ein, wenn sie im Rahmen der Beweiswürdigung zum Schluss kommt, ein bereits erhobener medizinischer Sachverhalt müsse (insgesamt oder in wesentlichen Teilen) noch gutachtlich geklärt werden oder eine Administrativexpertise sei in einem rechtserheblichen Punkt nicht beweiskräftig. Eine Rückweisung an die IV-Stelle bleibt hingegen zulässig, wenn es darum geht, zu einer bisher vollständig ungeklärten Frage ein Gutachten einzuholen. Ebenso steht es dem Versicherungsgericht frei, eine Sache zurückzuweisen, wenn allein eine Klarstellung, Präzisierung oder Ergänzung von gutachterlichen Ausführungen erforderlich ist[28]. Im referierten Fall machte die IV-Stelle geltend, es gehe weder darum, eine bisher vollständig ungeklärte Frage zu beantworten, noch sei einzig eine Präzisierung oder Ergänzung von gutachterlichen Ausführungen nötig. Ausserhalb solcher Konstellationen sei das kantonale Gericht nicht befugt, die Sache an die IV-Stelle zurückzuweisen, womit der angefochtene Rückweisungsentscheid offensichtlich an einem Rechtsmangel leide. Das Bundesgericht nahm dazu gestützt auf die Rechtsprechung zu Art. 93 BGG[29] wie folgt Stellung: Der Eintretensgrund von Art. 93 Abs. 1 lit. b BGG fällt (meistens) ausser Betracht. Hingegen kann ein Rückweisungsentscheid der IV-Stelle zunächst dann einen nicht wieder gutzumachenden Nachteil bewirken (Art. 93 Abs. 1 lit. a BGG), wenn er materiellrechtliche Anordnungen enthält, welche ihren Beurteilungsspielraum wesentlich einschränken, ohne dass sie die ihres Erachtens rechtswidrige neue Verfügung selber anfechten könnte[30]. Das wird aber bei Rückweisungsentscheiden zu materiellen Abklärungen, die sonst keine für die Rentenberechtigung wesentliche Frage (Faktor, Aspekt, Begründungselement, vgl. BGE 127 V 294) abschliessend festlegen, in der Regel

---

27   BGE 137 V 210 E. 4.4.1.3 und 4.4.1.4 S. 264.
28   BGE 137 V 210 E. 4.4.1.4 S. 264.
29   BGE 133 V 477.
30   BGE 139 V 99 E. 1.4 S. 101 mit Hinweisen.

nicht der Fall sein. Zu prüfen bleibt jeweils, ob eine ungerechtfertigte Rückweisung aus Sicht der IV-Stelle andere nachteilige Konsequenzen haben kann, die sich bei der Gelegenheit einer Anfechtung des Endentscheides (Art. 93 Abs. 3 BGG) letztinstanzlich nicht mehr gänzlich beseitigen lassen[31].

Holt eine Beschwerdeinstanz zu Unrecht kein Gerichtsgutachten ein und weist sie stattdessen die Sache an die IV-Stelle zurück, so beeinträchtigt ein solches Vorgehen die mit BGE 137 V 210 E. 4 S. 258 verfolgte Zielsetzung. Die nach Art. 93 Abs. 1 lit. a BGG ausnahmsweise gegebene Anfechtbarkeit eines Zwischenentscheides steht indessen nur zur Diskussion, wenn ein effektiver Rechtsschutz (Art. 6 Ziff. 1 EMRK, Art. 29 ff. BV) nicht auf andere Weise gewährleistet werden kann. Diese Anforderung ist in der Regel erfüllt: Das Bundesgericht wird im Falle des Weiterzuges eines (erneut negativen) Endentscheides prüfen, ob die Rückweisung an die Verwaltung gerechtfertigt war (Art. 93 Abs. 3 BGG). Verneint es diese Frage, so kann es die Sache seinerseits an die erste Beschwerdeinstanz zurückweisen, damit diese ein Gerichtsgutachten einhole[32]. Zur Beantwortung der Frage, in welchen Fällen so vorgegangen werden soll, ist sinngemäss auf die Rechtsprechung zurückzugreifen, wonach in Übergangssituationen ein nach altem Standard (d.h. noch ohne Gewährung der in BGE 137 V 210 statuierten Beteiligungsrechte) in Auftrag gegebenes Gutachten grundsätzlich zwar eine massgebende Entscheidungsgrundlage bildet. Das Manko wird jedoch bei der Beweiswürdigung berücksichtigt. Ähnlich wie bei versicherungsinternen medizinischen Endscheidungsgrundlagen genügen schon «relativ geringe Zweifel» an der Zuverlässigkeit und Schlüssigkeit der (verwaltungsinternen) ärztlichen Feststellungen, um eine (neue) Begutachtung anzuordnen. Das Bundesgericht wird die Sache zwecks Einholung eines Gerichtsgutachtens an die erste Beschwerdeinstanz zurückweisen, wenn der Beweiswert des nach einer ungerechtfertigten Rückweisung eingeholten Administrativgutachtens auch nur relativ geringfügig beeinträchtigt erscheint[33]. Daraus, dass den IV-Stellen bei einer ungerechtfertigten Rückweisung jedenfalls ein zusätzlicher Abklärungsaufwand sowie (gegebenenfalls) das Risiko entsteht, dass das neu eingeholte Administrativgutachten letztlich wiederum nicht als genügende Beweisgrundlage angesehen werden wird, begründet als rein tatsächlicher Nachteil die Eintretensvoraussetzung nach Art. 93 Abs. 1 lit. a BGG nicht[34]. Vom Grundsatz der nicht Anhandnahme

---

[31]   BGE 139 V 99 E. 1.4 S. 101.
[32]   BGE 139 V 99 E. 2.3.1 S. 102.
[33]   BGE 139 V 99 E. 2.3.2 S. 103.
[34]   BGE 139 V 99 E. 2.4 S. 103.

direkter Beschwerden gegen ungerechtfertigte Rückweisungsentscheide wäre allenfalls eine Ausnahme zu machen, wenn sich inskünftig zeigen sollte, dass ein Gericht regelmässig entsprechend vorgeht[35].

3. Weitere sich aus BGE 137 V 210 ergebende Fragen

BGE 137 V 210 hat die rechtsprechungsgemässen Grundsätze zur freien Beweiswürdigung (Art. 61 lit. c ATSG) bestätigt. Freie Beweiswürdigung heisst inhaltsbezogene, objektive, pflichtgemässe und umfassende Würdigung der aus den Akten sich ergebenden rechtserheblichen Tatsachen. Bestehen an den versicherungsinternen Unterlagen auch nur «relativ geringe Zweifel», so ist eine externe administrative und – nunmehr durch BGE 137 V 210 verstärkt – gerichtliche Expertise anzuordnen. Dabei zählt ein MEDAS-Gutachten nicht zu den versicherungsinternen Gutachten, sondern es gilt als Administrativgutachten. Ob «relativ geringe Zweifel» bestehen, die Beweisweiterungen im erwähnten Sinne rechtfertigen, ist eine vom Bundesgericht nur beschränkt überprüfbare Tatfrage.[36]

3.1 Die Bedeutung von BGE 137 V 210 für die Beweiswürdigung bei nach altem Standard eingeholten medizinischen Gutachten

Wegleitend ist für den Umgang mit «altrechtlichen» Gutachten, d.h. solchen, welche noch nicht nach dem Standard gemäss BGE 137 V 210 eingeholt wurden, der Grundsatz der Verhältnismässigkeit. So ist es nicht verhältnismässig, wenn solche vor BGE 137 V 210 eingeholten Gutachten ihren Beweiswert ungeachtet ihrer jeweiligen Überzeugungskraft einbüssen würden.[37]

3.1.1 Im Regelfall: Beweiskraft erhalten

So verletzt das Abstellen auf ein polydisziplinäres Gutachten bei der Feststellung der zumutbaren Arbeitsfähigkeit Art. 43 Abs. 1 ATSG nicht allein schon deshalb, weil einem darin enthaltenen Teilgutachten der Beweiswert abgesprochen und an dessen Stelle ein anderes Fachgutachten oder ein entsprechender Arztbericht eingeholt wird[38]. Es kommt letztlich immer darauf an,

---

35 BGE 139 V 99 E. 2.5 S. 104.
36 Urteil 9C_142/2011 vom 9. November 2011.
37 SVR 2012 IV Nr. 32 S. 127, Urteil 9C_776/2010 vom 20. Dezember 2011 E. 3.3.
38 Urteil 9C_687/2011 vom 8. Februar 2012 E. 3.2.2.

ob bei einer gesamthaften Würdigung und besonders sorgfältigen Prüfung dem «altrechtlichen» Gutachten materielle Schlüssigkeit beigemessen werden kann[39].

3.1.2 Im Ausnahmefall: Aktenergänzung geboten

Sind objektive Kriterien feststellbar, dass die verfügbaren Administrativgutachten wesentliche Beweisfragen offen lassen, ist ein Gutachten nach Massgabe von BGE 137 V 210 einzuholen. So verhielt es sich beispielsweise im Urteil 9C_495/2012 vom 4. Oktober 2012, wo der neue Diagnosecode ICD-10 F45.41 ein neues Licht auf die in diesem Fall psychiatrisch-gutachterlich höchst umstrittene Problematik warf.

3.2 Die Umsetzung des Zufallsprinzips bei der Bestimmung der medizinischen Sachverständigen

Polydisziplinäre Gutachten, d.h. solche, an denen drei oder mehr Fachdisziplinen beteiligt sind, haben nach dem Wortlaut von Art. 72bis Abs. 1 IVV (in der seit 1. März 2012 gültigen Fassung) bei einer Gutachterstelle zu erfolgen, mit welcher das BSV eine Vereinbarung getroffen hat. Gemeint sind die MEDAS im Sinne von Art. 59 Abs. 3 IVG. Die Vergabe der Aufträge erfolgt nach dem Zufallsprinzip (Art. 72bis Abs. 2 IVV). Im zur Veröffentlichung in BGE 139 V bestimmten Urteil 9C_202/2012 vom 3. Juli 2013 hat das Bundesgericht auf der Grundlage einer vereinigten Abteilungssitzung der beiden sozialrechtlichen Abteilungen vom 24. Juni 2013 Art. 72bis IVV grundsätzlich als rechtmässig erklärt, dabei allerdings das BSV an die Umsetzung der Appellanforderungen gemäss BGE 137 V 210 erinnert (nebst dem Zufallsprinzip und der in den revidierten Tarifverträgen vorhandenen Mindestdifferenzierung der Gutachtenshonorierung die Sicherstellung von Einheitlichkeit und Qualität der Begutachtungen). Erteilen demgegenüber IV-Stellen den MEDAS auf zwei medizinischen Fachrichtungen beschränkte oder gar nur monodisziplinäre Begutachtungsaufträge, gilt das Zufallsprinzip nicht; doch hat in einem solchen Fall der Gutachterbestimmung zwingend ein Einigungsverfahren voranzugehen. Auf die Einzelheiten des Verfahrens nach Art. 72bis IVV wird auf dem in diesem Band enthaltenen Beitrag von Urs Müller verwiesen.

---

[39]   Urteil 8C_426/2011 vom 29. September 2011.

3.3 Die Anwendung von BGE 137 V 210 ausserhalb der Invalidenversicherung

Auch im Bereich der Unfallversicherung ist eine Begutachtung (in Änderung der Rechtsprechung BGE 132 V 93) bei Uneinigkeit durch eine beim kantonalen Versicherungsgericht (bzw. Bundesverwaltungsgericht) anfechtbare Zwischenverfügung anzuordnen und stehen der versicherten Person vorgängige Mitwirkungsrechte in dem Sinne zu, dass sie sich zu den Gutachterfragen äussern kann. Die dabei zu beachtenden Modalitäten richten sich sinngemäss nach BGE 137 V 210 E. 3.4.2.9 S. 258[40]. Wie in BGE 138 V 271 für die Invalidenversicherung entschieden, können auch im Bereich der Unfallversicherung kantonale Entscheide bzw. solche des Bundesverwaltungsgerichts über Beschwerden gegen Zwischenverfügungen der Unfallversicherer betreffend Gutachtensanordnung nicht ans Bundesgericht weitergezogen werden, sofern nicht formelle Ausstandsgründe beurteilt worden sind; und es kann die formelle Ablehnung eines Sachverständigen regelmässig nicht allein mit strukturellen Umständen begründet werden, wie sie in BGE 137 V 210 behandelt worden sind[41]. Auch im Unfallversicherungsbereich bleibt eine Rückweisung an den Versicherungsträger grundsätzlich möglich[42].

3.4 Das Verhältnis von BGE 137 V 210 zur Kostenregelung des Art. 69 Abs. 1bis IVG

Kosten für MEDAS-Begutachtungen, ungeachtet ob im administrativ- oder im gerichtlichen Beschwerdeverfahren angeordnet, gehen stets zu Lasten der IV[43]. Nicht abschliessend geklärt ist derzeit, wem und in welcher Höhe sonstige medizinische Gerichtsgutachten kostenmässig zu überbinden sind. Die Kosten für ein Gutachten, welches das kantonale Gericht bei festgestellter Abklärungsbedürftigkeit im Sinne von BGE 137 V 210 anstelle einer Rückweisung selber einholt, können auch im Verfahren der Unfallversicherung dem Versicherungsträger auferlegt werden[44], auch wenn das Gutachten erst auf Anordnung des Bundesgerichts hin eingeholt wird[45]. Der versicherten Person dürfen nicht mehr als CHF 1'000.- auferlegt werden[46].

---

[40] BGE 138 V 318.
[41] BGE 138 V 318 E. 6.2; so schon Urteil 8C_760/2011 vom 26. Januar 2012.
[42] Urteil 8C_592/2012 vom 23. November 2012.
[43] BGE 137 V 210 E. 4.4.2 S. 265.
[44] BGE 139 V 225.
[45] Urteil 8C_71/2013 vom 27. Juni 2013.
[46] Urteil 9C_13/2012 vom 20. August 2012.

4. Ausblick

Gut zwei Jahre nach dem vom 28. Juni 2011 datierenden BGE 137 V 210 darf festgehalten werden, dass ein guter Teil der im Urteil formulierten appellativen Anforderungen umgesetzt worden ist: Das Zufallsprinzip ist verwirklicht, die Tarifverträge sind bezüglich der Entschädigung mindest differenziert (wobei das Problem der Kosten für stationäre Abklärungen noch der Lösung harrt). Ohne Zweifel hat BGE 137 V 210 nicht nur die Partizipationsrechte der versicherten Personen wesentlich verbessert, sondern auch die Stellung der begutachtenden Ärzte gegenüber ihren auftraggebenden Stellen verstärkt. Dennoch bleibt einiges zu tun, wobei hier insbesondere das BSV anzusprechen ist. Die grundsätzliche Bestätigung der Rechtmässigkeit des in Art. 72bis IVV angelegten SuisseMED@P-Systems bedeutet nicht, dass die Aufsichtsbehörde von der weiteren Umsetzung der Appellanforderungen gemäss BGE 137 V 210 E. 3.1–3.3 S. 242 ff. in Verbindung mit E. 5 S. 266 enthoben wäre. Zunächst ist durch eine periodische Berichterstattung Transparenz über die Anwendungspraxis der Plattform herzustellen (Anzahl der bei den angeschlossenen MEDAS eingeholten polydisziplinären Gutachten), ergänzt durch ordnungsgemässe (Jahres-)Berichte der einzelnen Institute über ihre sonstige Sachverständigentätigkeit, vor allem bezüglich der bi- und monodisziplinären Expertisen für die IV-Stellen. Sodann ist die Sicherstellung von Qualität und Einheitlichkeit der Begutachtungen (BGE 137 V 210 E. 3.3 S. 245 f.; vgl. auch E. 3.1.2 in fine S. 243: Ausbau der Plattform zu einem Instrument der Gutachtensevaluation) zielstrebig voranzutreiben. Denkbare Modelle sind die Bildung eines tripartit (Versicherung, Versicherte, Medizin) besetzten Begleitgremiums, welches die Durchführung der Plattform und überhaupt die IV-Begutachtungen fachlich kontrolliert, oder die Schaffung von Zertifizierungsrichtlinien für Arztpersonen, welche für die Invalidenversicherung Begutachtungen vornehmen wollen (vgl. zu den entsprechenden Bestrebungen im Strafrecht: Marianne Heer, in: Niggli/Heer/Wiprächtiger [Hrsg.], Basler Kommentar zur Schweizerischen Strafprozessordnung, Basel 2011, Art. 183 N 13 ff. und 18; Verordnung des Regierungsrates und des Obergerichts des Kantons Zürich vom 1./8. September 2010 über psychiatrische und psychologische Gutachten in Straf- und Zivilverfahren [PPGV]; LS 321.4). Das Bundesgericht wird die Umsetzung der Appellativanforderungen weiterhin beobachten und behält sich, je nach deren Ergebnis, eine neue rechtliche Überprüfung vor[47].

---

[47] BGE 139 V 9C_207/2012 E. 5.5.

Vor allem aber müsste das BSV als Aufsichtsbehörde Klarheit endlich darüber schaffen, welche Diagnosecodes den Neurenten zugrunde liegen. Im Jahre 2012 wurden 14'500 Hauptrenten neu zugesprochen[48]. Über die genaue Art dieser Invaliditätsfälle gibt die IV-Statistik keine Auskunft. Gefordert ist eine ausschliesslich statistische und nicht etwa personenbezogene Auswertung der Begutachtungsdaten. Erst wenn man weiss, welche Beschwerdebilder wo, wann und in welcher Häufigkeit berentet werden, lässt sich der fortzusetzende interdisziplinäre Diskurs zwischen Recht und Medizin rationalisieren, dies mit der Aussicht auf weiterführende neue Erkenntnisse bezüglich der Einschätzung invalidisierender Leiden.

---

[48] IV-Statistik 2012 S. 27.

Die Verbandsausgleichskassen als Durchführungsorgane der Sozialversicherungen

Beim vorliegenden Aufsatz handelt es sich um die erweiterte Fassung des anlässlich der Generalversammlung der Vereinigung der Verbandsausgleichskassen (VVAK) vom 18. Juni 2015 gehaltenen Vortrages. Der Autor dankt Dr. Marco Reichmuth, Leiter der Ausgleichskasse medisuisse in St. Gallen, für wertvolle Hinweise.

I. Gesetzliche Grundlagen

1. Formelles Gesetzesrecht

Jedes formelle Sozialversicherungsgesetz enthält als grundlegende Bestimmungen i.S. von Art. 164 Abs. 1 lit. c bis g BV[1] Normen über die Versicherungs- und Beitragspflichten, die Versicherungsleistungen, die Rechtspflege sowie die Organisation (einschliesslich Aufsicht und Verantwortlichkeit), so auch das AHVG[2]. Nach dessen Art. 49 erfolgt die Durchführung der AHV unter der Aufsicht des Bundes (Art. 76 ATSG[3]) durch die Arbeitgeber und Arbeitnehmer[4], Verbandsausgleichskassen, kantonale Ausgleichskassen, Ausgleichskassen des Bundes und eine Zentrale Ausgleichsstelle. Für die Ausgleichskassen und insbesondere die Verbandsausgleichskassen (VAK) massgeblich sind die Art. 53 bis 60 sowie die Art. 63 bis 70 AHVG.

2. Materielles Gesetzesrecht

Die Verordnung regelt die Verbandsausgleichskassen in den Art. 83 bis 107 AHVV[5]. VAK-bezogene Verordnungsbestimmungen finden sich sodann hinsichtlich der Zweigstellen (Art. 114 und 116 AHVV), der Kassenzugehörigkeit (Art. 117–126 AHVV) und der Aufgaben (Art. 129–132ter AHVV). Das gesamte AHV-Verordnungsrecht (AHVV und weitere Verordnungen) gilt für die VAK, ausser, es handle sich um Regelungsmaterien, in denen diese nicht zuständig sind.

---

[1] Bundesverfassung (SR 101).

[2] Bundesgesetz über die Alters- und Hinterlassenenversicherung (SR 831.10).

[3] Bundesgesetz über den Allgemeinen Teil des Sozialversicherungsrechts (SR 830.1).

[4] Die Arbeitnehmer sind jedoch keine Durchführungsorgane der AHV; ihre Erwähnung ist systematisch unrichtig (Binswanger, Kommentar zum AHVG, Zürich 1950, Art. 49 N 1).

[5] Verordnung über die Alters- und Hinterlassenenversicherung (SR 831.101).

Gebunden sind die VAK schliesslich durch die Weisungen des Bundesamtes für Sozialversicherungen (BSV), dies nicht nur im Versicherungs-, Beitrags-, Renten- und Verfahrensbereich, sondern auch in organisatorischer Hinsicht. Als Beispiel seien erwähnt die «Weisungen über die Übertragung weiterer Aufgaben an die Ausgleichskassen (WÜWA)».[6]

II. Hinweise zur Entstehungsgeschichte

1. Integrierende Funktion von (Bundes-)Sozialversicherung

Die Sozialversicherung, wie sie in der zweiten Hälfte des 19. Jahrhunderts in der Ära Bismarcks, des deutschen «Eisernen Kanzlers», als Antwort auf die «Soziale Frage» ihren Anfang genommen hat, ist eine Technik zur Lösung gesellschaftlicher Nöte und Bedrängnisse, die ihre Wurzel in der einsetzenden Industrialisierung finden. Dabei ist Sozialversicherung in den sich entwickelnden Industriegesellschaften sehr unterschiedlich realisiert worden. Es wird sich zeigen: Die Verbandsausgleichskassen sind eine ganz besondere, eine hochoriginelle und vor allem auch eine typisch schweizerische Form, Sozialversicherungen durchzuführen. Wie ist es dazu gekommen?[7]

2. Industrielle Revolution und soziale Risiken als Herausforderung

1848 gelingt die Gründung des schweizerischen Bundesstaates. Dessen Regierung, der Bundesrat in seiner ersten Besetzung mit dem Zürcher Jonas Furrer als Bundespräsidenten an der Spitze, ist eine reine radikal-liberale Männerriege. Die mit Waffengewalt (Sonderbundskrieg) erkämpfte erste Bundesverfassung von 1848 weist noch keine Bundeskompetenzen im sozialen Bereich auf. Dafür dauert es noch eine gewisse Zeit; es braucht die radikal-demokratische Bewegung der 1860er-Jahre, welche in die Totalrevision der Bundesverfassung von 1874 einmündet. Deren Art. 34 BV erklärt den Bund für befugt, einheitliche Bestimmungen über die Verwendung von Kindern in den Fabriken und über die Dauer der Arbeit erwachsener Personen in denselben aufzustellen, ebenso Vorschriften zum Schutze der Arbeiter gegen einen die Gesundheit und Sicherheit gefährdenden Gewerbebetrieb zu erlassen (Abs. 1); ferner unterliegen seither der Aufsicht und Gesetzgebung des Bundes der Geschäfts-

---

[6] Vgl. hierzu Kap. VII.3c. Sämtliche Weisungen sind verfügbar unter www.bsv.admin.ch/vollzug > AHV > Grundlagen AHV.

[7] Vgl. für das Folgende Ulrich Meyer, Allgemeine Einführung, in: Schweizerisches Bundesverwaltungsrecht, Band XIV: Soziale Sicherheit, 2. Aufl., Basel/Genf/München 2007, N 10 ff.

betrieb von Privatunternehmungen im Gebiete des Versicherungswesens und – die Schweiz, damals arm, war eine Nation der Emigration – jener der Auswanderungsagenturen[8] (Abs. 2).

Diese drei Bundeskompetenzen in den Bereichen des Arbeiterschutzes, hier vor allem der Kinderarbeit, im Privatversicherungswesen und der Auswanderungsagenturen, zeichnen ein aussagekräftiges Bild der Situation, in welcher sich die Eidgenossenschaft nach 1848 befand. Der junge Bundesstaat, in einer noch schwachen Stellung gegenüber den Kantonen, mit Ausnahme der Zölle ohne Finanzkompetenzen, muss auf die Herausforderungen der industriellen Revolution Antworten finden: die prekären Arbeits- und Lebensbedingungen im Alter, nach Berufsunfällen und Berufskrankheiten sowie Verlust des Versorgers zu verbessern.

Die industrielle Revolution ist in der Tat die wichtigste Schubkraft für die Einführung von Sozialversicherung. Sie hatte in der Schweiz im Vergleich zu Westeuropa (Grossbritannien, Frankreich, Belgien) verspätet, dafür aber ab etwa 1850 umso heftiger eingesetzt.[9]

3. Einbezug der staatstragenden politischen Kräfte

Zunächst wird die Lösung dieser Probleme der Privatautonomie anheimgestellt. Dies bedeutet, dass die Rechtsordnung auf diese Herausforderungen naheliegenderweise mit den Mitteln des Privatrechts als der für die am Produktionsprozess beteiligten Privatpersonen zuständigen Rechtsmaterie antwortet. Aber die vertragliche und ausservertragliche Verschuldenshaftung löst das Problem der vom Eintritt sozialer Risiken Betroffenen nicht. Die Folgen der Berufskrankheiten, Berufsunfälle, der Invalidität, des Alters machen den Betroffenen schwer zu schaffen, selbst wenn niemanden daran ein Verschulden trifft. Infolgedessen geht man, wenigstens in den gefahrenträchtigen Bereichen der Fabriken und Eisenbahnen, zur Einführung der Kausalhaftung über:

---

[8] Es mussten die Praktiken von nach der heutigen Terminologie Schlepperorganisationen in den staatlichen Griff gezwungen werden, die ihre Klienten meist nach Le Havre führten und für die Fahrt über den grossen Teich nach der neuen Welt einschifften, zum Teil unter menschenunwürdigen Zuständen.

[9] Dazu traten die Folgen des Sonderbundskrieges. Vom Bundesbeschluss über die Versorgung der Opfer und Hinterbliebenen bis zur Einführung der Militärversicherung lässt sich eine gerade Linie ziehen. Militärversicherung hiess die Einrichtung deswegen, weil die Wehrpflichtigen beim Antreten erklären mussten, ob sie im Rahmen der von der Eidgenossenschaft mit der Zürich Versicherung abgeschlossenen Kollektivversicherung versichert sein wollten oder nicht. Schliesslich ist der Tourismus zu nennen, welcher zur Entdeckung des Landes, insbesondere des Hochgebirges, führte – mit allen damit einhergehenden Risiken.

Eidgenössisches Fabrikgesetz, Eidgenössisches Eisenbahngesetz. Der Fabrik-herr, Eisenbahnunternehmer und Werkbetreiber haftet fortan für die Folgen seiner Tätigkeit selbst dann, wenn ihm kein Verschulden vorgeworfen werden kann. Die Kausalhaftpflicht ihrerseits wird abgesichert durch den Abschluss von Privatversicherungsverträgen, was zur Gründung der grossen Privatversi-cherungsunternehmen führt (Zürich 1873, Winterthur 1875).

Von Sozialversicherung war also lange noch nicht die Rede. Erst am 15. No-vember 1889 erstattet der Nationalrat und spätere Bundesrat Ludwig Forrer die Denkschrift über die Einführung einer schweizerischen Unfallversiche-rung. Der Winterthurer Forrer, ein Feuerkopf, Kampfgefährte von Alfred Escher, Mitglied der den jungen Bundesstaat beherrschenden «freisinnigen Grossfamilie» (*Erich Gruner*), und zwar einer von radikalem Schrot und Korn, staatssozialistischen bzw. sozialstaatlichen Vorstellungen durchaus zugäng-lich, war ein ausserordentlicher Politiker. Seine Denkschrift über die Einfüh-rung der Schweizerischen Unfallversicherung ist im Bundesblatt 1889 IV 855 ff. publiziert und kann als Magna Charta der schweizerischen Sozialversicherung bezeichnet werden. In ihr findet sich mit Blick auf die insgesamt negativen Er-fahrungen mit der Kausalhaftpflicht der Fabriken, welche diese auf die insbe-sondere zu diesem Zweck gegründeten erwähnten Versicherungsgesellschaf-ten abwälzten – was mit Blick auf den Risikoverlauf und damit einhergehender Prämienerhöhungen zu nicht enden wollenden Streitigkeiten zwischen Ar-beitgebern und Arbeitnehmern führte –, der bezeichnende und aussagekräf-tige Satz: «Haftpflicht bedeutet den Streit, Versicherung den Frieden. Schon das blosse Wort hat einen wohlthuenderen Klang.» (a.a.O. 901). Sogleich ma-chen sich die eidgenössischen Räte an die Umsetzung des 1890 geschaffenen Art. 34bis BV, welcher dem Bund das Gesetzgebungsrecht auf den Gebieten der Unfall- und der Krankenversicherung brachte. Die Bundesversammlung verabschiedet am 5. Oktober 1899, also nach knapp zehn Jahren legislatori-scher Tätigkeit, die nach ihrem geistigen Schöpfer benannte Lex Forrer: Einen umfassenden, an der Systematik der Bismarck'schen Sozialgesetzgebung ori-entierten Erlass von über 400 Artikeln, welcher die Kranken-, Unfall- und auch die Militärversicherung regelte.[10] Und nun regt sich die schweizerische Poli-tik. Wegen des Widerstandes in weitesten Bereichen der schon damals in viel-fältigen Formen und sehr verbreitet tätigen Krankenversicherer (häufig Ge-nossenschaften, aber auch Krankenpflege-, Krankengeld-, Sterbegeldvereine, Mutualités) wird die Lex Forrer am 20. Mai 1900 nach einem heftigen Referen-dumskampf verworfen.[11] Der Bund begnügt sich in der Folge damit, ein Bun-desgesetz über die Militärversicherung und das KUVG – das Kranken- und Un-

---

[10] BBl 1899 IV 853.
[11] BBl 1900 III 293.

fallversicherungsgesetz vom 13. Juni 1911[12] – zu schaffen. Es kommt nur noch für die Unfallversicherung zum Bundesobligatorium für Arbeitende in gefahrenträchtigen Betrieben; die Krankenversicherung hingegen bleibt, unter Vorbehalt kantonaler oder kommunaler Kompetenzen, als bloss freiwillige, vom Bund subventionierte Versicherungsspielart konzipiert – fast 100 Jahre lang bis zum Inkrafttreten des noch heute geltenden KVG[13] von 1996.

Die Ablehnung der Lex Forrer zeitigt weitreichendste und bleibende Folgen für die schweizerische Sozialversicherung, bis zum heutigen Tag. Die sozialversicherungsrechtliche Ungleichbehandlung von Krankheit einerseits, Unfall andererseits, ist darin angelegt. Vor allem aber ist das Scheitern des Gesetzeswerks ein schwerer Schlag gegen die Verständigungspolitik des Bundesrates, der die soziale Frage nach Bismarck'schem Vorbild hatte lösen wollen. Die Verwerfung der Lex Forrer ist mit dafür verantwortlich, dass die Schweiz im Ersten Weltkrieg 1914–1918 sozialpolitisch nicht gerüstet ist. Es gibt keine Erwerbsersatzordnung. Die Wehrmänner und ihre Familien leben vom Sold und der Soldatenfürsorge. Lebensmittelknappheit breitet sich aus. Der schlechte Gesundheitszustand der Bevölkerung begünstigt am Ende des Weltkrieges den Ausbruch einer Grippeepidemie, welche zahlreiche Tote fordert. Dies alles führt zu sozialen Unruhen, Oltner Komitee und Generalstreik, der die Armee auf den Plan ruft.

In der Zwischenkriegszeit dauert der sozialpolitische Stillstand an. Trotz Schaffung einer Verfassungsgrundlage für eine Alters- und Hinterlassenenversicherung (1925[14]) gelingt es nicht, ein Gesetz zu erlassen (wuchtige Ablehnung der Lex Schulthess in der Volksabstimmung von 1931[15]).

Erst unter dem Eindruck der Bedrohungslage und des sich abzeichnenden Krieges entsteht die Bereitschaft, nicht nur militärisch, sondern auch sozialpolitisch zusammenzustehen: die Schweiz als Volksgemeinschaft. Das Wort vom «Krieg als Vater aller Dinge» trifft auf die schweizerische Sozialversicherung in ganz besonderem Masse zu. Erst durch das 1937 abgeschlossene Friedensabkommen in der Maschinen- und Metallindustrie und die Bejahung der Landesverteidigung durch die Sozialdemokratie wurden die gesamtgesellschaftlichen Voraussetzungen geschaffen, um nach Kriegsende einen weiteren und dieses Mal erfolgreichen Anlauf für die Einführung einer AHV zu nehmen.

---

[12]   BBl 1911 III 523, 1912 I 425.
[13]   Bundesgesetz über die Krankenversicherung (SR 832.10).
[14]   BBl 1925 II 679, 1926 I 1.
[15]   BBl 1931 I 1000, 1932 I 1.

Hier tritt nun ein weiterer Akteur auf den Plan, der erwähnt werden muss: Bundesrat Walther Stampfli (FDP, Solothurn). Er verspricht dem Schweizer Volk bei seiner Ansprache zum Neujahrstag 1945 zwei Dinge: erstens den Frieden, zu dem es am 8. Mai 1945 dann auch kommt, zweitens, innerhalb dreier Jahre, die Einführung einer AHV. Bundespräsident Stampfli hat auf den Tag genau Wort gehalten, indem das in der denkwürdigen Referendumsabstimmung vom 6. Juli 1947 mit erdrückender Mehrheit[16] angenommene AHVG auf den 1. Januar 1948 in Kraft tritt.

Bei der AHV handelt es sich um ein Versicherungswerk, welches in der Folge aus bescheidensten Anfängen zur existenzsichernden Basisversicherung ausgebaut wurde – das berühmte «Tschudi-Tempo» des mit dem AHV-Dossier betrauten Innenministers Hans-Peter Tschudi (SP, Basel) ist jedenfalls den Älteren unter uns noch bekannt. Bis 1972 wurde die AHV in rascher Folge achtmal revidiert; bis zur neunten Revision dauerte es sieben, bis zur zehnten fünfzehn Jahre. Seither liess sich nur noch die Verbesserung der Durchführung bewerkstelligen.[17] Aktuell steht die grosse «Reform der Altersvorsorge 2020» an.[18]

4. Gesellschaftliche Befriedung als Wirkung

Der Streifzug durch die Geschichte zeigt deutlich: Der Einbezug der Privaten, der privat- und sozialpartnerschaftlichen Kräfte, der Arbeitgeber und Arbeitnehmer sowie ihrer Verbände ist ein Wesensmerkmal schweizerischer Sozialversicherung. Es ist dies eine bleibende Erkenntnis aus dem Scheitern der Lex Forrer: Ohne Private geht auch in der Sozialversicherung schweizerischen Zuschnitts nichts, lassen sich tragfähige und dauerhafte Lösungen nicht verwirklichen.

III. Formen der Durchführung von Sozialversicherung

1. Unmittelbare Staatstätigkeit

Im Lichte der bisherigen Ausführungen erstaunt es nicht, dass die Durchführung von Sozialversicherung in der Schweiz durch eine Verwaltungseinheit der Staatsverwaltung, hier der Bundesverwaltung, eine seltene und heute gar nicht mehr anzutreffende Ausnahme bildet. Dies war nur für die Eidgenössische Militärversicherung der Fall, und zwar bis Ende 2005. Seither führt die SUVA die Militärversicherung als Spezialaufgabe im Auftrag des Bundes durch.

---

16   Ja-Stimmenanteil 80,0% (BBl1947 III 176); Referendumsvorlage in BBl 1947 I 1.
17   AS2011 4745.
18   BBl2015 1 (Botschaft) und 245 (Entwurf).

Diese – nunmehr historische – Ausnahme ist zudem unecht, weil das Militärversicherungsrecht, entgegen seinem Namen, wegen des fehlenden Beitragsrechts und mit Blick auf den umfassenden und ausdifferenzierten Leistungskatalog mit annähernd vollem Schadensausgleich kein Sozialversicherungszweig im engeren Rechtssinne ist.

2. Mittelbare Staatstätigkeit

Die mittelbare Staatstätigkeit zeichnet sich dadurch aus, dass die Erfüllung der staatlichen Aufgabe nicht durch eine Verwaltungseinheit der staatlichen Zentralverwaltung vorgenommen wird, sondern durch eine ausgegliederte Organisation. Dabei werden verschiedene Formen unterschieden:

a) Öffentlich-rechtliche Versicherungseinrichtungen des Bundes und der Kantone

Prototyp einer öffentlich-rechtlichen Versicherungseinrichtung des Bundes ist die Schweizerische Unfallversicherungsanstalt (SUVA) als rechts- und handlungsfähige, somit selbständige, öffentlich-rechtliche Anstalt mit sehr hoher Autonomie und Sitz in Luzern (Art. 61 UVG[19]). Aber auch die beiden Ausgleichskassen des Bundes – die Eidgenössische Ausgleichskasse (EAK; Art. 62 Abs. 1 AHVG, Art. 110 f. AHVV) und die Schweizerische Ausgleichskasse (SAK; Art. 62 Abs. 2 AHVG, Art. 113 AHVV) – gehören zu dieser Spielart mittelbarer Verwaltungstätigkeit.

Zu den Versicherungseinrichtungen der Kantone zählen insbesondere die kantonalen Ausgleichskassen (Art. 61 und 63–70 AHVG) und die Arbeitslosenkassen (Art. 77 AVIG[20]).

b) Der Beizug Privater

Im Zusammenhang mit dem Beizug Privater für die Versicherungsdurchführung bei der Staatstätigkeit hat der Gesetzgeber zwei verschiedene Gestaltungsmöglichkeiten umgesetzt. Davon sind die Aufgaben zu unterscheiden, welche das Gesetz der Arbeitgeberschaft zuweist, z.B. die Erfüllung der paritätischen Beitragspflicht (Art. 14 Abs. 1 AHVG); hier nimmt der Arbeitgeber zwar auch an der Versicherungsdurchführung teil, aber nicht als von ihm gegründeter oder beherrschter Versicherer, sondern als aussenstehendes Hilfsorgan der Versicherung.

---

[19] Bundesgesetz über die Unfallversicherung (SR 832.20).
[20] Arbeitslosenversicherungsgesetz (SR 837.0).

Bei der ersten Variante des Beizugs Privater führen Privatrechtssubjekte als privatrechtliche Versicherungseinrichtungen *direkt selber* Sozialversicherung durch. Das ist weitestgehend die Lösung für die Krankenversicherung (Art. 11 ff. KVG) und seit 1984 teilweise für die Unfallversicherung; neben der SUVA stehen seither die übrigen registrierten Unfallversicherer (Art. 68 ff. UVG), womit die lange Kontinuität seit der Gründerzeit in der zweiten Hälfte des 19. Jahrhunderts unterstrichen wird. Privatrechtssubjekte beherrschen sodann weitgehend die berufliche Vorsorge. Und auch bei den von einer Mehrheit der Kantone anerkannten privaten Familienausgleichskassen (Art. 14 lit. a FamZG[21]) handelt es sich um solche.

In der zweiten Variante gibt das Gesetz bestimmten Privatrechtssubjekten die Kompetenz, ein Durchführungsorgan der Sozialversicherung *zu gründen*. Dies ist die Lösung der Verbandsausgleichskassen, auf die nachfolgend näher einzugehen ist.

IV. Wesen der Verbandsausgleichskassen[22]

Bei den Verbandsausgleichskassen (VAK) handelt es sich nach dem soeben Ausgeführten um von Privaten gegründete öffentlich-rechtliche Versicherungseinrichtungen, für deren Schaffung an die Ausgleichsstellen der Lohn- und Verdienstersatzordnung gemäss dem bundesrätlichen Vollmachtenregime[23] des Zweiten Weltkrieges angeknüpft werden konnte. Daraus ergeben sich bedeutsame Folgen in rechtlicher Hinsicht: Die VAK haben Behördenqualität; sie sind zwar nichtstaatliche, aber quasistaatliche Behörden. Als solche sind sie an das Recht gebunden, d.h. an das Rechtsstaatsprinzip, wie es in Art. 5 Abs. 1 BV zum Ausdruck kommt: «Grundlage und Schranke staatlichen Handelns ist das Recht.»

Die VAK haben klarerweise öffentlich-rechtlichen Status; sie sind *öffentlich-rechtliche Anstalten des Bundesrechts*.[24] Sie sind demnach keine Privatrechtssubjekte; sie verdanken zwar ihre Existenz Privatrechtssubjekten (den Gründerverbänden), sind aber von diesen begrifflich, rechtlich und tatsächlich zu unterscheiden. Als Durchführungsorgane der einzelnen Sozialversicherungs-

---

21 Familienzulagengesetz (SR 836.2).

22 Vgl. zum Ganzen auch Marco Ferrari, Rechtliche Stellung und faktische Bedeutung der Verbände in der AHV, Diss. Zürich 1976, und Peter Saxer, Die AHV-Ausgleichskassen als neue Organisationsform der schweizerischen Sozialversicherung, Diss. Bern 1953.

23 Bundesratsbeschluss vom 20. Dezember 1939 über eine provisorische Regelung der Lohnausfallentschädigungen an aktivdiensttuende Arbeitnehmer (AS 55 1505).

24 Meyer (Fn. 7), N 99; Helen Monioudis, Die Organisation ausgewählter Sozialversicherungszweige und die rechtliche Stellung der Sozialversicherungsträger, Diss. Zürich, Zürich/Basel/Genf 2003, 69.

zweige nehmen sie eine im öffentlichen Interesse liegende Aufgabe wahr, und sie handeln hier hoheitlich. Der öffentlich-rechtliche Status ergibt sich auch aus der gesetzlichen Gleichstellung aller Ausgleichskassen, woran nichts ändert, dass die kantonalen Ausgleichskassen zusätzlich die Funktion einer Auffangeinrichtung haben (vgl. Art. 64 Abs. 2 AHVG).

Besteht nun zwischen Gründerverband und VAK ein prinzipieller Interessenkonflikt? Die Antwort ergibt sich unschwer aus den bisherigen Darlegungen. Die Verantwortungsträger und Angestellten der VAK dienen in ihrer täglichen Tätigkeit dem ihnen anvertrauten Versicherungswerk oder der übertragenen Aufgabe, die die jeweilige VAK erfüllt. Diese Unabhängigkeit in der Erfüllung der gesetzlichen Aufgabe sind in Lehre[25] und Rechtsprechung[26] durchwegs und ohne Abstriche anerkannt. Was das Bundesgericht im soeben erwähnten Entscheid zu den Familienausgleichskassen erwog, gilt a fortiori für die VAK selber: Sie vertreten weder die Gründerverbände noch die Arbeitgeber und verfolgen auch nicht deren Interessen; vielmehr besteht die Aufgabe der Kasse einzig darin, in unabhängiger Weise das Sozialversicherungsrecht umzusetzen. Sowenig sich eine kantonale Ausgleichskasse von ihrem Kanton in die Durchführung der originären und der übertragenen Aufgaben hereinreden lassen will und darf[27], sowenig haben sich Kassenvorstand und Kassenleiter von den Gründerverbänden sagen zu lassen, wie sie das Sozialversicherungsrecht umzusetzen haben. Gerade in dieser Unabhängigkeit liegt das Schöpferische, der bleibende rechtskulturelle Fortschritt der VAK. Es ist im Kern ein typisch schweizerischer Kompromiss: AHV/IV und übertragene Aufgaben sollen nicht einfach durch Bundesbeamte oder ausschliesslich durch kantonale Stellen vollzogen und erfüllt werden, sondern durch Institutionen, deren Existenz zwar dem freien Willen ihrer Gründungsmitglieder entspringt, die aber, einmal geschaffen, in ihrer Wirkungsweise rechtsstaatlich agieren, unabhängig und nur Gesetz und Recht verpflichtet.

---

[25]   Ueli Kieser/Marco Reichmuth, Bundesgesetz über die Familienzulagen, Praxiskommentar, Zürich/St. Gallen 2010, Art. 14 N 43 (zu Familienausgleichskassen).

[26]   BGE135 V 175 E. 6.2.2.

[27]   Vgl. BGE122 V 281.

V. Entstehung, Verfassung und Beendigung der Verbandsausgleichskassen[28]

1. Errichtung

Befugt zur Errichtung von VAK sind ein oder mehrere schweizerische Berufsverbände sowie ein oder mehrere schweizerische oder regionale zwischenberufliche Verbände von Arbeitgebern oder von Selbständigerwerbenden (Art. 53 Abs. 1 Ingress AHVG). Vorausgesetzt ist hierfür materiell, dass die Kasse voraussichtlich mindestens 2000 Arbeitgeber bzw. Selbständigerwerbende umfassen oder Beiträge von mindestens 50 Millionen Franken im Jahr einnehmen wird (Art. 53 Abs. 1 lit. a AHVG), formell, dass das bzw. die zuständige(n) Verbandsorgan(e) die Kassengründung mit Dreiviertelmehrheit beschliessen (Art. 53 Abs. 1 lit. b und Abs. 2 AHVG). Das Genehmigungsverfahren wird in Art. 56 AHVG und Art. 98 bis 99 AHVV geregelt.

Das Gesetz lässt auch die Errichtung von paritätischen Ausgleichskassen zu, indem einzelne oder mehrere Arbeitnehmerverbände, denen mindestens die Hälfte der von einer zu errichtenden oder bereits bestehenden Verbandsausgleichskasse erfassten Arbeitnehmer angehört, das Recht haben, die paritätische Mitwirkung an der Verwaltung dieser Ausgleichskasse zu verlangen (Art. 54 Abs. 1 erster Satz AHVG). Diese Errichtungsmöglichkeit ist indes toter Buchstabe geblieben, weil die Arbeitnehmerverbände infolge des geringen gewerkschaftlichen Organisationsgrades in der Schweiz weder diese noch die in Art. 54 Abs. 1 zweiter Satz AHVG erleichterten Quoren zu erfüllen vermögen.[29]

Von der Errichtung und Führung einer paritätischen Ausgleichskasse ist das in Art. 58 Abs. 2 erster Satz AHVG vorgesehene Recht von Arbeitnehmerorganisationen auf eine (Minderheits-)Vertretung im Vorstand der VAK zu unterscheiden. Voraussetzung dieses Mitspracherechts ist, dass solchen Organisationen mindestens zehn Prozent der von der Ausgleichskasse erfassten Arbeitnehmer angehören.[30]

---

[28] S. zu diesem und den folgenden Kapiteln auch die ausführliche Darstellung bei Monioudis (Fn. 24), 63 ff.

[29] Vgl. Karl Achermann, Der Arbeitgeber in der schweizerischen Sozialversicherung, SZS 1960 127.

[30] Vgl. das Verzeichnis der (seinerzeit) mitspracheberechtigten Arbeitnehmerverbände in BBl 1975 II 1536.

2. Kassenreglement

Das Kassenreglement ist die Verfassung der VAK. Art. 57 Abs. 2 AHVG legt in den lit. a bis h die obligatorisch zu regelnden Punkte fest: Sitz; Konstituierung des Kassenvorstandes; Aufgaben und Befugnisse von Kassenvorstand und Kassenleiter; interne Kassenorganisation; Konstituierung allfälliger Zweigstellen; Grundsätze der Verwaltungskostenerhebung; Beteiligung an der Sicherheitsleistung und Regelung des Rückgriffes im Rahmen der Verantwortlichkeit mehrerer Gründerverbände.

3. Organisation

Das Gesetz enthält auch hinsichtlich der Organisation eine zurückhaltende, knappe Regelung, welche der einzelnen VAK einen erheblichen Gestaltungsspielraum belässt. Im Wesentlichen schreibt das AHVG den VAK lediglich den Kassenvorstand als oberstes Organ (Art. 58 AHVG, Art. 102 ff. AHVV) und den Kassenleiter als den Geschäftsführer (Art. 59 AHVG, Art. 106 AHVV) vor, wobei bezüglich beider Organe deren Konstituierung und Aufgaben gesetzlich im Einzelnen definiert werden.

Bemerkenswert ist, dass bei den VAK sowohl die Mitglieder des Kassenvorstandes (Art. 58 Abs. 2 dritter Satz AHVG) als auch der Kassenleiter (Art. 106 Abs. 1 AHVV) schweizerische Staatsangehörige sein müssen, während analoge Vorschriften für die kantonalen Ausgleichskassen – sofern gewollt – der Regelung im kantonalen Recht bedürfen. Das Nationalitätserfordernis für Vorstandsmitglieder soll mit der Reform Altersvorsorge 2020 abgeschafft werden.[31]

Schliesslich ist darauf hinzuweisen, dass die VAK trotz ihres öffentlich-rechtlichen Status nicht dem öffentlichen Dienstrecht unterstehen. Da es sich bei ihnen zwar um Anstalten *nach Bundesrecht*, nicht aber um solche *des Bundes* handelt, ist insbesondere die Bundespersonalgesetzgebung nicht anwendbar. Vielmehr bestehen in den VAK sämtliche Arbeitsverhältnisse nach Obligationenrecht.

---

[31] BBl 2015 162.

4. Auflösung

Das Gesetz regelt nicht nur die Entstehung der VAK, sondern auch deren Auflösung (Art. 60 AHVG, Art. 107 AHVV), insbesondere in Form des Zusammenschlusses, was in den letzten Jahren angesichts der wirtschaftlichen Konzentration zunehmende Bedeutung erhielt.

5. Statistik

Bei der Schaffung des AHVG rechneten Bundesrat und Parlament wegen der geforderten Mindestgrösse für die Gründung einer VAK mit der Errichtung von rund 50 Kassen. Indes wurden auf den 1. Januar 1948 nicht weniger als 82 VAK[32] gegründet, was Fragen hinsichtlich der Praktikabilität einer so grossen Kassenanzahl aufwarf[33]. Aufgrund von 6 Gründungen (zuletzt die Ausgleichskasse swisstempcomp 2011) und 39 Auflösungen (zuletzt die Ausgleichskasse Holz Ende 2014) bestehen heute 49 VAK, womit sich die vor 1948 geäusserte Erwartung doch noch erfüllt hat. Hinzu kommen insgesamt 18 gemäss Art. 65 Abs. 1 AHVG errichtete Zweigstellen. Aufgrund von verschiedenen Personalunionen werden die 49 VAK von 36 Kassenleitern geführt. In der AHV/IV/EO nahmen die VAK im Jahr 2014 55% der Beiträge ein und richteten 32% der Leistungen aus, was ihre grosse Bedeutung in der Durchführung der Sozialversicherungen belegt.

VI. Arten von Verbandsausgleichskassen und Kassenzugehörigkeit

Das Gesetz unterscheidet bei den zur Errichtung einer VAK berechtigten Verbänden zwischen Berufsverbänden und zwischenberuflichen Verbänden (Art. 53 Abs. 1 AHVG; vgl. Art. 83 AHVV). Entsprechend bestehen *berufliche* VAK (z.B. die Ausgleichskasse Schreiner) und *zwischenberufliche* VAK (z.B. die Ausgleichskasse Zürcher Arbeitgeber); obschon eine gesetzliche Definition fehlt, können zwischen diese beiden Arten die VAK *der Branchenverbände* gestellt werden (z.B. die Ausgleichskasse für das Bankgewerbe). Dieser Einteilung kommt rechtlich nur eine geringe Bedeutung zu.[34] Immerhin war gemäss der ursprünglichen Fassung von Art. 84 AHVV eine gemeinsame Kassenerrichtung nur durch mehrere Berufsverbände *oder* durch mehrere zwischenberuf-

---

[32] Vgl. das (aufgrund der bereits erfolgten Auflösung von vier Kassen nicht vollständige) Verzeichnis in BBl1950 II 393.

[33] So etwa Binswanger (Fn. 4), Art. 53 N 3, und ZAK1948 165 f.

[34] Binswanger (Fn. 4), Art. 53 N 2c.

liche Verbände zulässig; da dies die Fusion von VAK erschwerte, kann nach der seit 2013 gültigen Fassung eine VAK auch gemeinsam von einem Berufsverband *und* einem zwischenberuflichen Verband gegründet bzw. geführt werden.

Praktisch bedeutsam sind die Kassenarten im Zusammenhang mit der *Kassenzugehörigkeit.* Gemäss Art. 64 Abs. 1 AHVG werden den VAK alle Arbeitgeber und Selbständigerwerbenden angeschlossen, die Mitglied eines Gründerverbands sind; wer sowohl einem Berufsverband als auch einem zwischenberuflichen Verband angehört, kann sich nach freier Wahl der Kasse eines der beiden Verbände anschliessen.[35] Bei doppelter Verbandszugehörigkeit ist der Kassenwechsel nur alle fünf Jahre möglich (Art. 117 Abs. 1 AHVV).[36] Aus dem Gesagten folgt, dass ein «Wettbewerb» um beitragsseitig gute Risiken nicht nur zwischen den VAK und den kantonalen Ausgleichskassen (die gemäss Art. 64 Abs. 2 AHVG als Auffangkassen fungieren), sondern auch zwischen den verschiedenen Arten von VAK besteht. In diesem Zusammenhang ist zu beachten, dass die Schaffung von VAK aus Durchführungsgründen erfolgte, um die Wirtschaft für die AHV zu gewinnen, und nicht dazu, dass die verschiedenen Verbände über «ihre» Kassen Partikularinteressen verfolgen. So vermag denn auch gemäss Art. 121 Abs. 2 AHVV der Erwerb einer (weiteren) Verbandsmitgliedschaft den Anschluss an die betreffende VAK nicht zu begründen, wenn er ausschliesslich zu diesem Zweck erfolgt ist und kein anderes wesentliches Interesse an der Verbandsmitgliedschaft nachgewiesen ist.[37]

VII. Aufgaben der Verbandsausgleichskassen

1. Übersicht

Neben den Aufgaben gemäss AHV-Gesetz können den Ausgleichskassen durch den Bund und, mit Genehmigung des Bundesamtes, durch die Kantone und die Gründerverbände weitere Aufgaben übertragen werden (Art. 63 Abs. 4 AHVG, Art. 130–132 AHVV). Bei deren Systematisierung wird zwischen originären und übertragenen Aufgaben unterschieden. Zu den originären Aufgaben gehören die durch das AHVG selber und andere Bundesgesetze den VAK zuerkannten Aufgaben auf dem Gebiet des Sozialversicherungsrechts. Dagegen fällt die Zuweisung von Aufgaben durch andere Bundesgesetze ausserhalb der Erfüllung von Aufgaben sozialversicherungsrechtlicher Natur im engeren Sinne in den

---

[35] Bundesrat und Nationalrat sahen demgegenüber vor, dass in solchen Fällen der Anschluss an die *berufliche* Kasse zu erfolgen habe, konnten sich jedoch gegen den Ständerat nicht durchsetzen (*Binswanger* [Fn. 4], Art. 64 N 1b).

[36] Sog. «Flugjahr» (so 2016).

[37] Vgl. BGE 139 V 58.

Bereich der übertragenen Aufgaben, zusammen mit den Übertragungen durch die Gründerverbände und die Kantone. Die Behördenqualität und der öffentlich-rechtliche Status mit Bindung an Verfassung und Gesetz gelten für alle VAK-Aufgaben.

2. Originäre Aufgaben

a) Alters- und Hinterlassenenversicherung (AHV)

Originäre Hauptaufgabe der VAK ist die Durchführung der AHV. Die VAK entscheidet (mit Verfügung) über das Anschlussrecht und die Anschlusspflicht von Mitgliedern und legt deren Beitragsstatus fest. Sie setzt die AHV-Beiträge fest, zieht diese ein und rechnet darüber mit den Mitgliedern ab. Sie berechnet die AHV-Renten und richtet diese aus. Die VAK richtet die AHV-Hilflosenentschädigung aus. Sie rechnet über die bezogenen Beiträge und die ausgerichteten Leistungen mit der Zentralen Ausgleichsstelle (ZAS) ab. Endlich führt sie die individuellen Konten der Mitglieder und ihrer Arbeitnehmer (Art. 63 Abs. 1 lit. a–g AHVG).

b) Invalidenversicherung (IV)

In der IV obliegen der VAK im Beitragsbereich dieselben Aufgaben wie in der AHV. Darüber hinaus wirkt sie bei der Abklärung der versicherungsmässigen Voraussetzungen mit. Sie berechnet die IV-Renten und IV-Taggelder und richtet diese aus, ebenso die IV-Hilflosenentschädigungen (Art. 60 Abs. 1 lit. a–c und Abs. 2 IVG[38]).

c) Erwerbsersatzordnung (EO)

Die VAK setzt die EO-Beiträge fest, zieht diese ein und rechnet darüber mit den Mitgliedern ab. Sie setzt die EO-Taggelder an Dienstleistende sowie Mütter fest und richtet die Taggelder aus. Sie rechnet über die bezogenen Beiträge und die ausgerichteten Leistungen mit der ZAS ab (Art. 21 Abs. 1 EOG[39]).

---

[38] Bundesgesetz über die Invalidenversicherung (SR 831.20).
[39] Erwerbsersatzgesetz (SR 834.1).

d) Arbeitslosenversicherung (ALV)

In der Arbeitslosenversicherung nimmt die VAK das Inkasso der ALV-Beiträge wahr; sie zieht diese ein und überweist sie an die Zentrale Ausgleichsstelle (Art. 86 AVIG).

3. Übertragene Aufgaben

a) Vom Bund übertragene Aufgaben

Unter die vom Bund an die Ausgleichskassen übertragenen Aufgaben fallen die Anschlusskontrolle in der obligatorischen beruflichen Vorsorge (Art. 11 Abs. 4 BVG[40]) sowie die Rückverteilung der CO2-Abgabe (Art. 36 Abs. 3 CO2-Gesetz, Art. 125 CO2-Verordnung[41]).

b) Von den Gründerverbänden übertragene Aufgaben

Zu den von den Gründerverbänden übertragenen Aufgaben gehören insbesondere die Führung von Familienausgleichskassen und von Einrichtungen der beruflichen Vorsorge, ferner weitere Aufgaben wie das Inkasso der von den Mitgliedern dem Gründerverband geschuldeten Beiträge.

Hinsichtlich der *Familienausgleichskassen* (FAK), welche die meisten VAK schweizweit oder zumindest in einzelnen Kantonen führen, kann die Frage nach dem öffentlich-rechtlichen Charakter m.E. nicht anders beantwortet werden als in Kap. IV für die VAK selber. Zwar hat das Bundesgericht in einem nicht in der amtlichen Sammlung publizierten Urteil erwogen, es handle sich bei den FAK – jedenfalls bei den gemäss Art. 14 lit. c FamZG von den VAK geführten – in der Regel um juristische Personen des Privatrechts.[42] Demgegenüber wird in der Lehre zu Recht die Frage aufgeworfen, warum die FAK nicht den gleichen Status wie die AHV-Ausgleichskassen haben sollen.[43] Die Annahme einer juristischen Person des Privatrechts hätte beispielsweise zur Folge, dass Art. 43 Ziff. 1 SchKG[44] für FAK nicht gelten würde, wonach im öffentlichen Recht begründete Forderungen öffentlicher Kassen nicht auf Konkurs betrieben werden können[45]; dies wiederum würde bedeuten, dass die VAK

---

[40] Bundesgesetz über die berufliche Alters-, Hinterlassenen- und Invalidenvorsorge (SR 831.40).
[41] SR 641.71 und 641.711.
[42] Urteil 8C_881/2008 E. 6.4.2 = SVR2009 FZ Nr. 3.
[43] Kieser/Reichmuth (Fn. 25), Art. 14 N 42.
[44] Bundesgesetz über Schuldbetreibung und Konkurs (SR 281.1).
[45] BGE125 III 250.

Forderungen aus dem AHVG und Forderungen aus dem FamZG gegenüber einem im Handelsregister eingetragenen Schuldner nicht gemeinsam in Betreibung setzen könnten, weil die AHV-Forderung gemäss Art. 15 Abs. 2 AHVG auf Pfändung, die FamZG-Forderung hingegen auf Konkurs ginge, was unverhältnismässigen Mehraufwand nach sich zöge. Vielmehr ist eine von einer VAK gegründete FAK, selbst wenn sie in privatrechtliche Form (z.B. als Verein) gekleidet ist, öffentlich-rechtlicher Natur, weil sie, wie die VAK selber, der sie ihre Existenz verdankt, in hoheitlicher Art mit Verfügungsbefugnis (Art. 15 Abs. 1 lit. c FamZG) an der Sozialversicherungsdurchführung mitwirkt.

c) Von den Kantonen übertragene Aufgaben

Schliesslich können auch die Kantone den VAK Aufgaben übertragen, wovon insbesondere in der lateinischen Schweiz Gebrauch gemacht wird.[46] Typischerweise beschränkt sich die Aufgabe der Kassen auf das Beitragsinkasso, doch ist wie hinsichtlich der Mutterschaftsversicherung des Kantons Genf auch die Verpflichtung zur Leistungsausrichtung nicht ausgeschlossen.

Die Übertragung der Aufgaben erfolgte für die soeben erwähnte Mutterschaftsversicherung sowie den Berufsbildungsfonds des Kantons Tessin an die VAK selber, in den übrigen Fällen jedoch an die von ihnen geführten Familienausgleichskassen. Der Hauptgrund liegt darin, dass sich die Beitragspflicht auf die im jeweiligen Kanton tätigen Personen beschränkt, eine Ausscheidung der Einkommen jedoch nur von den FAK vorgenommen werden muss (vgl. Art. 12 Abs. 2 FamZG), während dies aufgrund des einheitlichen Beitragssatzes in der AHV/IV/EO nicht von Belang ist. Für eine einheitliche Handhabung der Voraussetzungen für die Übertragung einer Aufgabe ungeachtet der beauftragten Versicherungseinrichtung hat das BSV 2014 die bei Fn. 6 erwähnten Weisungen (WÜWA) erlassen.

---

[46] Arbeitslosenhilfsfonds (LU), Berufsbildungsfonds (FR, GE, JU, NE, TI, VD, VS, ZH), Ergänzungsleistungen für Familien und Überbrückungsrenten (VD), Familienfonds (VS), Fonds für Tagesbetreuungsstrukturen (FR, NE, VD), Integrationszulagen (TI), Mutterschaftsversicherung (GE), Sozialfonds (SH).

VIII. Verbandsausgleichskassen im Verfahren

1. Administrativverfahren und Verfügung

Die VAK leitet, auf Anmeldung (Gesuch) hin oder von Amtes wegen (insbesondere nach Eingang der Steuermeldung), das Administrativverfahren (Verwaltungsverfahren) nach Massgabe des ATSG[47] bis zum Erlass der formlosen Mitteilung oder der förmlichen Kassenverfügung. Sie ist in diesem Verfahren nicht Partei, sondern Behörde, verpflichtet, kraft Untersuchungsgrundsatz und Rechtsanwendung von Amtes wegen den rechtserheblichen Sachverhalt objektiv und neutral abzuklären und zu beurteilen.[48]

2. Einspracheverfahren und Einspracheentscheid

Die Behördenqualität behält die VAK auch, wenn sie auf erfolgte Einsprache hin die angefochtene Verfügung zu überprüfen und allenfalls neu zu beurteilen hat. Es findet ein Einparteienverfahren mit dem Einsprecher als Partei vor der VAK als Behörde statt. Bedeutete die Einführung der Einsprache 2003 für die Ausgleichskassen eine grosse Neuerung, kann zwölf Jahre später festgehalten werden, dass sich das Einspracheverfahren in der AHV voll bewährt hat.

3. Besonderheiten im Verfahren um die Kassenzugehörigkeit[49]

Sind sich zwei Ausgleichskassen über die Zugehörigkeit eines Arbeitgebers oder Selbständigerwerbenden uneins, entfällt diesbezüglich die Verfügungszuständigkeit. Keine Ausgleichskasse ist der anderen unter- oder übergeordnet, was nicht nur im Verhältnis der VAK unter sich, sondern auch im Verhältnis zu den kantonalen Ausgleichskassen gilt. Solche Streitigkeiten entscheidet das BSV mittels Verfügung (ohne Einspracheverfahren), welche der Beschwerde an das Bundesverwaltungsgericht in St.Gallen und abschliessend der Beschwerde in öffentlich-rechtlichen Angelegenheiten an das Bundesgericht in Luzern unterliegt.[50]

---

[47] Mit einigen wenigen Abweichungen.
[48] Vgl. BGE136 V 376.
[49] Vgl. zur Kassenzugehörigkeit Kap. VI.
[50] GE141 V 191,139 V 58.

4. Gerichtsverfahren

Mit dem Übergang ins gerichtliche Verfahren, d.h. mit der Einreichung einer Beschwerde gegen einen Einspracheentscheid und der dadurch begründeten gerichtlichen Rechtshängigkeit (Litispendenz), macht die VAK einen Funktionswandel durch: sie wird – im formellen Sinne – Partei mit allen damit verbundenen Rechten und Pflichten.

Seit dem per Ende 2002 erfolgten Wegfall der Klage in Schadenersatzverfahren nach erfolgtem Einspruch gegen die entsprechende Verfügung[51] befindet sich die VAK vor dem kantonalen Versicherungsgericht stets in der Situation der Gegenpartei (im formellen Sinne).

Im Verfahren vor dem Bundesgericht kann die VAK demgegenüber Beschwerdeführerin oder Beschwerdegegnerin sein. Dabei ist die Beschwerdeberechtigung nicht an die Voraussetzungen der Individualbeschwerde gebunden. Vielmehr räumt das Bundesrecht der VAK ein spezielles, von deren Anforderungen unabhängiges Beschwerderecht ein (Art. 89 Abs. 2 lit. d BGG[52] i.V.m. Art. 201 AHVV), von dem sie immer dann Gebrauch machen kann, wenn sie der Überzeugung ist, ein kantonaler Gerichtsentscheid verletzte objektives Bundesrecht.

5. Aufsichtsverfahren

Die VAK untersteht der Aufsicht durch das BSV gemäss Art. 72 AHVG. Es handelt sich nicht um eine auf den einzelnen Funktionär oder Angestellten der Kasse ausgerichtete Dienstaufsicht, sondern ihrem rechtlichen Wesen nach um eine Verbandsaufsicht[53], welche die VAK als Durchführungsorgan der AHV im Blick hat. Das Bundesamt übt die Aufsicht durch die Verwaltungsweisungen (Kreisschreiben, Wegleitungen usw.) allgemein aus, kann die VAK aber auch im Einzelfall dazu verpflichten, durch Erlass einer Verfügung einen Versicherungsfall oder ein sonstiges Rechtsverhältnis in bestimmter Weise zu regeln. Sogar die Rücknahme einer rechtsbeständig gewordenen Verfügung kann das

---

[51]   Hierzu Marco Reichmuth, Die Haftung des Arbeitgebers und seiner Organe nach Art. 52 AHVG, Diss. Freiburg, Zürich/Basel/Genf 2008, Rz. 914 ff.

[52]   Bundesgerichtsgesetz (SR 173.110).

[53]   Bei dem Wort «Verbandsaufsicht» handelt es sich um einen *terminus technicus*, der im Kontext insofern der Klärung bedarf, als hier mit «Verband» die Ausgleichskasse bezeichnet wird, nicht etwa der Gründerverband der VAK.

BSV den Ausgleichskassen vorschreiben[54], allerdings nur, wenn die Voraussetzungen für eine prozessuale Revision oder Wiedererwägung (Art. 53 Abs. 1 und 2 ATSG) erfüllt sind.

IX. Haftung der Gründerverbände

Die Haftung der Gründerverbände nach Art. 70 AHVG ist das Korrelat zur gesetzlich eingeräumten Kompetenz, eine VAK ins Leben rufen zu können. Eine entsprechende Haftung trifft auch den Bund (für die EAK und SAK) sowie die Kantone (für die kantonalen Ausgleichskassen). Die Gründerhaftung hat in den Anfängen der AHV ab 1948 und noch bis in die Achtzigerjahre des letzten Jahrhunderts hinein eine gewisse Rolle gespielt. Heute hat sie praktisch rein präventiven Charakter; der letzte vom Bundesgericht materiell beurteilte und amtlich publizierte Fall stammt aus dem Jahr 1980[55]. Es handelt sich um eine Verschuldenshaftung aus öffentlichem Recht; Haftungsvoraussetzungen sind Schaden, Widerrechtlichkeit, Kausalität und qualifiziertes Verschulden (strafbare Handlung, Absicht oder grobe Fahrlässigkeit; Art. 70 Abs. 1 AHVG).

Von dieser Haftung für die der AHV von einer Ausgleichskasse verursachten Schäden sind namentlich jene Fälle zu unterscheiden, in denen ein Arbeitgeber die AHV schädigt (Art. 52 AHVG) oder in denen die Ausgleichskasse bei einem Versicherten oder einem Dritten einen Schaden verursacht (Art. 78 ATSG).[56] Für die Deckung des Risikos einer Haftung nach Art. 70 AHVG oder Art. 78 ATSG haben die Gründerverbände eine Sicherheitsleistung zu erbringen (Art. 55 AHVG, Art. 92–97 AHVV).

X. Ausblick

Die VAK als Durchführungsorgane der AHV haben eine sozialpolitische Erfolgsgeschichte geschrieben. Sie sind ein wichtiges Wesens- und Strukturelement von Sozialversicherung schweizerischer Prägung, um die uns das Ausland beneidet: Tiefe Verwaltungskosten, zahlbare Renten, trotz zum Teil ungünstigen rechtlichen Rahmenbedingungen (wie etwa die Folgen der Unternehmenssteuerreform II[57]) immer noch stabile Beitragsaufkommen, insbesondere eine wachsende Lohnsumme, sind Erfolge, die weltweit ihresgleichen

---

[54]   Vgl. z.B. das Urteil 9C_793/2013 E. 3.1.
[55]   BGE106 V 204. Für die Haftung gegenüber der Invalidenversicherung vgl. ZAK1986 515, gegenüber der Erwerbsersatzordnung vgl. BGE 139 V 422.
[56]   Vgl. Reichmuth (Fn. 51), Rz. 119 ff.
[57]   Vgl. zur Problematik BBl 2015 135 (Reform Altersvorsorge 2020) sowie BBl 2015 5103, 5129 und 5159 (Unternehmenssteuerreform III).

suchen. Damit dies auch in Zukunft so bleibt, ist einerseits gesetzgeberischer Handlungsbedarf angesagt. Andererseits ist das Jahrhundertversicherungswerk der AHV in die Hände der Durchführungsorgane gelegt, so auch der VAK. Tragen diese dazu Sorge, wie in den vergangenen 68 Jahren, dann werden die AHV, die Ausgleichskassen- und die VAK-Lösung im Besonderen auch das 21. Jahrhundert begleiten und überdauern.

Tatfrage – Rechtsfrage

Die Abgrenzung von Tat- und Rechtsfragen ist die erste und elementarste Unterscheidung, welche die rechtsanwendende Person zu treffen hat. Die korrekte Feststellung der rechtserheblichen Tatsachen ist folglich für den Ausgang administrativer und gerichtlicher Verfahren im Allgemeinen von primordialer Bedeutung, namentlich auch im Sozialversicherungsrecht, wo die medizinischen Aspekte eine besondere Rolle spielen. Der Praktiker ist daher gut beraten, die Grundsätze des funktionellen Instanzenzuges zu beachten: zulässige Rügen, Kognition und Beweisrecht.

I. Einleitung[1]

Die Sozialversicherungsrechtspflege zeichnete sich während nahezu hundert Jahren dadurch aus, dass der obersten Gerichtsinstanz, dem Eidgenössischen Versicherungsgericht,[2] in Prozessen um Leistungen nicht nur *Rechts*– sondern auch *Tat*- und *Angemessenheitsrügen* unterbreitet werden konnten, wobei *keine* Bindung an die Beschwerdeanträge bestand.[3] Dementsprechend musste sich das EVG über den tatsächlichen oder rechtlichen Charakter der ihm unterbreiteten Rügen keine näheren Gedanken machen: so oder anders waren sie zulässig und, soweit prozessual gehörig vorgetragen, von ihm zu prüfen und zu beurteilen.[4] Seit der Vollintegration in das Bundesgericht ab 1.1.2007[5]

---

[1]   Leicht überarbeitete und aktualisierte Fassung des am 23.10.2014 vor dem Luzerner Zentrum für Sozialversicherungsrecht (LuZeSo) gehaltenen Vortrages Tatfrage – Rechtsfrage, publiziert in: Gabriela Riemer-Kafka (Hrsg.), Grenzfälle in der Sozialversicherung, Luzerner Beiträge zur Rechtswissenschaft, Bd. 94, Schulthess, Zürich 2015, S. 83 ff.

[2]   Das EVG existierte vom 1.12.1917 bis 31.12.2006. Seit der Fusion mit dem Bundesgericht zum 1.1.2007 sind an seine Stelle die I. und II. sozialrechtliche Abteilung mit Standort in Luzern getreten.

[3]   Art. 132 lit. a–c OG, in der bis 30.6.2006 bzw. 31.12.2006 in Kraft gestandenen Fassungen. Die umfassende Kognition des EVG, welche es selbst nach der Teilintegration in die Bundesrechtspflege 1968/69 beibehielt, lässt sich nur dadurch erklären, dass der Bundesgesetzgeber gegenüber den Kantonen bezüglich der gerichtlichen Zusprechung von Leistungen aus der Bundessozialversicherung die Zügel nicht aus der Hand geben, sondern der oberste Hüter sparsamer Mittelverwendung sein wollte – ein früher und aussagekräftiger Beleg für die Wichtigkeit von Tat- und Angemessenheitsfragen im Sozialversicherungsprozess. In der aus dem allgemeinen Bundeshaushalt finanzierten Militärversicherung hatte der Gesetzgeber die Einschaltung kantonaler Gerichte als erste Rechtsmittelinstanzen sogar erst im Übergang vom MVG 1901 zum MVG 1949 vollzogen.

[4]   Die Abgrenzung Tat-/Rechtsfrage stellte sich nur ausserhalb von Prozessen um Versicherungsleistungen, in Erlass-, Beitrags-, Haftungs- und (reinen) Verfahrensstreitigkeiten, vgl. etwa BGE 98 V 274, 100 V 151, 102 V 245, 104 V 61, 110 V 25, 112 V 97.

[5]   Inkrafttreten des Bundesgerichtsgesetzes (BGG; SR 173.110).

ist auch die Sozialgerichtsbarkeit auf eine *Rechtskontrolle* beschränkt.[6] Dabei handelt es sich zweifellos um die *wichtigste Änderung* für die letztinstanzliche Sozialrechtspflege.[7] Dem Gericht stellt sich seither auch in der Sozialversicherung die Aufgabe, Tat- von *Rechts*fragen abzugrenzen.[8] Dabei zeigt sich, wie wichtig und verfahrensentscheidend Tatfragen im Allgemeinen und besonders im Sozialversicherungsrecht sind. Prozesse werden nur selten aus rechtlichen Gründen gewonnen, aber oft aus tatsächlichen Gründen verloren.

II. Grundlagen

1. Rechtswissenschaft als reine Sollenswissenschaft?

Recht, heisst es, ist eine Kategorie des *Sollens* und *nicht* des *Seins*, *Rechtswissenschaft* demnach eine *Sollenswissenschaft*. Die Universitäten lehren sie als solche. Der Student, die Studentin lernt mit Fleiss zahllose Begriffe, Prinzipien, Institutionen und Verfahren: Verfassung, Grundrechte, Gesetz, Staatsorganisation im öffentlichen Recht, Privatautonomie, Rechtsgeschäft, Haftung und vieles andere mehr im Privatrecht, über allem und in allem verwoben die Grundsätze juristischer Methodik, Auslegung und Hermeneutik. Dies juristische Rüstzeug erfolgreich erworben, denkt der Jurist, die Juristin sich in der Lage, auf Rechtsfragen die richtige Antwort geben zu können. Was diese Übungsanlage *nicht* berücksichtigt, sind die *Tatfragen*. Stiefmütterlich behandelt sie die Doktrin; denn sie zählen – wie überhaupt die Realien – nicht zur Kategorie des Rechts, weshalb der universitäre Kanon ihre Strophe nicht kennt. Dies ganz zu Unrecht, aus drei Gründen: Erstens sind Tatfragen *viel häufiger* als Rechtsfragen. Das ist selbst am Bundesgericht so. Zuverlässige Schätzungen aus den sieben Abteilungen lauten etwa auf einen Vierfünftel-Anteil der Tatfragen an den beschwerdeweise erhobenen Rügen, selbst im Zivilrecht. Und von den gegen achttausend Urteilen, welche das Bundesgericht jährlich fällt, ergehen *weniger als 10 Prozent in Fünferbesetzung*, welche der Entscheidung über Rechtsfragen von *grundsätzlicher* Bedeutung vorbehalten sind,[9] nämlich 571 von 7695 Urteilen.[10] Tatfragen sind zweitens in der juristischen Praxis auch in dem Sinne *wichtiger* als Rechtsfragen, als sie, je

---

[6]   Art. 97 Abs. 1, Art. 105 Abs. 1 und 2 BGG vorbehältlich der Prozesse um Geldleistungen der Unfall- und Militärversicherung, Art. 97 Abs. 2, Art. 105 Abs. 3 BGG.

[7]   Meyer Ulrich, Der Einfluss des BGG auf die Sozialrechtspflege, Die sozialrechtlichen Abteilungen am Standort Luzern als Nachfolgeorganisation des EVG, in: Gächter Thomas/Hrsg.), Ausgewählte Schriften, Zürich 2013, 422.

[8]   Grundlegend BGE 132 V 393, der ständige Rechtsprechung geworden ist.

[9]   Art. 20 Abs. 2 BGG.

[10]   Geschäftsbericht des Bundesgerichts 2015, 25.

nachdem, wie die Antwort ausfällt, *unmittelbar verfahrens- oder prozessentscheidend* sind. Drittens und vor allem: *Jede Rechtsfrage konfrontiert den* Rechtsanwender zunächst und notwendigerweise mit der *Seinsebene*, mit den Tatsachen, mit dem juristischen Fall: *Was ist passiert?*

2. Juristischer Fall

Das Recht, die Norm, die einzelne Bestimmung, der allgemeine Rechtsgrundsatz – sie blieben stumm und toter Buchstabe, wenn nicht auf der Seinsebene etwas passierte, sich eben ein rechtlich interessierender Fall ereignete. Man kann dies nicht besser zum Ausdruck bringen als *Max Gutzwiller* 1975 in seinem Beitrag zum hundertjährigen Bestehen des Bundesgerichts, «Der juristische Fall».[11] «Überall, wo ein juristischer ‹Fall› auftritt, sich ereignet, ‹vorfällt›, handelt es sich um einen Einbruch in, einen Zusammenstoss mit, eine Veränderung von unbehelligtem Ablauf sozialer Gegebenheit.» Darin liegt die *potenzielle Sprengkraft eines jeden Falles* i.S. des sich verwirklichenden Lebenssachverhaltes. Oder, mit *Hans Huber* zu sprechen: «Der Fall ist es, welcher die Auslegungsfrage aufwirft, nicht der Gesetzestext.»[12] Daher rührt es, dass es einem als Richter, wenn man denn seinen Beruf liebt, *nie langweilig* werden kann. Die Aufgabe, den Seinskonflikt daraufhin zu prüfen, welche Folgen er auf der Sollensebene bewirkt, ist, im ursprünglichen Sinne des Wortes, *spannend.* Das Leben ist ein unerschöpfliches Reservoir für Querelen und Meinungsverschiedenheiten: «Der Mensch, dieser lederne Sack voller Kniffe und Pfiffe», reimte *Wilhelm Busch.* Die *Neugier* der Gerichtsperson ist das *Elixier*, mit welchem dieser Spannungslage beizukommen, sie aufzulösen und einem guten Ende zuzuführen ist. Je neugieriger, umso besser: Um was geht es wirklich in der Sache? In diesem Sinne gibt es *keinen schöneren Beruf als den des Richters, der Richterin.* Gegen Überraschungen ist man nie gefeit. Wer das Dossier aufschlägt und zu lesen beginnt, weiss nie, was sich für eine juristische Aufgabe stellt: die Prüfung eines umstrittenen Sachverhaltes, welcher von den Parteien unterschiedlich dargestellt wird, die Würdigung eines aktenmässig ausgewiesenen Verhaltens im Hinblick auf eine verfügte Sanktion, die erstmalige Auslegung einer Gesetzesbestimmung mit Leitcharakter für die Praxis, die Antwort auf festgestellte Widersprüche in den Normtexten oder entdeckte Regelungslücken, sei es durch Gewehr bei Fuss stehen mit dem Hinweis an den Gesetzgeber, es sei an ihm, dem unbefriedigenden Rechtszustand abzuhelfen und für

---

11 Gutzwiller Max, Der juristische «Fall», in: Erhaltung und Entfaltung des Rechts in der Rechtsprechung des Schweizerischen Bundesgerichts, Festgabe der schweizerischen Rechtsfakultäten zur Hundertjahrfeier des Bundesgerichts, Basel 1975, 9.
12 Huber Hans, Über die Konkretisierung der Grundrechte, in: Gedenkschrift für Max Imboden, Basel/Stuttgart 1972, 197.

eine gerechte Lösung zu sorgen, sei es andererseits durch gerichtliche Lückenschliessung und damit einhergehende Fortbildung der gesetzlichen Regelung. *Das alles kann ein Fall in sich bergen.*

3. Beweisrecht

Die *Abgrenzung* von *Tatfragen* und *Rechtsfragen* ist somit die *erste, elementarste Unterscheidung*, welche die rechtsanwendende Person zu treffen hat. Sie ist unausweichlich, rechtlich geboten, in jedem Verfahren und in jedem Prozess vorzunehmen. Das *Bindeglied*, welches Tatfragen und Rechtsfragen, *Tatsachen und Rechtssätze miteinander verknüpft*, das Instrument, welches den Chor der sich stellenden Tat- und Rechtsfragen und die Antworten darauf zu harmonischem Klingen bringt, ist das *Beweisrecht*. Nur über Tatsachen wird Beweis geführt. Es kam, zumindest früher, an der Universität nur am Rande zur Sprache.

Einer der ersten Fälle, den ich 1981 am EVG, zwar blutiger Anfänger – «Sekretär Meyer» stand unter den Urteilen –, aber schon weitgehend selbständig, zu bearbeiten hatte, betraf den Buchhalter U.F.:[13] Entlöhnt mit einem Jahresgehalt von zuletzt 60 000 Franken entliess ihn der Arbeitgeber aus wirtschaftlichen Gründen. Ab 1. Oktober stempelte er, am 10. Oktober wies ihm das Arbeitsamt eine Stelle als Buchhaltungsleiter in einer Firma zu, welche ihm ein Salär von 50 000 Franken offerierte. Zu einer Anstellung kam es nicht, weil U.F. – laut Darstellung des arbeitsamtlich zugewiesenen Betriebs – beim Vorstellungsgespräch vom 13. Oktober einen Lohn von mindestens 70 000 Franken gefordert habe, was für die Firma nicht erfüllbar gewesen sei. Die Arbeitslosenkasse stellte daher U.F. wegen Nichtannahme einer zumutbaren Arbeit unter Annahme eines mittelschweren Verschuldens für 20 Tage im Taggeldbezug ein.[14] Im nachfolgenden Beschwerdeverfahren war zunächst einzig streitig, auf wessen Verhalten es zurückzuführen war, dass eine Anstellung nicht zustande kam. Dass die angebotene mit 50 000 Franken entlöhnte Stelle eine *zumutbare* Arbeit im Sinne der Gesetzgebung über die Arbeitslosenversicherung war – diese *Rechtsfrage* war unbestritten zu bejahen. *Entscheidend* war allein die *Tatfrage*, ob der Versicherte U.F. durch sein Verhalten den Einstellungstatbestand der Ablehnung einer zumutbaren Arbeit erfüllt hatte. Wann ist nun der Beweis hiefür geleistet? Ich wusste es nicht, tastete mich durch die Rechtsprechung – alles ausschliesslich in Papierform, nebst den Bundesgerichtsentscheidungen (BGE; Bd. V, bis 1969 Entscheidungen des EVG [EVGE]) schwere schwarze Folianten («Interne Sammlung»), keine EDV, keine Urteilsdatenban-

---

[13]   ARV 1982 Nr. 5 41.
[14]   Heute Art. 30 Abs. 1 lit. d AVIG; Art. 45 Abs. 3 lit. b AVIV.

ken, keine Volltextsuche. Endlich fand sich der Satz bei Altmeister *Alfred Maurer*: Der Richter (oder die verfügende Verwaltungsinstanz) darf eine Tatsache nur dann als bewiesen annehmen, wenn er (oder sie) von ihr *überzeugt ist*.[15] Aber *wann* ist er überzeugt? Bei welchem Beweisgrad? Bei *vollem* Beweis gemäss Zivil- und Strafprozessrecht doch wohl kaum in Anbetracht, dass die Sozialversicherung als Massenverwaltung[16] damit überfordert wäre.

Der alte EVGE 1966 S. 244 E. 2c in fine mit Hinweisen, nach langem Suchen aufgestöbert, gab die Antwort: Der Sozialversicherungsrichter hat seinen Entscheid, sofern das Gesetz nicht etwas Abweichendes vorsieht,[17] zumindest nach dem *Beweisgrad der überwiegenden Wahrscheinlichkeit* zu fällen. Diese Regel führte einen Schritt weiter zur Falllösung: Eine eventualvorsätzliche Ablehnung zumutbarer Arbeit durfte als bewiesen betrachtet werden, da U.F., selbstbewusst und seiner Marktchancen nicht bange, selber zu Protokoll erklärt hatte: «Es kann ja nicht die Meinung sein, dass man eine Stelle annimmt, ohne andere pendente Offerten nicht zuerst zu prüfen (...).» *Dieser* Sachverhalt und *nur dieser* – *keine ausdrückliche* Ablehnung der angebotenen Arbeit – war bewiesen. Verstiess U.F. damit gegen seine Schadenminderungslast im Rahmen des gesetzlichen Einstellungstatbestandes? Ja, sofern diese – was Rechtsfrage ist – die Obliegenheit umfasst, bei Verhandlungen mit einem potenziellen Arbeitgeber nicht einfach passiv das Ergebnis der Bewerbung abzuwarten, sondern die Bereitschaft zum Abschluss des Vertrages klar und eindeutig zu bekunden, um die Beendigung der Arbeitslosigkeit nicht zu gefährden. Auf diesem rechtlichen Hintergrund bot *der konkrete Fall, der Fall des U.F.*, Anlass, die bisherige *Rechtsprechung weiterzuentwickeln* und die *Rechtsregel* zu formulieren: Eine Ablehnung zumutbarer Arbeit liegt nicht nur dann vor, wenn der Versicherte eine Stelle *ausdrücklich zurückweist*, sondern *auch* dann, wenn er eine *nach den Umständen gebotene ausdrückliche Annahmeerklärung* unterlässt. Hierin liegt eine *teleologisch-systematische Auslegung* des gesetz-

---

[15]   Maurer Alfred, Schweizerisches Sozialversicherungsrecht, Bern 1979, 439.

[16]   BGE 139 V 570 E. 3.1.

[17]   Namentlich der *Sicherheitsbeweis* in der *Militärversicherung* (Art. 5 Abs. 2 lit. a und b MVG; BGE 105 V 225 E. 4a, b), die *neuanmeldungsrechtliche Glaubhaftmachung* (Art. 87 Abs. 3 und 4 IVV; BGE 130 V 64), der *volle* Beweis bei der *Kontenberichtigung* (Art. 141 Abs. 3 AHVV; BGE 117 V 261). – Bisweilen weicht auch die *Rechtsprechung* vom sozialversicherungsrechtlichen Regelbeweisgrad der überwiegenden Wahrscheinlichkeit ab, wenn sich dies *von der Natur des Beweisgegenstandes oder der Beweislage her* gebietet: BGE 119 V 7 (*voller* Beweis hinsichtlich der für die bestrittene Rechtzeitigkeit eines Rechtsmittels *im gerichtlichen Prozess* erforderlichen Tatsachen, *nicht* aber bezüglich Verfügungszustellung im *Verwaltungsverfahren* als Teil der Massenverwaltung, vgl. BGE 121 V 5); BGE 112 V 242 E. 1 (*klar ausgewiesener* Sachverhalt im Zusammenhang mit der selbstverschuldeten Arbeitslosigkeit [Art. 30 Abs. 1 lit. a AVIG, Art. 44 AVIV], wenn Arbeitgeber und Arbeitnehmer die Verhältnisse unterschiedlich darstellen) u.a.m.

lichen Einstellungsgrundes der Ablehnung einer zumutbaren Arbeit. Daraus wiederum ergab sich die *abschliessende Subsumtion*: So verhielt es sich hier, indem U.F. die Prüfung der anderen offenen Stellen vorbehielt und daraufhin die bei dieser Sachlage begründete natürliche Vermutung des Gesprächspartners, es fehle ihm am Willen zum Vertragsschluss, nicht entkräftete. Durch diese Tatsachen ist hinreichend erstellt (bewiesen), dass U.F. zumindest das Scheitern der Verhandlungen mit der Speditionsfirma in Kauf nahm. Hierin liegt sein Verschulden an der Fortdauer der Arbeitslosigkeit.

Der Fall des U.F. ist zum einen ein denkbar einfaches, aber illustratives Beispiel dafür, wie Tatfrage und Rechtsfrage sich *gegenseitig beeinflussen*, zum andern eine pars pro toto für Tausende von Fällen, die sich an den *Tatfragen und ihrem Beweis entscheiden*. «Merke, geneigter Leser», lässt sich in Anlehnung an *Johann Peter Hebel* schliessen: «Beweis, Beweisgegenstand, Beweismittel, Beweisführung, Beweiswürdigung, Beweisgrad, Beweislast und Beweislosigkeit – wer sich diesen Essentialia der Rechtsverfolgung verschliesst, hat in der praktischen Juristerei, sei es bei Gericht, in Verwaltung oder Anwaltschaft – nichts zu suchen.»

4. Rügen und Kognition

Tatsachenrüge: Aus dem Gesagten folgt, dass die erste, grundsätzlichste und ursprünglichste Rüge, die Sie im Rahmen der Rechtsdurchsetzung, sei es im Klageverfahren, sei es in der nachträglichen Verwaltungsrechtspflege (Beschwerde) überhaupt erheben können, auf *unrichtige Feststellung einer (rechtserheblichen) Tatsache* lautet oder, wenn es um mehrere Tatsachen geht, auf *unrichtige Feststellung des (rechtserheblichen) Sachverhaltes*. Was heisst nun *unrichtig* (für welchen Begriff sprachliche Synonyma wie falsch, unzutreffend, unwahr usw. verwendet werden können)? *Unrichtig ist, was der Wirklichkeit widerspricht*. Aber was ist die Wirklichkeit? Hier angelangt, begibt man sich auf unsicheres Terrain, dringt man in rechtsphilosophische Sphären vor, indem für den einen das zur Hälfte gefüllte Glas halb leer, für den anderen halb voll ist – beides richtige Feststellungen, die aber doch nicht den gleichen Sinn ergeben. Was heisst z.B. *richtig* oder *wahr* beim *andauernden somatoformen Schmerz*, der vom Betroffenen verspürt, beklagt wird, ihn nach seiner (und meist auch nach seiner Angehörigen) Überzeugung an der Arbeit hindert, der vom ärztlichen Untersucher aber stets nur mittelbar, abgeleitet aus Indizien wie psychovegetativen Symptomen und Erfahrungssätzen erschlossen werden kann? Ein Vorgang, der erst noch wesentlich durch die notgedrungen ebenfalls subjektive Fremdeinschätzung des Untersuchers (seine Empathie) geprägt ist? Der *Konstruktivismus*, wonach es kein Gegensatzpaar objektiv-subjektiv, kein

Wahr und Falsch, sondern alles nur vom Einzelnen in und mit seiner Subjektivität hergestellte Wirklichkeit gebe, bringt die Juristenzunft in Verlegenheit. Und noch mehr die jüngst im Rahmen der *medizinischen Grundlagenforschung* (wieder) vertretene These, es gebe gar keine Willensfreiheit, die Handlungen des menschlichen Individuums seien determiniert.[18] – Nun, immer so schwierig ist der *Beweisgegenstand* nicht, viele Tatsachen, vor allem *vergangene* und *gegenwärtige*, lassen sich (relativ) ermessensfrei feststellen. Schwieriger wird es schon bei den *zukünftigen* Tatsachen (der *Prognose*, die Zukunft ist immer unsicher), und vor allem auch bei den *hypothetischen* Tatsachen, von denen es im Sozialversicherungsrecht nur so wimmelt. Bei deren Feststellung sind *rechtliche Konzepte* zu beachten, z.B. die Beantwortung der Statusfrage im Hinblick auf die Invaliditätsbemessung: Ob eine versicherte Person als ganztägig oder zeitweilig erwerbstätig oder als nicht erwerbstätig einzustufen ist – was je zur Anwendung einer andern Art der Invaliditätsbemessung (Einkommensvergleich, gemischte Methode, Betätigungsvergleich) führt –, ergibt sich aus der Prüfung, was die Person bei im Übrigen unveränderten Umständen täte, wenn keine gesundheitliche Beeinträchtigung bestünde. Diese Frage beurteilt sich praxisgemäss nach den Verhältnissen, wie sie sich bis zum Erlass der Verwaltungsverfügung entwickelt haben, wobei für die *hypothetische Annahme* einer im Gesundheitsfall ausgeübten (Teil-)Erwerbstätigkeit der im Sozialversicherungsrecht übliche Beweisgrad der *überwiegenden Wahrscheinlichkeit* erforderlich ist.[19]

Rechtsrüge: Sie enthält den Vorwurf, das *Recht* sei *unzutreffend angewendet* worden, sei es in der Form, dass nicht die *topische*, also einschlägige, für die Beurteilung des Sachverhalts passende Bestimmung zum Zuge kam, sei es dass der *Rechtssinn der Norm* verkannt wurde. *Rechtsfragen* sind somit Fragen der *Auslegung* und *Lückenschliessung*. Ebenfalls Rechtsfrage ist die *Konkretisierung unbestimmter Rechtsbegriffe*. Rechtsrügen können das *materielle* so gut wie das *formelle* Recht (Prozess-, Verfahrensrecht) betreffen.

Ermessensrüge: Im *öffentlichen* Recht ist sie dogmatisch ein *selbständiger dritter Rügegrund, sofern* und *soweit* im Verfahren der *einfache Ermessensfehler* gerügt werden kann. Eine solche einfache *Unangemessenheit* liegt vor, wenn *triftige Gründe* bestehen, die eine *abweichende* Ermessensausübung als *naheliegender* erscheinen lassen. Vom einfachen Ermessensfehler im Rahmen der Angemessenheitsprüfung ist die Rüge zu unterscheiden, das Ermessen

---

[18]   Vgl. Schweizer Zeitschrift für Psychiatrie & Neurologie 2014/4, 1 ff.
[19]   BGE 137 V 334 E. 3.2, 125 V 146 E. 2c, 117 V 194 E. 3b, je mit Hinweisen; Meyer Ulrich/Reichmuth Marco, Bundesgesetz über die Invalidenversicherung (IVG), 3. A., Zürich 2014 60 f., 311 ff.

sei im angefochtenen Entscheid *rechtsfehlerhaft* ausgeübt worden, d.h., die Verwaltungsbehörde oder das erstinstanzliche Gericht hätten ihr Ermessen *über-, unterschritten* oder *missbraucht*. Diese *qualifizierten Ermessensfehler* können Gegenstand der *Rechtsrüge* sein (siehe oben). Hingegen behandelt die *Zivilrechtspflege* die Ermessensrüge nach wie vor durchgehend als *Rechtsfrage*. Allerdings betrachtet die Rechtsprechung die Antwort darauf wesentlich als Gegenstand des *sachgerichtlichen Ermessens*. In dessen *Beurteilungsspielraum* greift das auf eine reine Rechtskontrolle beschränkte Bundesgericht *nur mit Zurückhaltung* dann ein, wenn die Auffassung der Vorinstanz als *unvertretbar* erscheint.[20] Damit besteht im Ergebnis Übereinstimmung mit der öffentlich-rechtlichen Rechtspflege, soweit die zulässige Ermessensrüge auf die drei oben erwähnten *rechtsfehlerhaften* Formen der Ermessensausübung (*Missbrauch, Über-, Unterschreitung* des Ermessens, Letztere auch *Ermessensschrumpfung* genannt) beschränkt ist.

Kognition: Sie ist das *Spiegelbild der Rügen*. Die funktionelle Prüfungszuständigkeit des angerufenen Gerichts entspricht immer dem Kreis der nach der jeweiligen Verfahrensordnung im Instanzenzug zugelassenen Rügen. Was ich rügen kann und tatsächlich, wenigstens dem Sinne nach,[21] *rüge*, muss vom Gericht beurteilt werden, nicht mehr, aber auch nicht weniger. Sowohl *Über-* als auch *Unterschreitung* (*Nichtausschöpfen*) der gesetzlichen Kognition im angefochtenen Entscheid sind *Rechtsfehler* und können in der oberen Instanz als solche gerügt werden.

5. Funktionelle Zuständigkeit (Instanzenzug)

Damit sind wir schon beim Instanzenzug, der funktionellen Zuständigkeit angelangt. Die zulässigen *Rügen* – in der öffentlichen Rechtspflege auch zulässige *Beschwerdegründe* genannt – *verengen* sich nach oben. Das Bild der Pyramide gibt dies zutreffend wieder. Nie kann die Pyramide auf der Spitze stehen oder nach oben hin zunehmen, ansonsten der oberen Instanz weitere Kognition als der unteren zukäme, was keinen Sinn ergäbe. Welche Instanz prüft nun welche Rügen? Der Instanzenzug im *Zivil- und Strafrecht* beruht auf dem *Grundsatz der zweifachen gerichtlichen Tatsachenprüfung* und der *dreifachen gerichtlichen Rechtsprüfung*. Es gilt also (wobei terminologisch die den Kantonen nach wie vor gewährleistete Organisationsautonomie zu berücksichtigen ist) die Formel: «Bezirksgericht» «Kantonsgericht» Bundesgericht. Die Gerichte

---

[20] BGE 130 III 193 E. 2.3, 87 II 301 E. 5a; zur Prüfungsdichte: BGE 131 III 26 E. 12.2.2; 130 III 213 E. 3.1, 504 E. 4.1.

[21] Vorbehalten bleibt die *qualifizierte Rügepflicht*, wo sie das Gesetz vorschreibt, z.B. Art. 106 Abs. 2 BGG betreffend Verletzung verfahrensmässiger Rechte; BGE 133 IV 286 E. 1.4.

aller drei Stufen nehmen eine umfassende Rechtsprüfung vor (Rechtsanwendung von Amtes wegen), aber nur die beiden kantonalen Gerichtsinstanzen auch eine umfassende, freie Tatsachenprüfung. In dieser Hinsicht unterscheidet sich die *öffentlich-rechtliche Rechtspflege* wesentlich, einer der wenigen wichtigen Unterschiede zwischen Verwaltungs- und Zivilprozess. Hier ist der *Grundsatz* (es gibt im Rahmen der kantonalen Organisationsautonomie und wegen besonderer bundesgesetzlicher Regelungen viele Abweichungen, namentlich im Steuer- und Baurecht) der *einfachen gerichtlichen Tatsachenprüfung* und der *zweifachen gerichtlichen Rechtsprüfung* vorherrschend. Auch hier terminologisch je nach Rechtsbereich differenziert, wird Rechtsschutz gewährt durch: «Verwaltungsbehörde» «kantonales Verwaltungsgericht» (z.B. Bau- oder Steuerrekurskommission, Versicherungsgericht oder Bundesverwaltungsgericht) Bundesgericht. Wir finden in der öffentlichen Rechtspflege somit ebenfalls eine Rechtsanwendung von Amtes wegen auf drei Stufen und eine zweifache Tatsachenermittlung auf zwei Stufen, aber eben mit der Abweichung, dass zuerst *eine Verwaltungsstelle* und *nicht ein Gericht* amtet. Der Ersatz des erstinstanzlichen Gerichts gemäss Zivil- oder Strafprozess durch eine *Verwaltungsbehörde* in der *öffentlichen Rechtspflege* ist eine *spezifisch schweizerische Eigenheit*. Vor der Administration, sei sie Zentralverwaltung oder daraus ausgegliederte Durchführungsstelle, findet ein *justizähnliches Verfahren* statt, welches ebenfalls von den *rechtsstaatlichen Grundsätzen* (Art. 5 BV) und *Verfahrensgrundrechten* (Art. 29 BV) geprägt ist. Die *Verwaltung* ist somit im Verfahren, das vor ihr stattfindet und in der Regel mit dem Erlass der anfechtbaren Verfügung endet, *nicht Partei*, sondern an Gesetz und Verfassung gebundenes *Organ des Gesetzesvollzuges*, zur *Neutralität* und *Objektivität* verpflichtet und durch den *Untersuchungsgrundsatz* (Art. 43 ATSG) gehalten, den Sachverhalt bis zur Entscheidungs- und Verfügungsreife abzuklären.[22] Nur auf diesem Hintergrund ist die Rechtsprechung verständlich, dass nach wie vor *kein* verfassungs- und konventionsrechtlicher Anspruch auf Einholung eines *Gerichtsgutachtens* besteht.[23]

---

[22] Zum Ganzen grundlegend BGE 136 V 376.

[23] BGE 135 V 465, der durch BGE 137 V 210 zwar nicht grundsätzlich verändert, wobei jedoch die Pflicht zur gerichtlichen Sachverhaltsermittlung verstärkt worden ist (BGE 137 V 210 E. 4).

III. Tat- und Rechtsfragen im Sozialversicherungsrecht[24]

1. Invalidität

Die gesetzlichen Definitionen von Arbeits- und Erwerbsunfähigkeit, Invalidität, Ermittlung des Invaliditätsgrades usw. stellen Gesetzes- und damit Rechtsbegriffe dar.[25] Gerichtliche Schlussfolgerungen in ihrem Geltungsbereich, z.b. die Bejahung oder Verneinung einer erheblichen Arbeitsunfähigkeit oder einer rentenbegründenden Invalidität, sind daher Akte der Rechtsanwendung und nicht Schritte der Sachverhaltsfeststellung. Indessen hängen Rechts- und Tatfragen im Bereich der Invaliditätsbemessung aufs Engste miteinander zusammen, handelt es sich doch bei der Ermittlung des Invaliditätsgrades um einen mehrstufigen Prozess, in dessen Verlauf mannigfaltige Tatsachenfeststellungen (einschliesslich Schätzungen) getroffen werden.[26] Jede (leistungsspezifische[27]) Invalidität setzt einen (bleibenden oder langdauernden, in jedem Fall mindestens ein Jahr andauernden[28]) Gesundheitsschaden voraus, sei er körperlicher, geistiger oder psychischer Natur, auf Krankheit, Unfall oder Geburtsgebrechen zurückzuführen.[29]

Die *Feststellung des Gesundheitsschadens*, d.h. die *Befunderhebung* und die gestützt darauf gestellte *Diagnose*, betreffen ebenso eine *Tatfrage* wie die *Prognose* (fallbezogene medizinische Beurteilung über die voraussichtliche künftige Entwicklung einer Gesundheitsbeeinträchtigung im Einzelfall) und die

---

[24] Eine *umfassende Zusammenstellung* der vom Bundesgericht als solche qualifizierten *Tat- und Rechtsfragen, inner- und ausserhalb des Sozialversicherungsrechts*, findet sich bei Meyer/Dormann, Basler Kommentar Bundesgerichtsgesetz/BSK BGG 105 N 28–35. *Seitherige Rechtsprechung zu sozialversicherungsrechtlichen Tat- und Rechtsfragen:* In der Arbeitslosenversicherung (SVR 2008 ALV Nr. 12 35 E. 3), nicht publiziert in BGE 133 V 640; die verfügte Dauer der Einstellung in der Arbeitslosenversicherung betrifft eine typische Ermessensfrage (SVR 2014 ALV Nr. 11 34 = ARV 2014, 219 und ARV 2014, 145), wohingegen die Konkretisierung des unbestimmten Rechtsbegriffes «ohne entschuldbaren Grund» Rechtsfrage ist und einer uneingeschränkten Prüfung durch das Bundesgericht unterliegt (ARV 2012, 300); Festsetzung des hypothetischen Umfanges der im Gesundheitsfall ausgeübten Erwerbstätigkeit ist Tatfrage (SVR 2012 IV Nr. 53 191); Feststellung (selbst geringfügiger) Zweifel, die eine versicherungsexterne Begutachtung rechtfertigen, ist Tatfrage (Plädoyer 2012/4, 51); die Handhabung der Wiedererwägungsvoraussetzung der zweifellosen Unrichtigkeit (Art. 53 Abs. 2 ATSG) ist Rechtsfrage; die der Beurteilung zugrunde gelegten Feststellungen hingegen sind tatsächlicher Natur (SVR 2011 IV Nr. 71 213 = SZS 2011, 506).

[25] Vgl. Art. 6–8 und Art. 16 ATSG.

[26] BGE 132 V 393 E. 3.1.

[27] Art. 4 Abs. 2 IVG.

[28] Art. 29 Abs. 1 IVG.

[29] Art. 4 Abs. 1 IVG.

Pathogenese (Ätiologie) im Sinne der Feststellung der Ursache einer gesundheitlichen Beeinträchtigung dort, wo sie invalidenversicherungsrechtlich erforderlich ist (z.B. bei den Geburtsgebrechen[30]). Zu der – durch die festgestellten Gesundheitsschädigungen kausal verursachten – *Arbeitsunfähigkeit* nimmt die Arztperson Stellung.[31] Soweit diese *ärztliche Stellungnahme* sich zu dem in Anbetracht der festgestellten (diagnostizierten) gesundheitlichen Beeinträchtigungen noch vorhandenen *funktionellen Leistungsvermögen* oder (wichtig vor allem bei psychischen Gesundheitsschäden) zum *Vorhandensein* und zur *Verfügbarkeit* von *Ressourcen* ausspricht, welche eine versicherte Person im Einzelfall noch hat, handelt es sich ebenfalls um eine *Tatfrage.* In diesem Sinne ist die aufgrund von (medizinischen) Untersuchungen gerichtlich festgestellte Arbeits(un)fähigkeit eine Entscheidung über eine Tatfrage. Als solche erfasst sie auch den in die gesetzliche Begriffsumschreibung der Arbeitsunfähigkeit[32] integrierten Aspekt der *zumutbaren Arbeit;* denn in dem Umfange, wie eine versicherte Person von funktionellem Leistungsvermögen und Vorhandensein/Verfügbarkeit psychischer Ressourcen her eine (Rest-)Arbeitsfähigkeit aufweist, ist ihr die Ausübung entsprechend profilierter Tätigkeiten zumutbar, es sei denn, andere als medizinische Gründe stünden der Bejahung der Zumutbarkeit im Einzelfall in invalidenversicherungsrechtlich erheblicher Weise entgegen, was jedoch nach der Rechtsprechung zu den invaliditätsfremden Gründen, welche die versicherte Person an der Aufnahme oder weiteren Ausübung einer gesundheitlich zumutbaren Erwerbstätigkeit hindern, nur in sehr engem Rahmen der Fall ist.[33]

Soweit hingegen die *Beurteilung der Zumutbarkeit von Arbeitsleistungen* auf die *allgemeine Lebenserfahrung* gestützt wird, geht es um eine *Rechtsfrage;* dazu gehören auch Folgerungen, die sich auf die medizinische Empirie stützen, z.B. die Vermutung, dass eine anhaltende somatoforme Schmerzstörung oder ein sonstiger vergleichbarer pathogenetisch (ätiologisch) unklarer syn-

---

30 Art. 13 IVG.
31 BGE 125 V 261 E. 4, 115 V 134 E. 2, 114 V 314 E. 3c, 105 V 158 E. 1 in fine; AHI 2002, 70 E. 4b/cc; SVR 2006 IV Nr. 10 39 E. 4.1).
32 Art. 6 ATSG.
33 BGE 107 V 21 mit Hinweisen; ZAK 1989, 458 E. 3b.

dromaler Zustand mit zumutbarer Willensanstrengung überwindbar[34] ist.[35] Im Weiteren gilt in diesem Zusammenhang Folgendes: Zu den vom Bundesgericht nur eingeschränkt überprüfbaren *Tatsachenfeststellungen* zählt zunächst, ob eine *anhaltende somatoforme Schmerzstörung* (oder ein damit *vergleichbarer syndromaler Zustand*) vorliegt, und *bejahendenfalls* sodann, ob eine *psychische Komorbidität* oder *weitere Umstände* gegeben sind, welche die Schmerzbewältigung behindern. Als *Rechtsfrage* frei überprüfbar ist, ob eine festgestellte psychische Komorbidität *hinreichend erheblich* ist und ob einzelne oder mehrere der festgestellten weiteren Kriterien *in genügender Intensität und Konstanz* vorliegen, um gesamthaft den Schluss auf eine nicht mit zumutbarer Willensanstrengung überwindbare Schmerzstörung und somit auf eine invalidisierende Gesundheitsschädigung zu gestatten.[36]

Auf der *nicht medizinischen beruflich-erwerblichen* Stufe der Invaliditätsbemessung charakterisieren sich als *Rechtsfragen* die gesetzlichen und rechtsprechungsgemässen *Regeln* über die Durchführung des *Einkommensvergleichs*,[37] einschliesslich derjenigen über die Anwendung der Schweizerischen *Lohnstrukturerhebung*[38] und der *Dokumentation von Arbeitsplätzen.*[39] In dieser Sicht stellt sich die Feststellung der beiden *hypothetischen Vergleichseinkommen* als *Tatfrage* dar, soweit sie auf *konkreter Beweiswürdigung* beruht, hingegen als *Rechtsfrage*, soweit sich der Entscheid nach der *allgemeinen Lebenserfahrung* richtet. Letzteres betrifft etwa die Frage, ob *Tabellenlöhne* anwendbar sind, welches die *massgebliche Tabelle* ist und *ob* ein (behinderungsbedingt oder anderweitig begründeter) *Leidensabzug* vorzunehmen sei. Demgegenüber beschlägt der *Umgang mit den Zahlen* in der massgeblichen LSE-Tabelle und in den Arbeitsplatznachweisen der DAP *Tatfragen*. Schliesslich ist die

---

34   BGE 132 V 69 E. 4.2.1, 131 V 49 E. 1.2, 130 V 352, 396.

35   BGE 132 V 393 E. 3.2. Bestätigung dieser *kognitionsrechtlichen* Praxis z.B. durch SVR 2011 IV Nr. 67 201. Sie bedeutete *keineswegs*, dass die in Fn. 34 zitierte Rechtsprechung eine *Rechtsvermutung*, geschweige denn eine *Gesetzesvermutung* begründet hätte. Vielmehr handelte es sich bei der auf die *medizinische Empirie* gestützten Annahme, *eine betroffene Person könne trotz Schmerzen grundsätzlich an diese angepasste Berufsarbeit verrichten* (vgl. statt vieler Oliveri M./Kopp H.G./Stutz K./Klipstein A./Zollikofer J., Grundsätze der ärztlichen Beurteilung der Zumutbarkeit und Arbeitsfähigkeit, Schweizerisches Medizinisches Forum/SMF 2006, 420 ff., 448 ff.), *beweisrechtlich* um eine *natürliche* Vermutung. Diese wich gegebenenfalls *einfachem Gegenbeweis*, wie jährlich Tausende von administrativen Rentenzusprechungen zeigten, die nicht zu gerichtlichen Verfahren führten. Vgl. nun die Rechtsprechungsänderung in BGE 141 V 281, mit welcher diese Frage *gegenstandslos* geworden und *klargestellt* worden ist, dass die Invaliditätsbeurteilung auf der Grundlage eines *strukturierten, normativ bestimmten Beweisverfahrens* zu erfolgen hat.

36   BGE 137 V 64 E. 1.2; SVR 2008 IV Nr. 23 72. Vgl. weiter Meyer/Reichmuth, 403 ff.

37   BGE 130 V 343 E. 3.4, 128 V 29 E. 1, 104 V 135 E. 2a, b.

38   LSE, vgl. BGE 129 V 472 E. 4.2.1, 126 V 75 E. 3b/bb, 124 V 321 E. 3b/aa.

39   DAP, vgl. BGE 129 V 472.

Frage nach der *Höhe* des (im konkreten Fall grundsätzlich angezeigten) *Leidensabzuges* eine *typische Ermessensfrage*, deren Beantwortung letztinstanzlicher Korrektur nur mehr dort zugänglich ist, wo das kantonale Gericht das Ermessen *rechtsfehlerhaft* ausgeübt hat, also *Ermessensüberschreitung*, -missbrauch oder -unterschreitung vorliegt.[40]

2. Kausalität

Die Einhaltung des *Konzepts* der *natürlichen* Kausalität ist *Rechtsfrage*; hingegen sind die einzelnen *Feststellungen* zu den Ursachen und ihnen *zuzurechnenden Folgen Tatfragen*. Ebenfalls ist der *Schluss* auf *Fehlen* oder *Vorhandensein* der natürlichen Kausalität im streitigen Einzelfall Tatfrage. Die Beurteilung des *adäquaten* Kausalzusammenhanges ist *Rechtsfrage*, sowohl was die *Einteilung der Unfälle* in die *Kategorien* leicht – mittelschwer – schwer und bei den mittelschweren Unfällen das Vorhandensein oder Fehlen der massgeblichen Adäquanzkriterien nach der Rechtsprechung betrifft.[41] Auch *rechtlicher* Natur ist immer der Schluss auf Bejahung oder Verneinung des adäquaten Kausalzusammenhanges, der sich bei somatischen (organisch ausgewiesenen) Unfallfolgen mit dem natürlichen Kausalzusammenhang deckt.[42] *Tatfragen* betreffen hingegen die diesen rechtlichen Adäquanzkriterien zugrunde gelegten *Sachverhaltselemente*. Beispiel: Der Versicherte war nach dem Unfall acht Monate arbeitsunfähig und zwei Jahre in ärztlicher Behandlung. Das sind Tatsachenfeststellungen. Ob diese so festgestellten Tatsachen die Adäquanzkriterien der langen physisch bedingten Arbeitsunfähigkeit und der langen Behandlungsdauer erfüllen, ist Rechtsfrage. Die Unterscheidung hat letztinstanzlich derzeit keine entscheidende prozessuale Bedeutung, solange die freie Tatsachenprüfung bei Streitigkeiten um Geldleistungen der Unfall- und Militärversicherung noch besteht.[43]

---

[40] BGE 132 V 393 E. 3.3.

[41] BGE 115 V 133.

[42] SVR 2009 UV Nr. 18 S. 69, Nr. 23 83.

[43] Art. 97 Abs. 2 und 105 Abs. 3 BGG. Diese – von der Rechtsprechung ohnehin restriktiv gehandhabten – Ausnahmen (vgl. BGE 140 V 136, 135 V 412; SVR 2012 UV Nr. 29 107 = SZS 2012, 358: enge Kognition nach Art. 97 Abs. 1 und Art. 105 Abs. 2 BGG, wenn bei Geldleistungsstreitigkeiten im Anschluss an Unfälle und Berufskrankheiten lediglich die *Versicherungsdeckung* oder die *Auszahlungsmodalitäten* Prozessthema bilden) sollen im Rahmen der anstehenden BGG-Revision gestrichen werden. Trotz freier Tatsachenprüfung besteht aber keine Angemessenheitskontrolle vor Bundesgericht mehr (Meyer/Dormann, BSK BGG 105 N 50a). Auch sind Noven unzulässig, soweit sie nicht durch den angefochtenen Entscheid veranlasst werden (BGE 135 V 194).

3. Aufgabenteilung von Rechtsanwender und Arztperson

Von der *Unterscheidung* der Tat- und Rechtsfragen zu *differenzieren* ist die *Aufgabenteilung* zwischen rechtsanwendender Stelle (Verwaltung, Gericht) und (sachverständiger) Arztperson. Die beiden Abgrenzungen verlaufen *nicht* durchgehend parallel. Namentlich kann der Umstand, dass die Einschätzung der Arbeits(un)fähigkeit *auch* von (inneren oder äusseren) *Tatsachen* (funktionelles Leistungsvermögen, psychische Ressourcen) abhängt, *nicht* bedeuten, dass der Rechtsanwender dazu *nichts* zu sagen hätte, andernfalls eine von *Verfassungs* wegen *rechtsgleiche* und *gesetzlich verbindlich aufgegebene* administrative und justizielle Anspruchs(über)prüfung *nicht gewährleistet* wäre. Das Bundesgericht sah sich kürzlich veranlasst, diese fundamentale rechtliche Gegebenheit den Beteiligten wieder einmal in Erinnerung zu rufen:[44] Entgegen der im angefochtenen Entscheid zum Ausdruck kommenden Auffassung ist es *in sämtlichen Fällen* gesundheitlicher Beeinträchtigungen, somit auch bei Depressionen, *keineswegs allein* Sache der mit dem konkreten Einzelfall (gutachtlich) befassten Arztpersonen, selber abschliessend und für die rechtsanwendende Stelle (Verwaltung, Gericht) verbindlich zu entscheiden, ob das medizinisch festgestellte Leiden zu einer (andauernden oder vorübergehenden) Arbeitsunfähigkeit (bestimmter Höhe und Ausprägung) führt. Der Annahme einer solchen abschliessenden medizinischen Entscheidkompetenz stehen im Wesentlichen drei Gründe entgegen. Zunächst ist die Arbeitsunfähigkeit ein *unbestimmter Rechtsbegriff* des formellen Gesetzes (Art. 6 ATSG). Dessen *allgemeine Konkretisierung* fällt dem *Bundesgericht* zu, während seine *praktische Handhabung im Einzelfall der rechtsanwendenden Stelle* obliegt, welche den durch Gesetz und Rechtsprechung gezogenen *normativen Rahmen* zu berücksichtigen hat. Zweitens verlangt der *Grundsatz der freien Beweiswürdigung* (Art. 61 lit. c ATSG) eine umfassende, inhaltsbezogene, verantwortliche und der behördlichen Begründungspflicht genügende Prüfung aller Beweismittel, somit auch des *Sachverständigengutachtens*, auf Beweiseignung und Beweiskraft im Einzelfall hin; hierbei dürfen die normativen Vorgaben von Gesetz und Rechtsprechung ebenfalls nicht ausgeblendet werden. Drittens gebietet die Natur der Sache unter dem Gesichtswinkel eines rechtsgleichen Gesetzesvollzugs (Art. 8 Abs. 1 BV, Art. 29 Abs. 1 BV) eine administrative bzw. gerichtliche Überprüfung der ärztlichen Stellungnahme zur Arbeitsfähigkeit auf ihre beweisrechtlich erforderliche Schlüssigkeit im Einzelfall hin. Denn zwischen ärztlich gestellter Diagnose und Arbeitsunfähigkeit – und zwar sowohl bei somatisch dominierten als auch bei psychisch dominierten Leiden – besteht *keine Korrelation* (vgl. zum Beispiel die Untersuchungen zu MRI-Rückenbefun-

---

44 BGE 140 V 193.

den: Klipstein/Michel/Läubli und andere, Do MRI findings correlate with mobility tests?, Eur Spine 2007, 803–811). Deshalb weist die *medizinische Folgen-abschätzung* notgedrungen eine *hohe Variabilität* auf und trägt unausweichlich *Ermessenszüge*.[45]

Aufgrund dieser tatsächlichen und rechtlichen Gegebenheiten hat die Rechtsprechung von jeher die *Aufgaben* von *Rechtsanwender* und *Arztperson* im Rahmen der Invaliditätsbemessung wie folgt *verteilt*: Sache des (begutachtenden) *Mediziners* ist es erstens, den *Gesundheitszustand zu beurteilen* und wenn nötig seine Entwicklung im Laufe der Zeit zu *beschreiben*, d.h. mit den Mitteln fachgerechter ärztlicher Untersuchung unter Berücksichtigung der subjektive Beschwerden die Befunde zu erheben und gestützt darauf die Diagnose zu stellen. Hiermit erfüllt der Sachverständige seine genuine Aufgabe, wofür Verwaltung und im Streitfall Gericht nicht kompetent sind.[46] Bei der Folgenabschätzung der erhobenen gesundheitlichen Beeinträchtigungen für die Arbeitsfähigkeit kommt der Arztperson hingegen keine abschliessende Beurteilungskompetenz zu. Vielmehr *nimmt die Arztperson zur Arbeitsunfähigkeit Stellung*, d.h., sie gibt eine *Schätzung* ab, welche sie aus ihrer Sicht so substanziell wie möglich begründet. Schliesslich sind die *ärztlichen Angaben eine wichtige Grundlage* für die juristische Beurteilung der Frage, welche Arbeitsleistungen der Person *noch zugemutet werden* können.[47] Nötigenfalls sind, in Ergänzung der medizinischen Unterlagen, für die Ermittlung des erwerblich nutzbaren Leistungsvermögens die Fachpersonen der beruflichen Integration und Berufsberatung einzuschalten.[48] An dieser Rechtslage haben die von der Vorinstanz relevierten Schlussbestimmungen zur IV-Revision 6a mitsamt Materialien, wonach Depressionen nicht in deren Anwendungsbereich fallen sollen,[49] nichts geändert.[50] Diesen rechtlichen Anforderungen (Art. 95 lit. a BGG) hielt der angefochtene Entscheid nicht stand: Das kantonale Gericht hatte ohne Weiteres gestützt auf das MEDAS-Gutachten vom 3.12.2010 und das psychiatrische Konsiliargutachten des Dr. med. C. vom 18.10.2010 eine durch die Depression bedingte vollständige Arbeitsunfähigkeit bis 23.9.2009 und anschliessend eine solche von 40 Prozent angenommen (was nach Einkommens-

45 Vgl. BGE 137 V 210 E. 3.4.2.3; 140 V 193 E. 3.1.
46 Vgl. z.B. Urteil des BGer 9C_437/2012 vom 6.11.2012 E. 3.2.
47 So die mit BGE 105 V 156 E. 1 in fine, begründete und in zahllosen Urteilen bestätigte Rechtsprechung, z.B. BGE 132 V 93 E. 4.
48 Seit BGE 107 V 17 E. 2b geltende Rechtsprechung, vgl. Urteil 8C_545/2012 vom 25.1.2013 E. 3.2.1, nicht publ. in: BGE 139 V 28.
49 Amtliches Bulletin (AB) 2010 N 2117 ff., 2011 S. 39 f.
50 BGE 140 V 193 E. 3.2.

vergleich und mit Blick auf die im Februar 2009 erfolgte IV-Anmeldung zu einer ganzen Invalidenrente ab 1.9.2009 und zu einer Viertelsrente ab 1.1.2010 bei einem Invaliditätsgrad von 46% führte).

Daher war das Bundesgericht an die entsprechenden Tatsachenfeststellungen nicht gebunden (Art. 97 Abs. 1 i.V.m. Art. 105 Abs. 2 BGG) und stellte, da es sich um einen rechtlichen Mangel handelt, den entscheidwesentlichen Sachverhalt ausnahmsweise selber fest. Nach den Akten hat die Beschwerdegegnerin seit vielen Jahren an multiplen gesundheitlichen Beeinträchtigungen, insbesondere Schmerzen und einem chronisch rezidivierenden Zervikalsyndrom, gelitten, was zwar regelmässig zu Absenzen führte, sie aber nicht daran hinderte, ihre Arbeit in der Produktion der Firma B. GmbH als Justiererin zu verrichten, bevor sie ab 15.9.2008 z.T. 100 Prozent, z.T. 50 Prozent wegen «Kopf- und Nackenschmerzen, Gyni OP, Appendektomie» (Meldeformular Früherfassung vom 26.1.2009) krankgeschrieben wurde. Jedenfalls hat vor Mitte September 2008 eine depressionsspezifische Behandlung nicht stattgefunden. Die Berichte weisen die bezüglich Schweregrad und rezidivierendem oder episodischem Charakter psychiatrisch kontrovers beurteilte Depression klar als therapeutisch angehbares reaktives Geschehen auf bestimmte belastende Lebensereignisse aus (Tod der Mutter am 17.12.2008, fristlose Entlassung per 23.12.2008 wegen unentschuldigten Fernbleibens von der Arbeit seit 9.12.2008). Aus den Berichten ergibt sich ferner, dass die zumutbaren Behandlungsmöglichkeiten in keinem Zeitpunkt optimal und nachhaltig ausgeschöpft wurden. Es fehlt somit an einer konsequenten Depressionstherapie, deren Scheitern das Leiden als resistent ausweisen würde.[51] Schliesslich ist das Beschwerdebild offensichtlich geprägt von Selbstlimitierung in Form passiv-aggressiven Verharrens in der Meinung, dass «Therapeuten sie heilen sollen» (Bericht Psychiatrie-Zentrum D. vom 29.10.2009), mit konsekutiver Dekonditionierung, sodann von offensichtlichem sekundärem Krankheitsgewinn und von grossen Diskrepanzen zwischen Testergebnissen und objektiven Befunden, wofür sich keine psychiatrische Erklärung finden liess. Bei solchen Umständen auf einen rentenbegründenden Invaliditätsgrad zu schliessen, ist auch mit Art. 7 Abs. 2 ATSG erster Satz unvereinbar, laut dem für die Beurteilung des Vorliegens einer Erwerbsunfähigkeit ausschliesslich die Folgen der gesundheitlichen Beeinträchtigung zu berücksichtigen sind. Sämtliche Vorbringen der Beschwerdegegnerin vermögen hieran nichts zu ändern.[52]

---

[51] Urteil des BGer 9C_667/2913 vom 29.4.2013 E. 4.3.2.
[52] BGE 140 V 193 E. 3.3.

Diese Pflicht des Rechtsanwenders zu sorgfältiger, umfassender und den normativen Rahmen mitberücksichtigender Beweiswürdigung, welche es ihm gegebenenfalls gestattet, mit Zurückhaltung von der ärztlichen Folgenabschätzung abzurücken, bedeutet indessen keinen Freipass im Umgang mit medizinischen Stellungnahmen zur Arbeits(un)fähigkeit, gerade nicht mit Blick auf die vom Bundesgericht betonte hohe Variabilität und Ermessensgebundenheit. Das hat das Bundesgericht im Nachgang zu BGE 140 V 193 in einigen Urteilen festgehalten. Wenn die Sachverständigen der Medizinischen Abklärungsstellen (MEDAS) – auf gesetzlicher Grundlage durch die Versicherung als Hilfsorgane zur (in der Regel multidisziplinären) Abklärung (komplexer) medizinischer Sachverhalte beigezogen[53] – lege artis begutachten und unter *Mitberücksichtigung der normativen Vorgaben* gemäss der Rechtsprechung[54] auf eine *erhebliche Arbeitsunfähigkeit* schliessen, ist dem aus rechtlicher Sicht *zu folgen*, sofern die rechtsanwendende Stelle *nicht konkrete, fallgebundene Gesichtspunkte* zu nennen vermag, die im Rahmen der Folgenabschätzung eine im Vergleich zum medizinisch-psychiatrischen Sachverständigen *abweichende* Ermessensausübung gebieten.[55] Das gilt umso mehr dort, wo der Regionale ärztliche Dienst (RAD), dessen gesetzliche Aufgabe u.a. darin besteht, die massgebende funktionelle Leistungsfähigkeit festzusetzen,[56] die Stellungnahme der MEDAS zur Arbeits(un)fähigkeit als nachvollziehbar und einleuchtend bestätigt.[57] Bei objektivierbaren ebenso wie bei unklaren Beschwerdebildern setzt die Bejahung der Anspruchsberechtigung gleichermassen eine nachvollziehbare ärztliche Schätzung der Auswirkungen des Gesundheitsschadens auf die Arbeits- und Erwerbsfähigkeit voraus. Gestalten sich Abklärung und Beweis schwierig, so können zusätzlich, allenfalls durch fremdanamnestische Angaben zu erhebende, Lebensbereiche wie Freizeitverhalten oder familiäres Engagement berücksichtigt werden. Bleiben die Auswirkungen eines Leidens trotz sorgfältiger und umfassender Abklärungen vage und unbestimmt und können die Einschränkungen nicht anders als mit den subjektiven Angaben der versicherten Person begründet werden, ist der Beweis für die Anspruchsgrundlage nicht geleistet und nicht zu erbringen; die entsprechende

---

[53] Vgl. Art. 59 Abs. 3 IVG; BGE 137 V 210, 139 V 349.
[54] BGE 130 V 352 und seitherige Rechtsprechung: BGE 130 V 396, 131 V 49, 132 V 65, 136 V 279, 137 V 64. 139 V 547; SVR 2012 IV Nr. 32 127. *Abweichend* BGE 139 V 346 betreffend *Cancer-related-fatigue* und Urteil des BGer 9C_326/2014 vom 28.9.2014 betreffend *Post-Polio-Syndrom*. Die abweichende Behandlung dieser Krankheitsbilder rechtfertigte sich durch den Umstand, dass sie nach *schweren* und *lebensbedrohlichen* Krankheiten auftreten, die *bleibende* Beeinträchtigungen zurücklassen bzw. denen eine *Rezidivgefahr* immanent ist.
[55] Urteile des BGer 9C_522/2014 vom 24.10.2014 E. 2.4.2 und 9C_369/2014 vom 19.11.2014 E. 5.
[56] Art. 59 Abs. 2bis IVG; SVR 2009 IV Nr. 56 174 = SZS 2010, 41; SVR 2009 IV Nr. 50 153.
[57] Urteil des BGer 9C_358/2014 vom 21.11.2014 E. 5.

Beweislosigkeit wirkt sich zu Lasten der versicherten Person aus.[58] So stellt sich die Beurteilung aller andauernden gesundheitlichen Beeinträchtigungen unter dem Gesichtspunkt der rentenbegründenden Invalidität *im Kern* als *Beweisfrage* dar, für deren Beantwortung *nicht in erster Linie diagnostische Kriterien im Vordergrund stehen*, sondern *vielmehr das funktionelle Leistungsvermögen* und die *praktischen behinderungsbedingten Einschränkungen*, wie sie sich im Alltag der versicherten Person manifestieren, entscheidend sind.[59]

IV. Gerichtliche Überprüfung von Tatsachenfeststellungen

1. Kantonales Versicherungsgericht und Bundesverwaltungsgericht

A) Unrichtige Tatsachenfeststellung

Die unrichtige Tatsachenfeststellung ist nach den bisherigen Ausführungen unschwer als *wichtigste Rüge* zu erkennen, die Sie vor den kantonalen Versicherungsgerichten bzw. dem Bundesverwaltungsgericht vortragen können. Wie dargelegt, obliegt den Versicherungsträgern nach der schweizerischen Konzeption von Gesetzes wegen die Ermittlung des rechtserheblichen Sachverhaltes (Art. 43 ATSG). Dieses justizähnliche Verfahren bildet den Unterbau der nachfolgenden zweifachen gerichtlichen Rechtsprüfung. In diesem System fällt den *kantonalen Versicherungsgerichten* (Art. 57 ATSG) und dem *Bundesverwaltungsgericht* in der Sozialversicherung mit Blick auf die entscheidende Wichtigkeit dessen, was sich an rechtserheblichem Sachverhalt ereignet (hat), für die *Tatsachenprüfung eine Schlüsselrolle* zu. Sie sind *de lege lata die einzigen* Gerichtsinstanzen, welche *in voller institutioneller Unabhängigkeit* die Sachverhaltsfeststellungen des verfügenden Versicherungsträgers zu überprüfen haben. *Diese Aufgabe ist zentral, anspruchsvoll und unverzichtbar.* Zur Feststellung des rechtserheblichen Sachverhaltes zählt auch – gerade im Sozialversicherungsrecht – die *Beweiswürdigung*, v.a. auch mit Blick auf die oben skizzierte *Aufgabenteilung* zwischen *Rechtsanwender* und *Arztperson*.[60] Auf-

---

[58]   BGE 140 V 290.

[59]   Zustimmend Jeger Jörg, Die persönlichen Ressourcen und ihre Auswirkungen auf die Arbeits- und Wiedereingliederungsfähigkeit – Eine kritische Auseinandersetzung mit der Überwindbarkeitspraxis, in: Riemer-Kafka Gabriela (Hrsg.), Psyche und Sozialversicherung, Luzerner Beiträge zur Rechtswissenschaft, Bd. 81, Zürich/Basel/Genf 2014 184 ff. In diesem Sinne nunmehr BGE 141 V 281 und seitherige Rechtsprechung, vgl. Thomas Gächter/Michael E. Meier, Einordnung von BGE 141 V 281 aus rechtswissenschaftlicher Sicht, in: HAVE 2015 435 ff.

[60]   BGE 140 V 193.

grund dieser Gegebenheiten hat das Bundesgericht mit dem Jahrzehnte-Urteil BGE 137 V 210, dessen Bedeutung weit über die MEDAS hinausreicht, und der seitherigen bestätigenden und präzisierenden Rechtsprechung[61] zum einen die *Partizipationsrechte* der Versicherten auf *administrativer* Ebene, zum andern den *gerichtlichen Rechtsschutz*, wahrgenommen durch die kantonalen Versicherungsgerichte und das Bundesverwaltungsgericht, wesentlich verstärkt.[62] Die *Sachverhaltsrüge* stellt sich aber nicht nur als *wichtigste*, sondern auch als *nächstliegende* und damit *hinreichende* Rüge dar. Es ist nicht erforderlich, dass Sie die administrative Ermittlung des Sachverhalts als offensichtlich unrichtig, willkürlich oder sonst wie rechtsfehlerhaft rügen. Es genügt, dass Sie im Rahmen ihrer prozessualen Mitwirkungspflicht dartun, dass und inwiefern die rechtserheblichen Tatsachen (einfach) unrichtig erhoben oder gewürdigt worden sind. Demgemäss ist die Beschwerdeinstanz im Rahmen ihrer gerichtlichen Begründungspflicht gehalten, darzutun, dass und inwiefern eine substanziiert, d.h. detailliert und präzise vorgetragene Sachverhaltsrüge nicht begründet ist. Begnügte sich dementgegen das Sachgericht mit einer Vertretbarkeits- oder gar Willkürprüfung, läge eine Unterschreitung der gesetzlichen Kognition vor, was Bundesrecht verletzt und als Rechtsrüge dem Bundesgericht unterbreitet werden könnte.

B) Angemessenheitsprüfung

Obwohl in Art. 61 ATSG, den bundesgesetzlichen Mindestvorschriften an das kantonale Verfahren, nicht ausdrücklich vorgesehen, verlangt die Pflicht zur Justizgewährleistung auch die gerichtliche *Angemessenheitsprüfung*.[63] Diese beschlägt *nicht* nur die administrative Ermessensausübung im engeren Sinne, sondern *alle* Schritte im Zuge der *Tatsachenermittlung und Rechtsanwendung*, welche *Züge oder den Charakter von Ermessensbetätigung* aufweisen. Dazu zählen insbesondere die *freie Beweiswürdigung* (Art. 61 lit. c ATSG), namentlich wenn es um die *umstrittene Würdigung* von *Folgenabschätzungen der medizinischen Sachverständigen* bezüglich der von ihnen beurteilten Gesundheitsschäden mit ihren Auswirkungen auf die Arbeitsfähigkeit geht. Kommen kantonales Versicherungsgericht oder Bundesverwaltungsgericht[64] dieser Überprüfung

---

[61] BGE 139 V 349.

[62] BGE 140 V 70, 139 V 99, 225 und 492, 138 V 271 und 318.

[63] BGE 137 V 71.

[64] Für das Bundesverwaltungsgericht ergibt sich die grundsätzliche Pflicht zur Angemessenheitsprüfung (es gibt spezialgesetzliche Abweichungen) aus VGG 37 (Verwaltungsgerichtsgesetz; SR 173.32) i.V.m. VwVG 49 c (Verwaltungsverfahrensgesetz; SR 172.021).

von Ermessensbetätigung im Rahmen der Beweiswürdigung *nicht* nach, ist darin, wie bei der Tatsachenfeststellung, ein *Nichtausschöpfen der Kognition* zu erblicken, was als Rechtsfehler vor Bundesgericht gerügt werden kann.

2. Bundesgericht

Das Bundesgericht ist Rechtskontrollinstanz. Seit der Aufhebung der freien Tatsachen- und umfassenden Angemessenheitskontrolle zum 1.7.2006/ 1.1.2007 trifft dies, vorbehältlich Art. 97 Abs. 2 und Art. 105 Abs. 3 BGG (Geldleistungsstreitigkeiten der Unfall- und Militärversicherung), auch für das gesamte Sozialversicherungsrecht zu. Die prozessuale Zulässigkeit, den Sachverhalt vor Bundesgericht zum Prozessthema zu machen, ist eng beschränkt. *Eine freie Tatsachenprüfung findet nicht statt.* Rein appellatorische Kritik ist daher unzureichend und führt, wenn die Beschwerde insgesamt nicht darüber hinauskommt, zum Nichteintreten.[65]

A) Offensichtlich unrichtige Tatsachenfeststellung

Tatsächliche Feststellungen, einschliessend Ergebnisse freier Beweiswürdigung, der kantonalen Versicherungsgerichte und des Bundesverwaltungsgerichts, sind nach dem klaren Willen des Gesetzgebers für die sozialrechtlichen Abteilungen verbindlich. Liegt keine Rechtsfehlerhaftigkeit in der Sachverhaltsfeststellung vor, so greift die gesetzliche Verbindlichkeitswirkung nach Art. 105 Abs. 1 BGG. Sie weicht erstens nur, wenn die Tatsachenfeststellung – ihrem Inhalt nach – offensichtlich unrichtig ist. Es handelt sich dabei um eine *qualifizierte Fehlerhaftigkeit*, vergleichbar der zweifellosen Unrichtigkeit im wiedererwägungsrechtlichen Sinne:[66] Die Feststellung der Tatsache, so wie getroffen, ist unhaltbar. Das ist sie nicht schon, wenn nach der jeweiligen Aktenlage eine andere Betrachtungsweise über Bestehen oder Nichtbestehen von Tatsachen, insbesondere eine abweichende Einschätzung des Leistungsvermögens der versicherten Person, auch vertretbar, vielleicht sogar vorzuziehen oder eine ergänzende Abklärung darüber sinnvoll wäre. *Zweifel und Bedenken* an der Richtigkeit des vorinstanzlich Festgestellten – hierin liegt der grundlegende Unterschied zur alten Regelung in Art. 132 Abs. 1 lit. b OG und zum Residualbereich von Art. 105 Abs. 3 BGG – genügen gerade *nicht* für die Annahme *offensichtlicher* Unrichtigkeit. Es darf gegenteils *kein vernünftiger Zweifel* daran bestehen, dass die Feststellung falsch ist, was zu bejahen ist, wenn die vorinstanzlichen Tatsachenfeststellungen die *qualitativen Anforde-*

---

[65]   Art. 42 Abs. 2 erster Satz i.V.m. Art. 97 Abs. 1 und 108 Abs. 1 lit. b BGG.
[66]   Art. 42 Abs. 2 erster Satz i.V.m. Art. 97 Abs. 1 und 108 Abs. 1 lit. b BGG.

rungen nicht erfüllen,[67] in klarem, eindeutigem und durch rechtskonforme Beweiswürdigung nicht ausräumbarem *Widerspruch* zu den Akten stehen, also (im Verhältnis zum Dossier) *aktenwidrig*[68] oder aber *in sich* (im angefochtenen Entscheid als solchen) selber *widersprüchlich* sind. Es zeigt sich damit, dass die offensichtliche Unrichtigkeit praktisch immer auch auf einer Verletzung beweisrechtlicher Regeln beruht und letztlich eine *Rechtsverletzung* darstellt. Inhaltlich nähert sich die offensichtliche Unrichtigkeit der *Willkür* an, ohne die Schwere des damit verbundenen Vorwurfes aufzuweisen.[69] Dessen ungeachtet setzt die Praxis weit überwiegend offensichtliche Unrichtigkeit mit Unhaltbarkeit oder Willkür gleich.[70]

B) Unvollständige Tatsachenfeststellung

Obwohl Art. 97 und Art. 105 BGG sie nicht erwähnen, ist die unvollständige Tatsachenfeststellung als selbständiger Rügegrund überwiegend anerkannt[71] und wird jedenfalls vom Bundesgericht so praktiziert. Im Grunde genommen verletzt eine unvollständige Tatsachenfeststellung Bundesrecht, weil die Abklärungslücke im rechtserheblichen Sachverhalt es verunmöglicht, das materielle oder formelle Rechtsverhältnis, welches das Prozessthema bildet, abschliessend zu beurteilen, letztlich ein besonderer Fall materieller Rechtsverweigerung.

C) Rechtsverletzende Tatsachenfeststellung

Die gesetzliche Bindung des Bundesgerichts fällt sodann dahin, wenn die Vorinstanz (kantonales Versicherungsgericht oder Bundesverwaltungsgericht) hierbei einen *Rechtsfehler* begeht. Das kann geschehen eher selten durch Verstösse gegen das materielle Recht, in der Regel aber durch Verletzung der Regeln über den Beweis (insbesondere Beweisgegenstand und Beweiswürdigung, einschliesslich der antizipierten Beweiswürdigung sowie Beweismass), ferner durch Verletzung des Untersuchungsgrundsatzes und Mitwirkungsrechte, der

---

67   Meyer/Dormann, BSK BGG 105 N 20–27.
68   Z.B. wenn sich die Vorinstanz über einen im neuanmeldungsrechtlich massgeblichen Zeitraum aktenmässig festgehaltenen neuen Befund hinwegsetzt, der bei einem schon ausgewiesenen Invaliditätsgrad von 32% zum Mindestmass von 40% führen könnte (Urteil des BGer 9C_44/2008 vom 15.4.2008) oder wenn auf ein unklares, mehreren Deutungen zugängliches Sachverständigengutachten abschliessend und ohne Rückfrage abgestellt wird (SVR 2011 IV Nr. 54 161).
69   Vgl. zum Ganzen Meyer Ulrich/Bühler Alfred, Eintreten und Kognition nach BGG, in: Anwaltsrevue 2008 491 ff.
70   Meyer/Dormann, BSK BGG 105 N 20–27.
71   Meyer/Dormann, BSK BGG 105 N 59 mit Hinweisen auf die herrschende Lehre.

Grundsätze über die Aufgabenteilung von Rechtsanwender und Sachverständigem, der Regeln über den zeitlich massgebenden Sachverhalt u.a.m.[72] Hingegen hat die *Rüge der Verletzung des rechtlichen Gehörs* in der Regel *keine* selbständige Bedeutung, insbesondere dann nicht, wenn die Beschwerde sie damit begründen will, die Vorinstanz habe zu Unrecht auf Gutachten A statt Expertise B abgestellt. Ergebnisse von effektiv vorgenommenen freien Beweiswürdigungen können als solche das rechtliche Gehör nicht verletzen; es kann sich hier nur die Frage der offensichtlichen Unrichtigkeit stellen.

V. Ausblick

Die angelaufene Revision des BGG[73] will die Stellung des Bundesgerichts als Höchstgericht stärken. Das Bundesgericht soll in allen Rechtsmaterien zuständig sein, so auch in den bisher nach Art. 83 BGG ausgeschlossenen Bereichen, begrenzt indessen auf Fälle, die eine *grundsätzliche Rechtsfrage* aufwerfen oder sonst wie (aus anderen Gründen) von *besonderer Bedeutung* sind. Dies wird Rolle und Bedeutung der kantonalen Sachgerichte bzw. des Bundesverwaltungsgerichts noch verstärken. Diese Entwicklung ist zu begrüssen. Ein Abbau von Rechtsschutz ist damit nicht verbunden. Denn aufgrund des Ausbaus und der Professionalisierung der kantonalen Gerichtsbarkeiten und der Schaffung von Bundesverwaltungs-, Bundesstraf- und Bundespatentgericht besteht heute in der Schweiz Gewähr dafür, dass die nach dem Gesagten für die Rechtsverfolgung so eminent wichtigen Tatsachenfragen sachgerecht und in einem den Anforderungen von Bundesverfassung und EMRK genügenden fairen Gerichtsverfahren entschieden werden. *Hierfür bedarf es der Einschaltung des Bundesgerichts nicht.* Sollten den kantonalen Gerichten bzw. den Bundesvorinstanzen doch *Rechtsfehler* in der Ermittlung und Überprüfung des rechtserheblichen *Sachverhaltes* unterlaufen, bietet der *Eintretensgrund*

---

[72] Dabei sind die verschiedenen Verfahrens- und Beweisgrundsätze in ihren gegenseitigen Bezügen und Wechselwirkungen zu verstehen. Beispiel: Was als Ergebnis einer regelkonformen (antizipierten) Beweiswürdigung – und damit als nicht offensichtlich unrichtig – bestätigt wird, kann weder eine Verletzung des Untersuchungsgrundsatzes noch eine unvollständige Tatsachenfeststellung bedeuten, hingegen wohl, wenn der rechtserhebliche Sachverhalt ungenügend abgeklärt ist (SVR 2013 UV Nr. 9 S. 29).

[73] Die Arbeiten im Bundesamt für Justiz wurden im Anschluss an den Bericht des Bundesrates über die Gesamtergebnisse der Evaluation der neuen Bundesrechtspflege vom 30.10.2013 (BBl 2013, 9077 ff.) in Zusammenarbeit mit dem Bundesgericht, dem Bundesverwaltungsgericht und der Bundeskanzlei aufgenommen. Die Vernehmlassung zum Revisionsentwurf mitsamt erläuterndem Bericht vom 4.11.2015 wurde Ende Februar 2016 abgeschlossen. Man erwartet die Botschaft des Bundesrates im zweiten Halbjahr 2016.

der besonderen Bedeutung (im Rahmen einer *verfassungskonformen* Auslegung) eine hinreichende Grundlage zur Intervention und Korrektur rechtsfehlerhafter Entscheide der Sachgerichte.

Auswirkungen der EGMR-Rechtsprechung auf das Recht der Sozialen Sicherheit*

1. Ausgangslage und Fragestellung

[1] Die Europäische Konvention zum Schutze der Menschenrechte und Grundfreiheiten (EMRK)[1] ist am 4.11.1950 in Rom als *völkerrechtlicher Vertrag* abgeschlossen worden, in welchem die Hohen Vertragsparteien allen ihrer Hoheitsgewalt unterstehenden Personen die in Abschnitt I bestimmten Rechte und Freiheiten zusichern (Art. 1). Der Abschnitt I enthält: Recht auf *Leben* (Art. 2), Verbot der *Folter* (Art. 3), Verbot der *Sklaverei* und der *Zwangsarbeit* (Art. 4), Recht auf *Freiheit* und *Sicherheit* (Art. 5), Recht auf ein *faires Verfahren* (Art. 6), *Keine Strafe ohne Gesetz* (Art. 7), Recht auf Achtung des *Privat- und Familienlebens* (Art. 8), *Gedanken-, Gewissens- und Religionsfreiheit* (Art. 9), Freiheit der *Meinungsäusserung* (Art. 10), *Versammlungs- und Vereinigungsfreiheit* (Art. 11), Recht auf *Eheschliessung* (Art. 12) und das Recht auf *wirksame Beschwerde* (Art. 13). Der Genuss *dieser* von der EMRK anerkannten Rechte und Freiheiten ist *ohne Diskriminierung* zu gewährleisten, insbesondere wegen des *Geschlechts*, der *Rasse*, der *Hautfarbe*, der *Sprache*, der *Religion*, der *politischen oder sonstigen Anschauung*, der *nationalen* oder *sozialen Herkunft*, der *Zugehörigkeit zu einer nationalen Minderheit*, des *Vermögens*, der *Geburt* oder eines *sonstigen Status'* (Art. 14 in Verbindung mit Art. 2 bis 13 EMRK).

[2] *Zentrale Instanz* für den Menschenrechtsschutz ist der Europäische Gerichtshof für Menschenrechte (EGMR), dem der Abschnitt II mit den Artikeln 19 bis 51 EMRK gewidmet ist. Den Abschluss der EMRK bildet der Abschnitt III Verschiedene Bestimmungen (Art. 52 bis 59 EMRK). Durch die bisher *sechzehn zusätzlichen Protokolle*, welche noch nicht alle in Kraft getreten sind und von denen insbesondere die Schweiz nicht sämtliche ratifiziert hat (na-

---

*   Die hier publizierten Überlegungen wurden vom Verfasser erstmals an der Tagung der Schweizerischen Sozialversicherungsgerichte vom 24.4.2015 in Weinfelden/TG und dann in der hier vorliegenden Fassung am Treffen des Verfassungsgerichtshofs Österreich und des Schweizerischen Bundesgerichts (11.–13.5.2016) in Wien als Beitrag der Schweiz vorgetragen.

1   Systematische Rechtssammlung (SR) 0.101.

mentlich bewusst nicht jene sozialen und wirtschaftlichen Gehalts wie das Zusatzprotokoll Nr. 1), ist der Menschenrechtsschutz kontinuierlich ausgebaut worden.[2]

[3] Die hievor aufgezählten von der EMRK geschützten Rechte und Freiheiten sind nach Wortlaut, Systematik, Sinn und Zweck und insbesondere unter Beachtung des geschichtlichen Kontextes ihrer Entstehung als Antwort auf die Katastrophe des Zweiten Weltkrieges eindeutig als *Freiheitsrechte klassischen Zuschnitts* konzipiert.[3] In Anbetracht dieses Rechtsbefundes erstaunt, zu welchen Entscheidungen der EGMR im Bereich der Sozialen Sicherheit gelangt ist, welche mit diesen Freiheitsrechten in *keinem* oder nur *sehr entfernten* Zusammenhang stehen. Das gilt es nun anhand der vom EGMR im Verlaufe der Jahre und Jahrzehnte – zuerst nur zögerlich und dann immer häufiger und weitreichender – gefällten Urteile aufzuzeigen.

---

[2] Siehe den informativen Bericht «40 Jahre EMRK-Beitritt der Schweiz: Erfahrungen und Perspektiven», Bericht des Bundesrates vom 19.11.2014 in Erfüllung des Postulats Stöckli 13.4187 vom 12.12.2013, in: Bundesblatt (BBl) 2015

[3] «Die Garantien der Konvention sind – wie bei menschenrechtlichen und grundrechtlichen Gewährleistungen üblich – abstrakt formuliert und konkretisierungsbedürftig. Inhalt und Bedeutung der Konvention lassen sich deshalb nur beschränkt direkt aus ihrem Wortlaut ableiten. Ungleich wichtiger ist die Rechtsprechung des Gerichtshofs. Darauf ist bereits anlässlich der Genehmigungsdebatte im Parlament hingewiesen worden. Zentrale Grundsätze wie das Subsidiaritätsprinzip, das Verständnis der Konvention als ‹lebendiges Instrument› oder die Anerkennung positiver Verpflichtungen der Vertragsstaaten wurden im Lauf der Jahrzehnte konkretisiert oder überhaupt erst entwickelt. Als Ergebnis der Entwicklung kann man festhalten, dass die EMRK heute primär nicht mehr als multilateraler Vertrag wahrgenommen wird, der Verpflichtungen unter den Vertragsstaaten regelt; im Vordergrund steht viel mehr das Recht des Einzelnen, gegen diese Staaten Beschwerde zu erheben. Die Konvention ist gewissermassen ein Vertrag zugunsten Dritter, nämlich derer, die eine Verletzung ihrer Menschenrechte durch einen der Vertragspartner – in der Regel der eigene Staat – geltend machen. In seinen Wirkungen ist der Schutz der Menschenrechte durch die EMRK damit dem Schutz der Grundrechte durch die nationalen Verfassungen vergleichbar. In diesem Sinn kommt der Konvention eine verfassungsähnliche Funktion zu; der Gerichtshof selbst spricht in seinen Urteilen von der Konvention als einem instrument constitutionnel de l'ordre public européen.» (Bericht des Bundesrates, zit. Anm. 2, S. 384).

2. Die Rechtsprechung des EGMR im Bereich der Sozialen Sicherheit

[4] Für die Schweiz ist die Konvention erst mit der Ratifikation vom 28.11.1974 am gleichen Tag in Kraft getreten.[4] Daraufhin dauerte es fast 20 Jahre, bis sich die EMRK im Recht der Sozialen Sicherheit bemerkbar machte, sieht man von der Beschwerde des Herrn Achermann ab, welcher sich darüber beschwert hatte, dass er nicht wie (damals) die Frauen mit 62 Jahren die Altersrente beziehen und von der Beitragspflicht an die Eidgenössische Alters- und Hinterlassenenversicherung (Eidg. AHV) befreit werden konnte. Das Eidgenössische Versicherungsgericht (EVG), Vorläuferorganisation der beiden sozialrechtlichen Abteilungen des Bundesgerichts (bis 2006), wies die Beschwerde in beiden Punkten kurz und bündig mit der Begründung ab, dass das Diskriminierungsverbot gemäss Art. 14 EMRK *nur in Bezug auf die in der Konvention ausdrücklich genannten Rechte und Freiheiten* gelte; es enthalte *kein über die Konvention hinausgehendes allgemeines Rechtsgleichheitsgebot.*[5]

a) Urteil Schuler-Zgraggen vom 24.6.1993[6]

[5] Erst seit der Entscheidung des EGMR in Sachen Schuler-Zgraggen gegen die Schweiz vom 24.6.1993 steht fest, dass Streitigkeiten um *Leistungen der schweizerischen Sozialversicherung* und der *Sozialhilfe* Streitigkeiten um *zivilrechtliche* Ansprüche («civil rights») im Sinne von Art. 6 Ziff. 1 EMRK bilden. Dessen einen Teilgehalt, den Anspruch auf ein faires Verfahren, sah der Gerichtshof in Verbindung mit Art. 14 EMRK als verletzt an, weil die nationalen Gerichte die für die versicherungsrechtliche Einstufung als erwerbstätige oder nicht erwerbstätige Person entscheidende hypothetische Frage, was die Versicherte im Gesundheitsfall (ohne Behinderung) täte, allein aufgrund der allgemeinen Lebenserfahrung beantwortet hatten.

b) 1993 bis 2008: Die Zeit vor dem Urteil Schlumpf

[6] Nach dem Urteil Schuler-Zgraggen dauerte es gut *fünfzehn* Jahre, bis die Schweiz wegen Anwendung des *materiellen* Sozialversicherungsrechts vom EGMR verurteilt wurde (dazu N 11 ff.).

---

[4]   Zu den Gründen vergleiche Andreas Kley/Martin Sigrist, Der Beitritt der Schweiz zur EMRK – Vorbereitung und Umsetzung des Beitritts vor und nach 1974, in: Tobias Jaag/ Christine Kaufmann (Hrsg.), 40 Jahre Beitritt der Schweiz zur EMRK, Referate zur Jubiläumstagung vom 27.11.2014, Zürich 2015, S. 17 ff.

[5]   Bundesgerichtsentscheid (BGE) 105 (1979) V 1.

[6]   Publiziert in Europäische Grundrechte-Zeitschrift (EuGRZ) 1996 S. 604.

[7] Im *formellen* Sozialversicherungsrecht (Verwaltungsverfahren vor dem Sozialversicherungsträger, erst- und zweitinstanzliches Beschwerdeverfahren vor den kantonalen Versicherungsgerichten oder dem Bundesverwaltungsgericht und vor dem Bundesgericht) kam es im Wesentlichen lediglich zu Verurteilungen im Zusammenhang mit der Gewährung des *Replikrechtes*,[7] was jedoch kein spezifisch sozialversicherungsrechtliches, sondern ein allgemeines Problem der Rechtspflege darstellt. Ganz vereinzelt kam es zur Verurteilung wegen überlanger Verfahrensdauer.[8]

[8] Dass die sozialversicherungsrechtlichen Verwaltungs- und Rechtspflegeverfahren den Anforderungen des Art. 6 Ziff. 1 EMRK gemäss der EGMR-Rechtsprechung genügten, war und ist *keine Selbstverständlichkeit*. Denn die *konventionsrechtliche* Garantie *unabhängiger gerichtlicher Beurteilung* (mit den weiteren Anforderungen der Öffentlichkeit, Fairness, Waffengleichheit usw.) steht *institutionell* zwangsläufig in einem *Spannungsverhältnis* zum *Anfechtungsstreitverfahren schweizerischen Zuschnitts*. Unser Verwaltungsverfahrensrecht geht davon aus, dass die *Beschaffung der Entscheidungsgrundlagen* primär und zur Hauptsache auf der *ersten – administrativen –* Ebene des mit der Bearbeitung des Versicherungsfalles befassten Sozialversicherungsträgers erfolgt. *Seine Grundidee liegt darin, dass jedes einzelne Administrativverfahren von Amtes wegen eine – fallbezogen betrachtet – vollständige und zutreffende Sachverhaltsabklärung erbringen soll,*[9] *deren Ergebnis grundsätzlich auch der gerichtlichen Überprüfung standhält.* Obwohl Art. 6 Ziff. 1 EMRK eine *umfassende* gerichtliche Beurteilung eines streitigen sozialversicherungsrechtlichen Anspruches gewährleistet – insbesondere in Bezug auf die durch *medizinische Sachverständige* gutachterlich zu klärenden *Tatfragen*, die meistens *direkt streitentscheidend* sind – *verneinte* das Bundesgericht einen voraussetzungslosen Anspruch auf *gerichtliche* Begutachtung.[10]

[9] Diese Rechtsprechung beruht auf der *Prämisse*, dass der Sozialversicherungsträger auf der ersten Ebene des *nichtstreitigen* Administrativverfahrens (bis zum Erlass von Verfügung oder Einspracheentscheid) *Behörde* ist – und *nicht Partei* –, woraus sich die Verfassungs- und Gesetzesbindung seines Handelns in der Erledigung des Versicherungsfalles und die daraus resultierende

---

7   Urteile Niederöst-Huber vom 18.2.1997; F.R. vom 28.7.2001 und Spang vom 11.10.2005.
8   Urteil Kiefer vom 28.3.2000.
9   Art. 43 des Bundesgesetzes über den Allgemeinen Teil des Sozialversicherungsrechts/ ATSG; SR 830.1.
10   BGE 135 V 465.

Pflicht zur Objektivität und Neutralität ergeben.[11] Diese *Konzeption der gerichtlichen Streitentscheidung gestützt auf beweiskräftige Administrativgutachten ohne* Einholung *gerichtlicher* Sachverständigenexpertisen rügte die hiesige Rechtsanwaltschaft in den 1990er Jahren in Strassburg als menschenrechtswidrig, dies jedoch ohne Erfolg.[12]

[10] Die *spannende Frage* war, ob der EGMR dies auch zehn oder fünfzehn Jahre später noch so sehen würde? Um einer Verurteilung in Strassburg vorzubeugen, *verstärkte* das Bundesgericht 2011 einerseits die *Partizipationsrechte* der versicherten Personen auf der administrativen Ebene (des Versicherungsträgers) und andererseits die *Pflicht* der kantonalen Versicherungsgerichte und des Bundesverwaltungsgerichts zur *Einholung gerichtlicher Expertisen.*[13] Wesentlich unter Berücksichtigung von BGE 137 V 210 bereitete der EGMR dieser Ungewissheit ein Ende, indem er durch Nichtzulassungsentscheid in Sachen Spycher gegen die Schweiz vom 17.11.2015 das *schweizerische Abklärungssystem* und insbesondere die von der Eidgenössischen Invalidenversicherung (Eidg. IV) finanzierten *medizinischen Abklärungsstellen* (MEDAS) als *konventionskonform* erklärte.[14] Damit ist bezüglich des *formellen* Sozialversicherungsrechts das Verhältnis zur EMRK weitestgehend *bereinigt.*

c) Urteil Schlumpf vom 8.1.2009

[11] *Anders* ist die Rechtsentwicklung bezüglich des *materiellen* Sozialversicherungsrechts verlaufen. Während fünfzehn Jahren, von 1993 bis 2008, liess ein einschlägiges EGMR-Urteil auf sich warten. Das *änderte* sich grundlegend mit der Sache Schlumpf gegen die Schweiz.[15] Um die Tragweite dieses am 8.1.2009 ergangenen Urteils aufzuzeigen, welches weit über den in der Rechtsprechung des Bundesgerichts völlig unbestrittenen *Grundsatz der konventionskonformen Auslegung innerstaatlichen Rechts* (vgl. statt vieler BGE 140 I 353 E. 3 S. 358 mit Hinweisen) hinausgeht, ist es unerlässlich, den entscheidrelevanten Sachverhalt kurz darzustellen: Die operative Geschlechtsumwand-

---

11   BGE 136 V 376; Vergleiche dazu statt vieler Philipp Egli/Thomas Gächter, Die Unabhängigkeit der medizinischen Begutachtung im Verfahren der Invalidenversicherung, Grundprobleme und jüngste Entwicklungen der Rechtsprechung, in: Richterzeitung 3/2011.

12   Nichtzulassungsentscheid der Europäischen Menschenrechtskommission (EKMR) in der Sache Baumgartner gegen die Schweiz vom 20.4.1998 betreffend BGE 123 V 175, publiziert in Verwaltungspraxis der Bundesbehörden (VPB) 1998 Nr. 95 S. 917; Nichtzulassungsentscheid des EGMR in Sachen Bicer gegen die Schweiz vom 22.6.1999 betreffend BGE 122 V 157, publiziert in VPB 2000 Nr. 138 S. 1341 .

13   BGE 137 V 210.

14   Beschwerdesache Nr. 26275/12.

15   Rechtssache 29002/06.

lung bei echtem Transsexualismus ist in der Schweiz seit Ende der 1980er Jahre eine Pflichtleistung der obligatorischen Krankenpflegeversicherung. Dafür ist unter anderem vorausgesetzt, dass auch *nach* Ablauf von *zwei Jahren* Behandlung seit gestellter Diagnose der Leidenszustand der betroffenen Person nicht anders als durch die Operation gelindert werden kann.[16] Der Versicherte Schlumpf nun, im Zeitpunkt des Geschehens 67-jährig – er hatte das Ableben seiner Gattin abgewartet, um sich, Vater erwachsener Kinder, zu seiner wirklichen sexuellen Identität zu bekennen –, liess sich in voller Kenntnis der ihm vom Krankenversicherer auf seine Anfrage hin korrekt erteilten Auskunft, *vor* Ablauf der zwei Jahre Karenzzeit sei sie für die chirurgische Geschlechtsumwandlung nicht leistungspflichtig, siebzehn Monate nach gestellter Diagnose operieren. Der EGMR warf dem Bundesgericht im Rahmen einer abschliessenden *Interessenabwägung* vor, es habe durch die – unbesehen um die konkreten Umstände des besonderen Einzelfalles und in Missachtung der ärztlich festgestellten Diagnose eines echten Transsexualismus erfolgte – «application mécanique» der zweijährigen Wartefrist eine *unverhältnismässige* Rechtsanwendung begangen und damit Art. 8 in Verbindung mit Art. 14 EMRK verletzt. Das Bundesgericht hat daraufhin sein Urteil revisionsweise aufgehoben.[17]

d) Urteil Glor vom 30.4.2009[18]

[12] Der Beschwerdeführer Glor wurde einerseits wegen Diabetes von der allgemeinen Pflicht zur Leistung von Militärdienst in der Schweizer Armee entbunden, andererseits, da sein Invaliditätsgrad die Grenze einer 40%igen Beeinträchtigung nicht überschritt, zur Zahlung der Militärdienstersatzsteuer für Untaugliche verpflichtet. Der Gerichtshof erkannte darin wiederum eine Verletzung von Art. 8 in Verbindung mit Art. 14 EMRK: Eine Steuer, die ihren Ursprung in einer krankheitsbedingten Untauglichkeit zum Militärdienst habe, falle in den Schutzbereich des Art. 8 EMRK. Der Beschwerdeführer sei *gegenüber Personen mit einem höheren Behinderungsgrad* einerseits und den *Zivildienstpflichtigen aus Gewissensgründen* (die zum Ersatzdienst zugelassen werden) andererseits *ungleich behandelt* worden. Die Schweizer Behörden hätten *keinen gerechten Ausgleich* zwischen dem öffentlichen Interesse und den dem Beschwerdeführer garantierten Rechten vorgenommen.

---

16   BGE 114 V 553, 162, 120 V 463 .

17   Art. 122 BGG; BGE 137 I 86.

18   Rechtssache 13444/04, veröffentlicht in Recueil Cour EDH 2009 – III S. 1. – Auf das Revisionsgesuch trat das Bundesgericht wegen Verspätung nicht ein (Urteil 2F_9/2010 vom 7.12.2010).

e) Nichtzulassungsentscheid Thior Guess vom 12.3.2013[19]

[13] Der Beschwerdeführer, seit seiner Geburt schwer geistig behindert, reiste im Alter von sechs Jahren zusammen mit seiner Mutter aus Afrika in die Schweiz ein. Leistungen der Eidg. IV an die invaliditätsbedingt erforderliche Sonderschulung wurden ihm verweigert, weil er wegen vorbestandener Invalidität die gesetzliche Versicherungsklausel nicht erfüllte. Der EGMR verneinte, wenn auch mit Bedenken, eine Verletzung von Art. 8 in Verbindung mit Art. 14 EMRK, weil für den Beschwerdeführer zwar *nicht durch die Eidg. IV*, jedoch *durch das kantonale Schulrecht* gesorgt war. Er befand sich in der Tat auf Kosten der Stadt Genf in einer Sonderschulinstitution und erhielt dort die seinem Gebrechen entsprechende Förderung.

f) Urteil Howald Moor vom 11.3.2014[20]

[14] Der Ehemann der Beschwerdeführerin erfuhr im Mai 2004, dass er an einem malignen Pleuramesotheliom (Brustfellkrebs) erkrankt war, verursacht durch die berufsbedingten Kontakte mit Asbest, welche er in den Jahren 1960 bis 1970 gehabt hatte. 2005 verstarb er. Die Schweizer Gerichte wiesen die Klagen auf Schadenersatz seiner Ehefrau und der zwei Kinder gegenüber dem Arbeitgeber und den Sozialversicherungen wegen Verjährung oder Verwirkung ab. Der EGMR war der Auffassung, die *systematische Anwendung der Verjährungs- oder Verwirkungsregeln* auf Opfer von Krankheiten, welche erst lange Zeit nach der krankheitsverursachenden Exposition diagnostiziert werden könnten, sei *geeignet*, den Betroffenen (oder seine Hinterlassenen) *von der Möglichkeit auszuschliessen, seine (ihre) Ansprüche vor Gericht geltend zu machen*. Das Revisionsprojekt des schweizerischen Verjährungsrechts sehe zudem keine gerechte Lösung für das Problem vor. Wenn wissenschaftlich nachgewiesen sei, dass eine Person nicht wissen könne, dass sie an einer bestimmten Krankheit leide, müsse dieser Umstand bei der Berechnung der Verjährungs- oder Verwirkungsfristen berücksichtigt werden. Somit schloss der EGMR auf eine Verletzung von Art. 6 Ziff. 1 EMRK.

g) Urteil Di Trizio vom 2.2.2016[21]

[15] Die Beschwerdeführerin bezog als *Erwerbstätige* eine halbe Invalidenrente der Eidg. IV. Nach der Geburt von Zwillingen (2004) erklärte sie gegenüber der IV-Stelle, sie würde auch im Gesundheitsfall (ohne Behinderung) wegen der

---

19   Beschwerdesache 10160/07.
20   Beschwerdesache 52067/10.
21   Beschwerdesache 7186/09.

Betreuung der Kleinkinder nur halbtags ihrem Beruf als kaufmännische Angestellte nachgehen. Dies führte zu einem Statuswechsel in der Beurteilung des Invaliditätsgrades. Zu je 50% *als Erwerbs- und Nichterwerbstätige* qualifiziert, ermittelten die schweizerischen Behörden einen unter der gesetzlichen Anspruchsschwelle von 40% liegenden Invaliditätsgrad,[22] was das Bundesgericht letztinstanzlich bestätigte. Der EGMR schloss in seinem Urteil auf eine Verletzung von Art. 8 in Verbindung Art. 14 EMRK, weil die Beschwerdeführerin *als teilerwerbstätige Mutter von zwei Kindern im Vergleich zu den Erwerbstätigen diskriminiert* werde.

h) Beschwerdesache C. und A. gegen die Schweiz[23] (Beschwerde hängig)

[16] C. erhielt als *Geburtsinvalide* ab 1.9.1980 eine ganze *ausserordentliche* Invalidenrente und ab 1.9.1997 eine *Hilflosenentschädigung* für mittelschwere Hilflosigkeit der Eidg. IV zugesprochen. Mit Verwaltungsakt vom 3.12.2010 hob die IV-Stelle für die im Ausland wohnenden Personen mit Wirkung ab 1.4.2010 beide Ansprüche auf, da sich herausgestellt hatte, dass C. zusammen mit ihrer Mutter, A., schon seit mehreren Jahren in Brasilien wohnte. Nach innerstaatlichem Recht und zufolge Fehlens eines Sozialversicherungsabkommens Schweiz-Brasilien steht fest, dass *beitragsunabhängig*, also ausschliesslich *durch allgemeine Steuermittel*, finanzierte Leistungen wie die ausserordentliche Invalidenrente und die Hilflosenentschädigung der Eidg. IV *nicht der Exportpflicht ins Ausland* unterlegen. Erstaunlicherweise musste sich das Bundesgericht nach seinem die Leistungsaufhebung letztinstanzlich bestätigenden Urteil vom 15.4.2013[24] schon kurze Zeit später gegenüber dem Vertreter der Schweiz in Strassburg vernehmen lassen, was bedeutet, dass die in der Zwischenzeit anhängig gemachte Menschenrechtsbeschwerde nicht von vornherein als unzulässig betrachtet wird. Das Urteil steht noch aus.

3. Zusammenfassung und Thesen

a) Sozialversicherung und EMRK

[17] Die bekannte und vielerorts kritisch rezipierte *dynamische Auslegung der Konvention*, ihre Handhabung als «*living instrument*» mit ständig ansteigendem Schutzniveau und ihr Verständnis als Vertrag zugunsten Dritter (der ein-

---

22 Art. 28 Abs. 1 Invalidenversicherungsgesetz/ IVG; SR 831.20.
23 Beschwerdesache 65550/13.
24 BGE 139 I 155.

zelnen Bürgerinnen und Bürger) von Verfassungsrang[25] hat dazu geführt, dass der Gerichtshof die Verweigerung oder Aufhebung von Sozialversicherungsleistungen *ohne Bedenken in den Schutzbereich des Art. 8 EMRK* geführt hat. Das hält einer näheren Überprüfung nicht stand. So ist im Fall Schlumpf eine geschlechtsbedingte Diskriminierung (Art. 14 EMRK) in der Ausübung des Konventionsrechtes auf Achtung seines Privat- und Familienlebens (Art. 8 EMRK) in *keiner* Weise ersichtlich. Denn die nationale Rechtsordnung hatte den Versicherten Schlumpf tatsächlich *nicht daran gehindert*, zu der von ihm seit sehr langer Zeit ersehnten eigentlichen Geschlechtsidentität zu finden, auch nicht in Bezug auf den von ihm gewünschten Zeitpunkt. Das Einzige, was Versicherer und EVG ihm *verweigerten* – und zwar in der konkreten durch ihn als fait accompli geschaffenen Sachlage – war die *Kostenerstattung für die Operation*, welche ihm ohne Weiteres vergütet worden wäre, wenn er mit dem Eingriff noch sieben Monate zugewartet hätte. Die der Schweiz angelastete Verletzung der Menschenrechte *schockiert*, wenn man an das Umfeld von insgesamt 47 Europaratsstaaten denkt, von denen bei Weitem *nicht alle eine obligatorische Krankenversicherung* für die gesamte Wohnbevölkerung kennen, *geschweige denn eine Vergütungspflicht* der gesetzlichen Grundversicherung *für operative Geschlechtsumwandlungen* bei echtem Transsexualismus.

[18] Noch weniger überzeugt die Berührung des Schutzbereiches im Fall Di Trizio. Denn die Beschwerdeführerin wurde durch den Wegfall der Invalidenrente *nicht in ihrem Familienleben beeinträchtigt*, da sie dieses *genau so einrichten konnte, wie sie es nach der Geburt ihrer Zwillinge tun wollte*. In der Tat erlitt sie nach der Geburt ihrer Kinder *keinen* durch ihre gesundheitliche Beeinträchtigung verursachten *Erwerbsausfall* mehr. Denn sie war unbestritten im Wesentlichen in der Lage, mit einigen Abstrichen eine Teilerwerbstätigkeit von 50% zu verrichten und daneben den Familienhaushalt zu besorgen. Die Beschwerdeführerin macht als *Invalide* erwerblich genau das, was sie als *nicht invalide* Person nach der Geburt ihrer Kinder auch täte: eine Erwerbsarbeit von 50% ausüben. Die Schweiz hatte daher die Weiterverweisung des Urteils an die Grosse Kammer angemeldet, dies aber ohne Erfolg, genau gleich wie im Fall Glor, wo überhaupt kein Bezug zu Art. 8 EMRK auszumachen war.

---

[25] Vgl. die treffende Charakterisierung im bundesrätlichen Bericht (zit. Anm. 2), S. 384, wiedergegeben in Anm. 3.

b) Sozialversicherung und Zusatzprotokolle zur EMRK

[19] Wie eingangs erwähnt, hat die Schweiz nicht alle Zusatzprotokolle zur EMRK ratifiziert, insbesondere nicht die Nummer 1.[26] Dies erklärt sich dadurch, dass die Schweiz völkerrechtliche Verpflichtungen nur eingeht, wenn sie willens ist und sich in der Lage sieht, die daraus fliessenden Verpflichtungen zu erfüllen. Der Fall Di Trizio ist ein schlagendes Beispiel für die Umgehung der Nichtratifizierung des ersten Zusatzprotokolles durch die Schweiz. *Was die Beschwerdeführerin Di Trizio durch die Rentenaufhebung hinzunehmen hat, ist einzig und allein eine Vermögensverminderung durch Abgang von Sozialversicherungsleistungen.* Hierin, wie es der Gerichtshof tut, schon eine Verletzung des Anspruchs auf Privat- und Familienleben gemäss Art. 8 EMRK zu erblicken, lässt die von der Schweiz bewusst nicht ratifizierte Eigentumsgarantie in Art. 1 des ersten Zusatzprotokolles ins Leere laufen.

[20] Diese Schlussfolgerung wird eindrücklich dadurch bestätigt, dass praktisch alle Urteile, welche der EGMR gegenüber Österreich im Bereich der Sozialen Sicherheit erlassen hat, sich auf Art. 1 Zusatzprotokoll Nr. 1 (Eigentumsgarantie) stützen: Urteil 14497/06 Wallishauser vom 20.6.2013 (Tragung der gesamten Sozialversicherungsbeiträge der von den USA in Wien beschäftigten Roswitha Wallishauser, einschliesslich des Arbeitgeberanteils, verletzt Art. 1 des ersten Zusatzprotokolles nicht); Urteil 26266/05 Raviv vom 13.3.2012 (Nichtberücksichtigung der Kindererziehungs- und Betreuungszeiten als Beitragszeiten für die Alterspension verletzt Art. 14 EMRK in Verbindung mit Art. 1 erstes Zusatzprotokoll nicht [4:3 Entscheid!]); Urteil 37452/02 Stummer vom 7.7.2011 (Nichtberücksichtigung der Jahre im Gefängnis, wo der Beschwerdeführer Stummer als Häftling Arbeiten verrichten musste, in der Pensionsberechtigung verletzt Art. 14 EMRK in Verbindung mit Art. 1 erstes Zusatzprotokoll nicht [10:7 Entscheid der Grossen Kammer]); Urteil 57028/00 Klein vom 3.3.2011 (Verweigerung von Pensionsleistungen an den Rechtsanwalt, welcher an die Pensionskasse Beiträge bezahlt hatte, jedoch aus disziplinarischen Gründen von der Berufsausübung als Anwalt ausgeschlossen worden war, verletzt Art. 1 Zusatzprotokoll Nr. 1); Urteil 17371/90 Gaygusuz vom 16.9.1996 (Nichtgewährung von Vorruhestandsleistungen gemäss Arbeitslosenversicherungsgesetz wegen Fehlens der österreichischen Staatsangehörigkeit verletzt Art. 14 EMRK in Verbindung mit Art. 1 Zusatzprotokoll Nr. 1). Die österreichi-

---

[26] Im Laufe der Jahre wurde die EMRK durch verschiedene Zusatzprotokolle (Protokolle Nr. 1, 4, 6, 7, 9, 12 und 13) und *Änderungsprotokolle* (Protokolle Nr. 8, 10, 11 und 14) ergänzt. Durch die Zusatzprotokolle wurde der Katalog der *geschützten Rechte erweitert*, durch die Änderungsprotokolle die Organisation und das *Verfahren vor dem Gerichtshof* angepasst (Vgl. bundesrätlicher Bericht, zit. Anm. 2, S. 375).

sche Soziale Sicherheit betreffende Fälle, welche der EGMR im Lichte von Art. 14 EMRK in Verbindung mit Art. 8 EMRK prüfte, sind: Urteil 18984/02 P. D. und J. S. vom 22.7.2010 (Nichtaufnahme des gleichgeschlechtlichen Partners in die Versicherung öffentlicher Bediensteter verletzt Art. 14 in Verbindung mit Art. 8 EMRK); Urteil 156/1996/775/976 Petrovic vom 27.3.1998 (Nichtgewährung von Karenzurlaubsgeld an den Vater verletzt Art. 14 in Verbindung mit Art. 8 EMRK nicht).

[21] Solches war der Eidgenossenschaft schon im Fall Burghartz gemäss Urteil vom 22.2.1994 passiert. Vergeblich berief sich der Bundesrat darauf, dass die Schweiz zum Zusatzprotokoll Nr. 7 bezüglich dessen Art. 5 (Gleichberechtigung der Ehegatten) einen *Vorbehalt* gemacht hatte. Der EGMR betrachtete Art. 5 Zusatzprotokoll Nr. 7 als *zusätzliche* Vertragsbestimmung, welche die *Bedeutung von Art. 8 EMRK nicht reduzieren* könne. Mag man im Fall Burghartz für das Berührtsein von Art. 8 EMRK noch ein gewisses Verständnis haben – der Familiennamen ist in der Tat ein Aspekt des Familienlebens – so kann das nach den vorstehenden Ausführungen (NN 15, 18) im Fall Di Trizio sicherlich nicht gesagt werden. Im Kern drückt das Urteil Di Trizio ein *allgemeines* menschenrechtlich fundiertes Diskriminierungsverbot aus, das weit *über Art. 14 EMRK hinausgeht* und praktisch alle Lebensbereiche erfasst, die nicht durch Art. 2 ff. EMRK geschützt sind.

c) Sozialversicherungsrecht und europäisches Koordinationsrecht der Sozialen Sicherheit

[22] Dem Sozialversicherungsrecht als, wie sein Name es sagt, *Versicherungsrecht* sind Grenzwerte, Abstufungen, Ausschlussgründe und damit einhergehende *Ungleichbehandlungen* immanent. Wer etwa die versicherungsmässigen Voraussetzungen nicht erfüllt, ist schlechter gestellt im Vergleich zu jener Person, welche sich über eine genügende Beitragsdauer, den Wohnsitz und gewöhnlichen Aufenthalt im Inland usw. auszuweisen vermag. Nachdem der Weg zur Integration der Schweiz in Europa im Rahmen des Europäischen Wirtschaftsraumes (EWR) durch die denkwürdige Abstimmung vom 6.12.1992 versperrt worden war und es zum Abschluss und Inkrafttreten der bilateralen Verträge am 1.6.2002 kam, war allen klar, dass die *direkt und indirekt diskriminierenden Bestimmungen des schweizerischen Sozialversicherungsrechts* im sachlichen, persönlichen, territorialen und zeitlichen Anwendungsgebiet des europäischen Koordinationsrechts der Sozialen Sicherheit *nicht bestehen* bleiben konnten.

[23] Die im Nichtzulassungsentscheid Guess Thior (N13) vom EGMR ausgesprochenen Bedenken und der Umstand, dass sich die Schweiz in der Beschwerdesache C./A. (N 16) vernehmen lassen musste, sind untrügliche Anzeichen dafür, dass der EGMR drauf und dran ist, auf der Grundlage eines in der EMRK *nicht* vorhandenen *allgemeinen* (das heisst wiederum über den Art. 14 EMRK hinausreichenden) Verbotes direkter und indirekter Diskriminierung *im Ergebnis die gleiche Rechtslage* zu schaffen, wie wenn das europäische Koordinationsrecht der Sozialen Sicherheit gemäss bilateralen Verträgen (Freizügigkeitsabkommen/FZA) auch in diesen weitab von Europa liegenden Konstellationen anwendbar wäre. Diese Ausweitung des europäischen Koordinationsrechts auf aussereuropäische Sachverhalte entbehrt jeder rechtlichen Grundlage und ist *strikte abzulehnen.*

d) Sozialversicherung als ein Instrument der nationalen sozialen Sicherheit

[24] Die Schweiz ist im Falle des schwer behinderten Guess Thior (N 13) einer Verurteilung nur deswegen entgangen, weil es der Schweiz in der Vernehmlassung gelungen war aufzuzeigen, dass der Beschwerdeführer zwar wegen nicht erfüllter Versicherungsklausel *keine Beiträge der Eidg.* IV zugute hatte, hingegen sehr wohl *Leistungen gemäss kantonalem Schulrecht* beanspruchen konnte, welche eine ihm adäquate Betreuung und Förderung gewährleisteten.

[25] Dem EGMR ist dringend zu empfehlen, die *gesamte Lebenssituation* in seine menschenrechtliche Beurteilung einzubeziehen. Die Menschenrechte können nicht verletzt sein, wenn eine Person in *einem* Zweig der Sozialversicherung zwar schlechter gestellt ist als andere Versichertengruppen, jedoch Leistungen aus *weiteren* Subsystemen der Sozialen Sicherheit bezieht oder im Bedarfsfall beziehen kann. Dieser Aspekt stünde, nähme man ihn ernst, im Fall Di Trizio (N 15) der Annahme einer Verletzung von Art. 8 EMRK von vornherein entgegen. Denn geriete die dortige Beschwerdeführerin durch den Rentenentzug in wirtschaftliche Not (was aber von vornherein nicht der Fall ist, weil ihr *Ehemann* ein *normales Arbeitnehmereinkommen* erzielt und damit seine Familie unterhält) und würde dadurch ihr Anspruch auf Wahrung des Familienlebens beeinträchtigt, nähme sich die *Sozialhilfebehörde* der Wohnortsgemeinde ihrer Familie an, und zwar mit Leistungen in einer Grössenordnung, welche finanziell den entzogenen Rentenleistungen der Eidg. IV grosso modo entspricht.

e) Zusammenfassende Thesen

[26] I. Die Verweigerung oder der Entzug von Sozialversicherungsleistungen allein berühren den Schutzbereich von Art. 8 EMRK *grundsätzlich nicht*. Sollte dies *ausnahmsweise* doch einmal der Fall sein, müssten *besondere Umstände* vorliegen, die in den unter Ziff. 2 hievor referierten Urteilen *nicht* auszumachen sind.

[27] II. Die schranken- und konturlose Ausweitung des Schutzbereichs von Art. 8 EMRK führt zu einer Umgehung der Nichtratifikation des Zusatzprotokolles Nr. 1 durch die Schweiz.

[28] III. Die Kreation eines *allgemeinen*, d.h. über Art. 14 EMRK hinausreichenden und folglich in jedem Lebensbereich (so der Sozialversicherung, dem Militärpflichtersatz, dem Schadenersatzrecht usw.) geltenden *Verbotes direkter oder indirekter Diskriminierung* führt im Bereich der Sozialen Sicherheit zu einer *unzulässigen* Ausweitung des *europäischen Koordinationsrechts* über dessen persönlichen, sachlichen und territorialen Anwendungsbereich hinaus.

[29] IV. Die EGMR-Rechtsprechung lässt eine *Gesamtbetrachtung* vermissen: Wie präsentiert sich die Situation der betroffenen Person *insgesamt* nach der nationalen Rechtsordnung? Sie müsste vermehrt dem Rechtsumstand Rechnung tragen, dass Sozialversicherung nur *ein* Mittel (*eine* Technik) zur Gewährleistung sozialer Sicherheit ist.

[30] V. Die in den besprochenen Urteilen erfolgte menschenrechtlich motivierte *abschliessende Verhältnismässigkeitsprüfung* oder *Interessenabwägung* läuft auf eine *Aufweichung der gesetzlichen Ordnung* hinaus und ist abzulehnen.

Am Beispiel der Rechtsprechung zur Invalidität

I. Einleitung

Das Bundesgericht beurteilt mit 38 Richtern, wovon 14 Frauen, und 132 Gerichtsschreiberstellen, wovon nahezu die Hälfte Frauen, bei etwas weniger als 8000 jährlich anhängig gemachten Beschwerden ungefähr gleich viele Fälle. Das ist eine grosse Leistung. Wer nun aber glaubt, in diesem Fallgut gehe es ganz oder vorwiegend um Rechtsfragen oder gar um solche grundsätzlicher Art, täuscht sich. Zuverlässige Schätzungen aus den sieben Abteilungen lauten etwa auf einen Vierfünftel-Anteil – also 80% – aufgeworfener Tatfragen an den beschwerdeweise erhobenen Rügen, selbst im Zivilrecht. Und von den knapp 8000 Urteilen ergehen weniger als 10% in Fünferbesetzung, welche der Entscheidung über Rechtsfragen von grundsätzlicher Bedeutung vorbehalten ist, nämlich (im Jahre 2015) ganze 571 von 7695 Urteilen[1]. Aus diesem Befund drängen sich drei Schlussfolgerungen auf: Erstens sind Tatfragen weit häufiger als Rechtsfragen, selbst vor Bundesgericht, wo sie sehr oft im Kleide von rechtlichen Rügen vorgetragen werden[2]. Daraus folgt zweitens, dass Grundsatzurteile, gewandelte Rechtsanschauungen, Rechtsprechungs- oder Praxisänderungen, offen gelassene Rechtsfragen von grundsätzlicher Bedeutung sowie *obiter dicta* nicht das tägliche Brot des Bundesgerichts ausmachen. Eine Revision des Bundesgerichtsgesetzes tut daher drittens not. Denn die Erwartung einer nachhaltigen Entlastung des Bundesgerichts durch die Justizreform – Schaffung der Eidgenössischen Vorinstanzen (Bundesstraf-, -verwaltungs-, -patentgericht) – und Inkrafttreten des Bundesgerichtsgesetzes am 1. Januar 2007 mit dem vereinigten Bundesgericht – hat sich nicht erfüllt. Wir stehen praktisch wieder dort, wo wir 2006 aufgehört haben. Der danach zunächst eingetretene Rückgang der eingehenden Geschäfte war zum einen im Wesentlichen nur auf die Ersetzung der altrechtlichen dualen Rechtsmittel durch die Einheitsbeschwerden zurückzuführen. Das Bundesgericht kracht nicht aus den Fugen; es hält der konstant hohen Geschäftslast von nahezu 8000 jährlich eingehenden Geschäften stand. Doch ist der Zustand suboptimal; das Bundesgericht ist, aufs Ganze besehen, nicht überlastet, aber fehlbelastet. Es gibt kein Höchstgericht, weder in Europa noch in der Welt, welches wie das schweizerische Bundesgericht je rund 4000 begründete Nichteintretensentscheide und

---

[1] Geschäftsbericht 2015 des Bundesgerichts, S.25
[2] Siehe Meyer, Tatfrage – Rechtsfrage, S. 211 (oder die französischsprachige Version: Ulrich Meyer/Florian Cretton, Question de fait – question de droit, in: Revue de l'avocat 2016 S. 170).

materielle Urteile erlässt, in denen es weit überwiegend Anwendungsfälle und nicht grundsätzliche Rechtsfragen beurteilt. Seine Stellung ist daher gerade mit Blick auf die Gegenstand der heutigen Veranstaltung bildenden Themen und damit als für die Rechtsfortbildung und Rechtseinheit verantwortliches Höchstgericht zu stärken. Diesem Ziel dient die angelaufene Teilrevision des Bundesgerichtsgesetzes, die ich Ihnen bei Bedarf an einer der nächsten Weiterbildungstagungen erläutere. An dieser Stelle sei auf alt Bundesgerichtspräsident Hans Peter Walter verwiesen, der treffend gesagt hat, dass das Bundesgericht nicht nur Vertrauen schützt[3], sondern es auch verdient. Nun *in medias res*.

II. Allgemeiner Teil

A. Grundsatzurteil

1. Begriff

Über Rechtsfragen von grundsätzlicher Bedeutung entscheiden die Abteilungen des Bundesgerichts in Fünferbesetzung[4]. Grundsätzliche Bedeutung hat eine Sache, wenn ein allgemeines und dringendes Interesse besteht, dass eine umstrittene Frage höchstrichterlich geklärt wird, um eine einheitliche Anwendung und Auslegung des Bundesrechts herbeizuführen und damit Rechtssicherheit herzustellen. Auch die Überprüfung einer Rechtsprechung zu einer schon entschiedenen grundsätzlichen Rechtsfrage fällt darunter[5].

2. Verfahren nach Art. 23 Abs. 2 BGG

Hat eine Abteilung eine Rechtsfrage zu entscheiden, die mehrere Abteilungen betrifft, so holt sie die Zustimmung der Vereinigung aller betroffenen Abteilungen ein, sofern sie dies für die Rechtsfortbildung oder die Einheit der Rechtsprechung für angezeigt hält[6]. Gegenstand des BGG 23 Abs. 2-Verfahrens können infolgedessen nur grundsätzliche Rechtsfragen sein. Entscheidendes Kriterium für die Annahme eines Grundsatzurteiles ist letztlich die

---

[3]   Vgl. Hans Peter Walter, Die Vertrauenshaftung: Unkraut oder Blume im Garten des Rechts?, in: ZSR 120/2001 I S. 79.

[4]   Art. 20 Abs. 2 in initio Bundesgerichtsgesetz (BGG; SR 173.110).

[5]   Hansjörg Seiler/Nicolas von Werdt/Andreas Güngerich/Niklaus Oberholzer (Hrsg.), Bundesgerichtsgesetz (BGG), 2. Auflage, Bern 2015, N. 5 ff. zu Art. 20 in Verbindung mit N. 9 zu Art. 74 mit zahlreichen Hinweisen.

[6]   Art. 23 Abs. 2 BGG.

präjudizielle Bedeutung, das heisst die Tragweite des Urteils über den konkret entschiedenen Einzelfall hinaus, oder anders gesagt, seine Eignung, in künftigen Fällen verfahrensentscheidend zu wirken.

B. Praxisänderung

1. Begriff

Das eine Rechtsprechung ändernde Urteil ist eine Form des Grundsatzurteiles, und zwar eine Sonderform davon. Eine nach bisheriger Rechtsprechung so lautende Antwort auf eine grundsätzliche Rechtsfrage wird mit Wirkung für die Zukunft anders entschieden. Änderung der Rechtsprechung findet auf der (höchstgerichtlichen) Ebene statt, wogegen der Begriff Praxisänderung an sich für die Ebene der Verwaltung (*Administration*) reserviert ist. Doch hat sich diese Differenzierung terminologisch nicht durchgesetzt, Rechtsprechungs- und Praxisänderung werden in weiten Teilen als synonyme Begriffe verwendet. Die geänderte Verwaltungspraxis ihrerseits führt, so sie im zu beurteilenden streitigen Einzelfall zur Anwendung gelangt, immer zu einer grundsätzlichen Rechtsfrage, dahin lautend, ob sie mit den gesetzlichen Bestimmungen vereinbar ist[7]. Hingegen ist der Terminus der gewandelten Rechtsauffassung (*cambiamento di orientamento*) als solcher kein Rechtsbegriff. Rechtliche Bedeutung kommt ihm erst dann zu, wenn er sich in einer Rechtsprechungs- oder Praxisänderung niederschlägt.

2. Verfahren nach Art. 23 Abs. I BGG

Eine Abteilung kann eine Rechtsfrage nur dann abweichend von einem früheren Entscheid einer oder mehrerer anderer Abteilungen entscheiden, wenn die Vereinigung der betroffenen Abteilungen zustimmt[8]. Ist die Vereinigung der betroffenen Abteilungen im Falle der Rechtsprechungs- oder Praxisänderung somit ex lege gegeben, setzt die Einleitung des Verfahrens nach Art. 23 Abs. 2 BGG einen Beschluss der Abteilung, welche die grundsätzliche Rechtsfrage zu beurteilen hat, voraus.

In beiden Fällen stellt sich die Frage, wie vorzugehen ist, wenn eine Abteilung die Einleitung des Verfahrens nach Art. 23 Abs. I oder 2 BGG versäumt. In einem solchen Fall hat die sich als übergangen wähnende Abteilung lediglich die Möglichkeit, im Rahmen eines nächsten sich als gleich gelagert anbietenden

---

[7] Auch die Frage, ob die initiale Verwaltungspraxis gesetzeskonform ist, beschlägt stets eine grundsätzliche Rechtsfrage.

[8] Art.23 Abs. I BGG.

Falles eine Praxisänderung vorzunehmen, wodurch sie, wenn auch nur nachträglich, die Vereinigung der betroffenen Abteilungen erzwingen kann. Aufgrund dieser Gegebenheiten könnte *de lege ferenda* erwogen werden, ob nicht eine Minderheit der anfragenden Abteilung, zum Beispiel zwei Mitglieder, für die Einleitung des Verfahrens nach Art. 23 BGG genügen.

C. Offen gelassene Rechtsfragen

1. Vorkommen im Allgemeinen

Dass das Bundesgericht eine (grundsätzliche) Rechtsfrage offen lässt, kommt recht häufig vor. Dieser Umstand hängt mit dem Grundsatz des Verbots von obiter dicta[9] aufs Engste zusammen: Rechtsanwendung von Amtes wegen[10] und Pflicht zur Justizgewährleistung[11] gebieten lediglich, dass das Bundesgericht Antworten auf diejenigen Fragen gibt, welche zur Entscheidung des konkret zur Beurteilung anstehenden Falles notwendig sind. Immerhin bedeutet das Offenlassen von Rechtsfragen nicht nichts; vielmehr ist es in aller Regel ein Signal, dass zu einer bestimmten Thematik eine Rechtsprechung in Ausbildung begriffen ist.

2. In der Sozialversicherung im Besonderen

Sozialversicherung ist Massenverwaltung. Von daher ergibt sich das Bedürfnis, dass die Durchführungsstellen mit Blick auf die tausenden sich täglich ereignenden und administrativ zu bewältigenden Versicherungsfälle die Rechtslage kennen. Ein Beispiel bietet BGE 142 V 178 betreffend Verwendung der Lohnstrukturerhebung (LSE) des Bundesamtes für Statistik (BFS) 2012 in der Invalidenversicherung, welche von den LSE bis 2010 strukturell wesentlich abweicht. Obwohl es im konkreten Fall nur um eine Neuanmeldung (nach vorausgegangener rechtskräftiger Rentenaufhebung) ging, sprach sich das Bundesgericht zur entsprechenden Verwaltungspraxis (Verwaltungsweisung) des Bundesamtes für Sozialversicherung (BSV) in umfassender Weise aus. Das heisst, das Bundesgericht entschied über die Verwendung der LSE 2012 auch in den Fällen der erstmaligen Invaliditätsbemessung und der Rentenrevision nach Art. 17 Abs. 1 ATSG[12].

---

9 Vgl. D hienach
10 Art. 106 Abs. I BGG
11 1 Art. 29 ff. BV.
12 SR 830.1.

D. Obiter dicta

1. Grundsatz: Vermeidung

Der Grundsatz lautet, dass obiter dicta, das heisst die Beantwortung von (grundsätzlichen) Rechtsfragen, welche für die Beurteilung des konkreten Falles nicht erforderlich sind, zu vermeiden sind. Rechtsprechung «auf Vorrat» zu betreiben, ist verfänglich, zumal sich das Gericht damit bindet: Die Rechtsadressaten erwarten die Anwendung des obiter dictum in künftigen Fällen, die sich aber – jeder casus ist für eine Überraschung gut! – unter Umständen ganz anders als vorgesehen ausnehmen können.

2. Gerechtfertigte Ausnahmen

Das einzige obiter dictum, zu dem ich – meiner Erinnerung nach, wenn ich nichts übersehe – die Zustimmung erteilt habe, findet sich in BGE 136 V 395 betreffend Vergütung exorbitanter Kosten von Medikamenten zur Behandlung seltener Krankheiten (orphan disease). Die dortige Erwägung 7 betreffend Wirtschaftlichkeit (BGE a.a.O. S. 406 ff.) ist gleichzeitig auch das längste mir bekannte obiter dictum. Die Ausführungen wären zur Lösung des Falles nicht nötig gewesen, weil es schon am Erfordernis des spezifischen therapeutischen Nutzens bei off-label-use fehlte. Indes, dieses obiter dictum war sachlich gerechtfertigt, ganz einfach weil es aufzeigen sollte, dass nicht alles, was medizinisch machbar ist, sozialversicherungsrechtlich finanzierbar sein wird. Das Urteil stiess eine breite öffentliche Diskussion an, und zwar über die wissenschaftliche Rezeption hinaus[13]. Die Wirtschaftlichkeitsdiskussion in der sozialen Krankenversicherung ist denn auch längst nicht abgeschlossen und wird in Zukunft an Aktualität noch gewinnen. Bei der Erwägung 7 von BGE 136 V 395 handelt es sich um eine selten gelungene Ausnahme vom Verbot der obiter dicta in dem Sinne, dass Rechtsanwendung und Rechtssetzung einander gegenseitig befruchten. Das Urteil hat sich nämlich im positiven Recht nieder-

---

[13] Hardy Landolt, in: HAVE 2013 S. 163; Georg Marckmann, in: HAVE 2013 S. 166; Thomas Gächter/Arlette Meienberger, in: HAVE 2013 S. 168; Ueli Kieser, in: HAVE 2013 S. 172; Ueli Kieser, in: JaSo 2012 S. 71; Valérie Junod/Jean-Blaise Wasserfallen, in: SAEZ 2011 S. 1751; Valérie Junod/Jean-Blaise Wasserfallen, in: Newsletter vom 29. August 2011; Felix Kesselring, in: AJB 2011 S. 575; Alain Vioget, in: Info Santésuisse 2011 S. 19; Jürg Waldmeier, in: HAVE 2011 S. 39; Tomas Poledna/Marianne Tschopp, in: Newsletter vom 7. Februar 2011; Loris Magistrini, in: Newsletter vom 31. Januar 2011; Mauri Romano, in: SAEZ 2011 S. 1335; Markus Zimmermann-Acklin, in: SAEZ 2011 S. 1342; Andreas Lörtscher, in: HAVE 2013 S. 173; Valérie Junod/Jean-Blaise Wasserfallen, in: HAVE 2013 S. 180.

geschlagen, indem die Krankenversicherungsverordnung ergänzt[14] und das betreffende Medikament (Myozyme) – mit allerdings weitreichenden – Limitationen auf die Spezialitätenliste gesetzt wurde.

III. Besonderer Teil

A. Invalidität als Rechtsbegriff

1. Konstanz der gesetzlichen Grundlagen

Die gesetzlichen Grundlagen über die Invalidität und ihre Bemessung, welche über die Art. 1 der Einzelgesetze in Verbindung mit Art. 6 bis 8 ATSG in der Invaliden-, Unfall- und Militärversicherung gelten, sind in jeder Beziehung konsolidiert. Dazu treten einige bereichsspezifische Regelungen in der Militär- und Unfallversicherung. Auch besteht, zwar unabhängig vom ATSG, jedoch kraft kongruenter Regelung, inhaltlich weitgehende Übereinstimmung von Begriff und Bemessung der (erwerblichen) Invalidität in der obligatorischen beruflichen Vorsorge[15]. Die IV-Revisionen der letzten Jahre (4. und 5. IV-Revision sowie IV-Revision 6a) haben daran nichts Grundlegendes geändert[16].

2. Konstanz der Rechtsprechung

Ebenfalls sehr beständig verläuft, mit einer Ausnahme, die Rechtsprechung zur Invaliditätsbemessung[17].

---

[14]   Vgl. Art. 71a (Übernahme der Kosten eines Arzneimittels der Spezialitätenliste ausserhalb der genehmigten Fachinformation oder Limitierung) und Art. 71b (Übernahme der Kosten eines nicht in die Spezialitätenliste aufgenommenen Arzneimittels) Krankenversicherungsverordnung (KVV; SR 832.102).

[15]   Vgl. Art. 23 ff. BVG.

[16]   Vgl. etwa den mit der 5. IV-Revision mit Wirkung ab 1. Januar 2008 in Art. 7 ATSG beigefügten Abs. 2, wonach allein die gesundheitlichen Beeinträchtigungen bei der Invaliditätsbemessung berücksichtigt werden und die Prüfung nach einem objektiven Massstab zu erfolgen hat. In diesem Sinne schon die Rechtsprechung zu den psychogenen Gesundheitsbeeinträchtigungen gemäss BGE 102 V 165. Das gleiche gilt sinngemäss für die Grundsätze Eingliederung statt Rente (5. IV-Revision) und Eingliederung aus Rente (IV-Revision 6a), welche den seit 1960 geltenden Grundsatz der Priorität der Eingliederungsmassnahmen vor der Invalidenrente (Eingliederung vor Rente) nicht grundsätzlich verändert haben.

[17]   Zur Frage, welche Methode der Invaliditätsbemessung im Einzelfall anwendbar ist, vgl. die mit BGE 117 V 194 bereinigte und seither unverändert geltende Rechtsprechung: massgeblich ist die hypothetische Betrachtungsweise; Lage und Entwicklung in der Zeit vor Invaliditätseintritt sind nicht präjudizierend, haben aber den Wert von Indizien für die Schlussfolgerung, was die versicherte Person heute täte, wenn sie, bei sonst gleichen Verhältnissen, nicht invalid geworden wäre.

a) Erwerbstätige

Die Rechtsregeln zum Einkommensvergleich lauten unverändert[18]: Abgrenzung der Aufgaben von Arztperson und Rechtsanwender[19], Bedeutung schlüssiger, die Arbeitsunfähigkeit beweisender medizinischer Angaben[20], Grundsatz der so konkret wie möglich zu bemessenden Invalidität[21], Objektivierung von Zumutbarkeit und Selbsteingliederung[22], subsidiäre Heranziehung statistischer Lohnwerte[23], invaliditätsbedingter Abzug vom Tabellenlohn zwecks Festlegung des Invalideneinkommens[24], Parallelität des Einkommensvergleichs[25], ausgeglichener Arbeitsmarkt[26], zu all diesen Themen und Schritten der Invaliditätsbemessung, um nur die für die Praxis wichtigsten Regeln zu nennen, hat sich je eine feste Rechtsprechung etabliert[27].

b) Nichterwerbstätige

Auch der Betätigungsvergleich als Invaliditätsbemessungsmethode für die Nichterwerbstätigen steht fest: Anerkannte Aufgabenbereiche[28], Modalitäten des Betätigungsvergleichs[29], Beweiswert der an Ort und Stelle eingeholten Abklärungsberichte[30] und viele andere Fragen sind geklärt.

c) Teilerwerbstätige?

Das Gleiche kann nicht gesagt werden von der Rechtsprechung zur bei Teilerwerbstätigen zur Anwendung gelangenden gemischten Methode (Kombination von Einkommens- und Betätigungsvergleich)[31]. Obwohl seit der 5. IV-Revision bundesgesetzlich verankert[32], hat die gemischte Methode der menschenrechtlichen Prüfung durch den Europäischen Gerichtshof für Menschenrechte

---

[18]   BGE 130 V 343.
[19]   BGE 140 V 193.
[20]   BGE 140 V 290.
[21]   BGE 139 V 592 E. 2.3 S. 593f., 135 V 297 E. 5.2 S. 301.
[22]   BGE 141 V 642 E. 4.3.2 S. 648.
[23]   BGE 142 V 178 E. 2.5.7 S. 188.
[24]   Vgl. BGE 142 V 178 E. 2.5.9 S. 191.
[25]   BGE 135 V 297, 134 V 322.
[26]   BGE 140 V 267.
[27]   Vgl. zum ganzen Meyer/Reichmuth, N. 1 ff. zu Art 28a mit Hinweisen.
[28]   BGE 130 V 360.
[29]   BGE 130 V 97.
[30]   Meyer/Reichmuth, N. 248 ff. zu Art. 28a IVG. Die Rechtsprechung zum Beweiswert des Abklärungsberichts bei der Hilflosenentschädigung (Art. 42 IVG; BGE 130 V 61) gilt für den Abklärungsbericht Haushalt an Ort und Stelle grundsätzlich analog.
[31]   Mit BGE 125 V 146 begründete unverändert geltende Rechtsprechung.
[32]   Art. 28a Abs. 3 IVG

(EGMR) nicht standgehalten. Die Beschwerdeführerin Di Trizio bezog als Erwerbstätige eine halbe Invalidenrente der IV. Nach der Geburt von Zwillingen (2004) erklärte sie gegenüber der IV-Stelle, sie würde auch im Gesundheitsfall (ohne Behinderung) wegen der Betreuung der Kleinkinder nur halbtags ihrem Beruf als kaufmännische Angestellte nachgehen. Dies führte zu einem Statuswechsel in der Beurteilung des Invaliditätsgrades. Zu je 50% als Erwerbs- und Nichterwerbstätige qualifiziert, ermittelte die IV-Stelle einen unter der gesetzlichen Anspruchsschwelle von 40% (Art. 28 Abs. 2 IVG) liegenden Invaliditätsgrad, was das Bundesgericht 2008 letztinstanzlich bestätigte. In dem am 2. Februar 2016 ergangenen Urteil schloss der EGMR auf eine Verletzung von Art. 8 in Verbindung mit Art. 14 EMRK, weil die Beschwerdeführerin als teilerwerbstätige Mutter von zwei Kindern im Vergleich zu den Erwerbstätigen diskriminiert werde. Dem ist zu widersprechen. In Tat und Wahrheit ist der Schutzbereich des Art. 8 EMRK nicht berührt. Denn die Beschwerdeführerin Di Trizio wurde durch den Wegfall der Invalidenrente nicht in ihrem Familienleben beeinträchtigt, konnte sie dieses doch genau so gestalten, wie sie es nach der Geburt ihrer Zwillinge tun wollte. Auch erlitt sie nach der Geburt ihrer Kinder keinen durch ihre gesundheitliche Beeinträchtigung verursachten Erwerbsausfall mehr. Denn sie war unbestritten im Wesentlichen in der Lage, mit einigen Abstrichen eine Teilerwerbstätigkeit von 50% zu verrichten und daneben den Familienhaushalt zu besorgen. Die Beschwerdeführerin macht damit als invalide Person erwerblich genau das, was sie auch als nicht invalide Frau nach der Geburt ihrer Kinder täte, nämlich eine Erwerbsarbeit von 50% ausüben. Was Frau Di Trizio durch die Rentenaufhebung hinzunehmen hatte, ist einzig und allein eine Vermögensverminderung durch Abgang von Sozialversicherungsleistungen. Hierin, wie es der EGMR tut, schon eine Verletzung des Anspruchs auf Privat- und Familienleben gemäss Art. 8 EMRK zu erblicken, lässt die von der Schweiz bewusst nicht ratifizierte Eigentumsgarantie in Art. 1 des ersten Zusatzprotokolles zur EMRK (Eigentumsgarantie) ins Leere verpuffen. Trotz dieser grundsätzlichen Rechtsfragen ist der vom Rechtsvertreter der Schweiz am 20. April 2016 erklärte Weiterzug an die Grosse Kammer als unzulässig erklärt worden. Es stellen sich hier eine ganz Reihe von Fragen, wie mit dem EGMR-Urteil i.S. Di Trizio auf judikativer und/oder legislativer Ebene umgegangen werden soll. Verschiedene Möglichkeiten bieten sich an. So könnte die Tragweite des Urteils auf Situationen beschränkt werden, wo allein, wie im beurteilten Fall geschehen, der IV-rechtliche Statuswechsel der Grund für den Wegfall der rentenbegründenden Invalidität bildete. Eine andere Möglichkeit wäre ein Rückkommen auf die Rechtsprechung BGE 125 V 146, indem auf die Gewichtung der im erwerblichen und nichterwerblichen Bereich ermittelten Behinderungsgrade, die an sich systemkonform ist, verzichtet würde, wie es die herrschende Doktrin seit langem verlangt hatte[33]. Dritte Variante wäre die Herausnahme der Nichterwerbstätigen aus der Invaliditätsbemessung und die Schaffung einer speziellen Leistung, welche die Unmöglichkeit, sich im Aufgabenbereich zu betätigen, separat entschädigte, was aber beides nur durch Änderung von Gesetz und Verordnung zu erreichen wäre.

B. Invalidität und Medizin

1. Bedeutung

Die langandauernde und erhebliche gesundheitliche Beeinträchtigung, sei es nun in Form von Krankheit, Geburtsgebrechen oder Unfallfolge, ist die medizinische Wurzel des Invaliditätsbegriffes. Ohne Gesundheitsschaden gibt es keine Invalidität. Das Recht der Invaliditätsbemessung hat es damit notwendigerweise – grundsätzlich-dogmatisch und praktisch-täglich – mit medizinischen Angaben, Daten, Befunden, Diagnosen in Form von Berichten und Gutachten zu tun.

2. Entwicklungen des medizinischen Krankheitsbegriffes

Ein Blick in die Medizingeschichte zeigt das im Laufe der Epochen sich wandelnde Verständnis von Krankheit als einen Teil der Menschheitsgeschichte, geprägt von im Laufe der Jahrhunderte wechselnden religiösen, philosophischen und naturwissenschaftlichen Vorstellungen. Medizinische Krankheitskonzepte und -modelle gab und gibt es in Hülle und Fülle: Ob Naturalismus oder Normativismus, Kombinationen davon, Krankheit als Abnormität, Krankheit im sozialen Kontext, bio-medizinisches Modell, bio-psycho-soziales Modell, systemisch-psychosomatischer Ansatz, Konzept der Salutogenese, Maikirch-Modell nach Johannes Bircher u.v.a.m. fordern das Sozialversicherungsrecht heraus[34]. Dabei interessieren invaliditätsrechtlich im Wesentlichen nur die langdauernden (chronischen) Krankheiten, und von diesen auch nur diejenigen, welche sich medizinisch nicht hinreichend erklären lassen. Wo die Medizin dem Recht substanzielle, nachvollziehbare und schlüssige Grundlagen liefert, rüttelt der Rechtsanwender nicht daran. Zu prüfen bleibt, wie das Sozialversicherungsrecht mit medizinisch unerklärlichen Leidenszuständen umgegangen ist.

---

[33] Vgl. zur Kritik an BGE 125 V 146 etwa Hans-Jakob Mosimann, in: AJP/PJA 2000 S. 214.
[34] Meyer, Krankheit, S. 251 f. mit Hinweis auf Schwendener, Krankheit und Recht, der Krankheitsbegriff im Schweizerischen Sozialversicherungsrecht, Basel 2008.

3. Gefahr der Redundanz in der Invaliditätsbemessung

Die medizinische Entwicklung der letzten 30 Jahre brachte auch der Schweiz die durchgehende Verbreitung und Beachtung des Gesundheitsbegriffes nach der Definition der Weltgesundheitsorganisation WHO, welcher in der medizinischen Lehre und Praxis eine entscheidende Rolle spielt. Danach wird Gesundheit als vollständiges physisches, psychisches und soziales Wohlbefinden umschrieben. Diese sehr weitgefasste Definition drohte zu einer Redundanz in der Invaliditätsbemessung und damit in der Anspruchsprüfung zu führen. Wenn zum Beispiel persönliche Schicksalsschläge. familiäre Krisen, schwierige Immigrationssituationen, Arbeitsplatzverlust usw. als soziokulturelle oder psychosoziale Faktoren geeignet sind, Depressionen oder Anpassungsstörungen zu bewirken, wird die von Art. 7 Abs. 1 ATSG – und verstärkt von Abs. 2 (5. IV-Revision; in Kraft seit 1. Januar 2008) dieser Bestimmung – vorausgesetzte kausale Subjekt-Objekt-Beziehung zwischen der gesundheitlichen Beeinträchtigung und ihren negativen erwerblichen Auswirkungen aufgehoben; versicherte Erwerbsunfähigkeit lässt sich letztlich nicht mehr von nicht versicherter Erwerbslosigkeit unterscheiden[35].

C. Antworten der Rechtsprechung auf medizinisch nicht erklärbare Beschwerdebilder

1. Neurose-Praxis bis BGE 106 V 89

Als sich die Eidgenössischen Räte nach der Ablehnung der Lex Forrer in der Volksabstimmung vom 20. Mai 1900 erneut daran machten, die ersten Sozialversicherungsgesetze mit Invaliditätsleistungen ins Werk zu setzen, waren sie sich des Gegensatzes von subjektiver Krankheitsüberzeugung und objektivierender rechtlicher Anforderung an einen schlüssigen Beweis des Krankheitsgeschehens und seiner Auswirkungen auf die Arbeitsfähigkeit bewusst. Der Gesetzgeber entschied sich für einen Mittelweg, die Abfindung, welche damals in das Unfall- und Militärversicherungsrecht Einzug fand. Die Schöpfer des Gesetzes verstanden die Abfindung als Juristische Therapie, welche der versicherten Person «die goldene Brücke» zurück ins Erwerbsleben bauen sollte. In der Invalidenversicherung, welche das Institut der Abfindung von Anfang an (1960) nicht kannte, behalf man sich mit der fortgesetzten Rentenablehnung,

---

35   Meyer/Reichmuth, N.26 zu Art. 4 IVG.

was in BGE 106 V 89 letztmals bestätigt wurde: Wiederholte Verweigerung der Rente, wenn der Versicherte die Verwertung seiner Arbeitsfähigkeit ohne hinreichende Gründe beharrlich ablehnt[36].

2. Schmerz-Rechtsprechung ab BGE 130 V 352

Was Kind, anlässlich des 75-jährigen Bestehens des EVG (1992), als «Elend mit dem Neurosebegriff in der Unfallversicherung» bezeichnet hatte, war in Tat und Wahrheit das Ende des Neurosebegriffs in seiner Relevanz für das Schweizerische Recht, und zwar nicht nur in der Sozialversicherung[37]. Mit BGE 127 V 294 –einundzwanzig Jahre nach dem letzten Urteil der Neurose-Praxis (BGE 106 V 89) – antwortete die Rechtsprechung erstmals auf den Paradigmenwechsel in der Medizin, das heisst den Einbezug der sozialen Dimension in den medizinischen Krankheitsbegriff ebenso wie die medizinische Anerkennung subjektiver Krankheitsüberzeugung als behandlungsbedürftige Krankheit[38]. Darin lag die Grundlage für die mit BGE 130 V 352 begonnene Rechtsprechung zu anhaltenden somatoformen Schmerzstörungen und vergleichbaren Leiden aus dem somatoformen Formenkreis. In der Zeit vor BGE 130 V 352 akzeptierten die rechtsanwendenden Instanzen bei Schmerzsyndromen und vergleichbaren psychosomatischen Leiden häufig tel quel die Einschätzungen behandelnder Ärzte und Ärztinnen, welche sehr verbreitet von der Diagnose direkt auf Arbeitsunfähigkeit schlossen. Die Folgen davon waren eine ubiquitäre Verbreitung solcher Krankheitsbilder und eine starke Zunahme der rentenbeziehenden Personen um 27% allein in der Zeit von Dezember 2000 bis Dezember 2005. Hiedurch war die Einhaltung der gesetzlichen Anspruchsvoraussetzungen offensichtlich nicht mehr gewährleistet. Die mit BGE 130 V 352 begründete Regel/Ausnahme-Vorgabe sollte die gesetzmässige Praxis wiederherstellen. Die Bedeutung der Überwindbarkeitsvermutung beschränkte sich auf dieses Ziel[39]. Dieser Rechtsprechung, welche von der natürlichen Vermutung ausging, dass anhaltende Schmerzen als solche die Arbeitsfähigkeit grundsätzlich nicht aufheben, sondern dass es hiezu besonderer qualifizierender Umstände bedarf, erwuchs im Verlaufe der Jahre von medizinischer und juristischer Seite zunehmend Kritik, wobei das Hauptargument dahingehend lautete, die der Praxis zu Grunde liegende Vermutung sei wis-

---

[36] Zum Ganzen Meyer, Somatoforme Schmerzstörung, S. 270 f.

[37] Hans Kind, Das «Elend» mit dem Neurosebegriff in der Unfallversicherung, in: Sozialversicherungsrecht im Wandel, Festschrift zum 75-jährigen Bestehen des Eidgenössischen Versicherungsgerichts, Bern 1992, S. 197 ff.

[38] Meyer, Somatoforme Schmerzstörung, S. 272 ff.

[39] BGE 141 V 289 E. 3.4.1.1 S. 29 f. mit Hinweisen.

senschaftlich nicht genügend abgestützt[40]. Dabei kann es im Bereich medizinisch unerklärlicher Leidenszustände von der Natur der Sache her zwangsläufig keine medizinische Evidenz geben.

3. Praxisänderung durch BGE 141 V 281[41]

a) Inhalt des Urteils

Das Bundesgericht hat zunächst für die Feststellung der anhaltenden somatoformen Schmerzstörung bedeutsame erforderliche diagnostische Voraussetzungen formuliert, insbesondere, dass eine solche Diagnose nur gestellt

---

[40] BGE 141 V 281 E. 3.3 S. 289 ff. mit zahlreichen Hinweisen und weitere Nachweise bei Jörg Jeger, Tatfrage oder Rechtsfrage? Abgrenzungsprobleme zwischen Medizin und Recht bei der Beurteilung der Arbeitsfähigkeit in der Invalidenversicherung Ein Diskussionsbeitrag aus der Sicht eines Mediziners, in: SZS 55/2011 S. 431 ff., S. 580 ff.

[41] Das Urteil hat ein aussergewöhnlich grosses und weit überwiegend zustimmendes Echo ausgelöst. Siehe die umfangreiche Rezeption des Urteils durch die Doktrin: Max B. Berger, «Nur aber immerhin», Kommentierung des Urteils 9C_492/2014 vom 3. Juni 2015 (= BGE 141 V 281), in: HAVE 2015 S. 291 ff.; Anne-Sylvie Dupont, Un point d'actualité en droit des assurances sociales: le trouble somatoforme (moins) douloureux?, in: Stephan Fuhrer (Hrsg.), Jahrbuch Schweizerische Gesellschaft für Haftpflicht- und Versicherungsrecht (SGHVR) 2015, Zürich/Basel/Genf 2015, S. 79 ff.; Petra Fleischanderl, Aktuelle Urteile zu BGE 141 V 281,in: SZS 59/2015 S. 557 ff.; Christoph Frey in: ius.focus 2015 N. 7 S. 17; Thomas Gächter, Funktion und Kriterien der Adäquanz im Sozialversicherungsrecht. Grundsätzliche Fragen an ein zentrales Konzept, in: Stephan Weber (Hrsg.), Personen-Schaden-Forum, Zürich/ Basel/Genf 2016,8. 13 ff; Thomas Gächter/Michael E. Meier, Schmerzrechtsprechung 2.0, Bemerkungen zur grundlegenden Praxisänderung im Urteil des Bundesgerichts 9C_492/ 2014 vom 3. Juni 2015, in: Jusletter vom 29. Juni 2015; Thomas Gächter/Michael E. Meier, Einordnung von BGE 141 V 281 aus rechtswissenschaftlicher Sicht, in: HAVE 4/2015 S. 435 ff; Thomas Gächter/Michael E. Meier, Rechtsprechung des Bundesgerichts im Bereich der Invalidenversicherung, in: SZS 60/2016 S. 290 ff.; Thomas Gächter/Michael E. Meier, Das Schleudertrauma gestern, heute und morgen, im Lichte der neuesten Rechtsprechung des Bundesgerichts, in: Thomas Probst/Franz Werro (Hrsg.), Strassenverkehrstagung 2016, Bern 2016, S. 121 ff; Jörg Jeger, Die neue Rechtsprechung zu den psychosomatischen Krankheitsbildern. Eine Stellungnahme aus ärztlicher Sicht, in: Jusletter vom 13. Juli 201 5; Jörg Jeger, Auswirkungen der neuen Rechtsprechung zu den psychosomatischen Krankheitsbildern auf die medizinische Begutachtung, in: Stephan Weber (Hrsg.), Personen-Schaden-Forum, Zürich/Basel/Genf 2016, 5. 87 ff; Ueli Kieser, Unklare Beschwerdebilder - alles klar? Neue Rechtsprechung im Urteil 9C_492/2014, in: Schweizerische Ärztezeitung 2015 S. 1213 ff.; Miriam Lendfers, Rechtsprechung des Bundesgerichts zum Sozialversicherungsrecht, Invaliditätsbemessung, Bestimmung der massgebenden Arbeitsfähigkeit, in: JaSo 2016 S. 26 f.; Michael Liebrenz et al., Das Suchtleiden bzw. die Abhängigkeitsbetrachtungen - Möglichkeiten der Begutachtung nach BGE 141 V 281 (= 9C_492/2015), in: SZS 60/ 2016 S. 12 ff.; Michael Liebrenz/Ursula Uttinger/Gerhard Ebner, Sind Abhängigkeitserkrankungen aus höchstrichterlicher Sicht (weiterhin) nicht mit anderen psychischen Störungen (z.B. somatoformen Störungen) vergleichbar? - Eine Urteilsbesprechung zum Urteil 8C_582/2015 im Lichte der theoretischen Anwendbarkeit des ergebnisoffenen, struktu-

werden darf, wenn funktionelle Auswirkungen feststellbar sind[42]. Liegen Ausschlussgründe wie Aggravation vor, verbietet sich von Vornherein die Stellung der Diagnose[43]. Die Überwindbarkeitsvermutung gibt das Gericht auf, ohne sich über ihre Rechtsnatur abschliessend auszusprechen[44]. Das bisherige Regel/Ausnahme-Modell wird durch einen strukturierten normativen Prüfungsraster ersetzt[45]. Die bisherigen aus Art. 7 Abs. 2 ATSG fliessenden Grundsätze einer objektivierten Zumutbarkeitsbeurteilung bei materieller Beweislast der rentenansprechenden Person gelten unverändert weiter[46].

b) Terminologisches

Das praxisändernde Urteil enthält eine Reihe von Termini, welche nicht anerkannte Rechtsbegriffe sind und daher auf den ersten Blick, von rechtlicher Warte aus betrachtet, etwas fremdartig, eben medizinisch, anmuten: «Prüfungsraster», «Beurteilungsraster», «Indikatoren», «Konsistenz», «Kategorien» u.a.m. Davon sollte man sich nicht verwirren lassen. Bei allen diesen Begriffen handelt es sich, im Kern und von Nahem besehen, um Beweisgegenstände, Beweisthemen und Beweisanforderungen.

c) Die Invaliditätsprüfung als Beweisverfahren

Hierin liegt der wesentliche rechtsfortbildende Ertrag des Urteils in dem Sinne, dass die Invaliditätsprüfung nicht mehr – wie es unter der alten Schmerz-Rechtsprechung zwar nicht die Absicht war, aber bisweilen den Eindruck erwecken konnte – ein Werturteil ist, sondern auf einem Beweisverfahren beruht und Ergebnis eines solchen ist, also eine Tatsachenfeststellung,

---

rierten Beweisverfahrens, in: SZS 60/2016 S. 96 f.; Michael E. Meier, Arbeitsunfähigkeit (Art. 6 ATSG) - Wer bestimmt was?, Eine Auslegeordnung, in: Stephan Fuhrer (Hrsg.), Jahrbuch SGHVR 2015, Zürich/Basel/Genf 2015, S. 91 ff.; Michael E. Meier, Ein Jahr neue Schmerzrechtsprechung. Folgerechtsprechung zur grundlegenden Praxisänderung in BGE 141 V 281, in: Jusletter vom 11. Juli 2016; Hans-Jakob Mosimann, Grundsatzentscheid BGE 141 V 281 – ein Überblick, in: HAVE 4/2015 S. 430 ff.; Georges Pestalozzi-Seger, in: Behinderung und Recht 3/15 S. 2 ff; Gabriela Riemer-Kafka, Ein Kommentar. Zur Überwindung der Überwindbarkeitsvermutung. Einige Gedanken zum Bundesgerichtsentscheid 9C_492/2014 vom 3. Juni 2015, in: SZS 59/2015 S. 373 ff.; Rahel Sager, Die bundesgerichtliche Rechtsprechung betreffend Depressionen, in: SZS 59/2015 S. 308 ff.; Daniel Summermatter, BGE 9C_492/2014: Honni soit qui mal y pense, in: HAVE 4/2015 S. 440 ff; Andreas Traub, Zu den Ausschlussgründen im Rahmen der Rentenprüfung bei psychosomatischen Leiden (Urteil 9C_492/2014 vom 3. Juni 2015, zur Publikation vorgesehen), in: SZS 59/2015 S. 385 f.

[42] BGE 141 V 281 E.2.1 S. 285.
[43] BGE 141 V 281 E. 2.2 S. 287.
[44] BGE 141 V 281 E. 3.4 und 3.5 S. 291 und S. 294.
[45] BGE 141 V 281 E.3.6 S. 294.
[46] BGE 141 V 281 E. 3.7 S. 295.

letztlich eine Schätzung, die aber normativ gebunden ist und daher breit abgestützt sein muss, soll die Folgenabschätzung nicht der subjektiven Meinung der Gutachtensperson und damit der Zufälligkeit ihrer Auswahl überlassen bleiben. Daher bedeutet BGE 141 V 281 nicht – und kann es nicht bedeuten! – Rückkehr zu freiem ärztlichen Ermessen in der Festlegung der Arbeitsunfähigkeit[47]. Die Tragweite des Urteils liegt vielmehr darin, dass die Auswirkungen medizinisch lege artis diagnostizierter Leiden auf die Arbeitsunfähigkeit zum Gegenstand eines indirekten Beweisverfahren gemacht sowie dass eine Reihe von Indizien (Hilfstatsachen) formuliert und den ärztlichen Sachverständigen normativ (verbindlich) mit auf den Weg gegeben werden, die sie bei ihrer Gutachtensarbeit, insbesondere bei der Einschätzung der Arbeitsunfähigkeit, zu berücksichtigen haben. Unbegreiflich mutet daher die Kritik eines Teils der zivilrechtlichen Doktrin an[48], wenn sie das bundesgerichtliche Konzept eines normativ konfigurierten indirekten Beweisverfahrens ablehnt und für den Nachweis der Arbeitsunfähigkeit stattdessen einem direkten Beweis das Wort redet, den es nun nach sämtlichen verfügbaren Erkenntnissen im Kontext sozialer und subjektiver Leiden von der Natur der Sache her nicht geben kann, wie meine Erfahrung aus 35 Jahren Tätigkeit am Bundesgericht mit aller Deutlichkeit zeigt. Insbesondere ist es ein Ding der Unmöglichkeit, mit Zeugenbeweis (!) in Form von Einvernahmen der Angehörigen, Arbeitskollegen oder Vorgesetzten über die Arbeitsunfähigkeit Beweis führen zu wollen. Es liegt eine grosse Tragik darin, dass sich zivilrechtliche Doktrin und Praxis im Schadensausgleichsrecht praktisch nicht für medizinische Fragestellungen und interdisziplinären Austausch interessieren, sondern es hinnehmen, dass in der Haftpflichtpraxis einfach dem Mediziner geglaubt wird, was er über die Arbeitsunfähigkeit sagt – auch wenn er es im Grunde genommen weder weiss noch wissen kann. Die Einschätzung der Arbeitsunfähigkeit ist nun einmal keine genuin medizinische Thematik. Das geht allein schon daraus hervor, dass die Stellungnahme zur Arbeitsunfähigkeit im medizinischen universitären Grundstudium in den Lehrplänen nur ganz am Rande vorkommt. Der angehende Arzt interessiert sich für Krankheit und Gesundheit seiner künftigen Patientinnen in allen ihren Facetten, Ursachen, Erscheinungsformen unter dem Gesichtswinkel der in Betracht fallenden Diagnosen und therapeutischen Optionen. All das hat mit der Arbeitsunfähigkeit im Grunde nichts zu tun. Kompetent für die Einschätzung der Arbeitsunfähigkeit sind daher nur Mediziner, welche sich in dieser Thematik spezifisches Wissen angeeignet haben. Dazu zählen vorab die Vertreterinnen der Versicherungsmedizin, einschliesslich jener praktizierenden Ärzte und Ärztinnen, die sich über Weiterbildungs-

---

47 So schon BGE 140 V 193 und 290.
48 Daniel Summermatter, BGE 9C_492/2014: Honni soit qui mal y pense, in: HAVE 4/2015 S. 441.

schritte in Versicherungsmedizin ausweisen können. Damit werden die Verbreitung und Beachtung der Begutachtungsrichtlinien sichergestellt, wie sie verschiedene Fachverbände (namentlich im Bereich der Psychiatrie und Rheumatologie) verabschiedet haben[49].

d) Das medizinische Sachverständigengutachten

Das medizinische Sachverständigengutachten ist und bleibt dennoch im Hinblick auf die Beschaffenheit des Beweisthemas Arbeits(un)fähigkeit das wichtigste, im Grunde genommen das einzige geeignete Beweismittel. Die Verfahrensgesetze sehen es denn auch auf den drei Ebenen der nachträglichen Sozialversicherungsrechtspflege vor[50]. Sachverständiger ist, wer auf Grund besonderer Sachkunde dem Sozialversicherungsträger oder -gericht die Kenntnis von Erfahrungssätzen vermittelt; den Sachverständigen obliegt somit die Feststellung von Tatsachen auf Grund des Fachwissens und der daraus fliessenden Erfahrungssätze[51]. Davon ausgehend kann der Begriff des medizinischen Gutachtens umschrieben werden als die in Schriftform gebrachten, auf Grund ihres Fachwissens und ihrer Kenntnis des Einzelfalles erarbeiteten Darlegungen, Auffassungen, Schlussfolgerungen und Schätzungen des ärztlichen Gutachters zu einem vergangenen, gegenwärtigen, künftigen (prognostischen) oder hypothetischen medizinischen Sachverhalt (u.U. einschliesslich dessen Entwicklung im Laufe der Zeit), welcher für die vom Rechtsanwender (Sozialversicherungsträger oder -gericht) vorzunehmende Anwendung des einschlägigen Rechtsbegriffes und der davon im (streitigen) Einzelfall abhängenden Anspruchsberechtigung erheblich ist[52].

e) Inhalte des medizinischen Invaliditätsgutachten

Das medizinische Invaliditätsgutachten hat zum Ziel, der rechtsanwendenden Stelle (Sozialversicherungsträger oder -gericht) diejenigen Tatsachenangaben zu liefern, welche für die Beurteilung des Vorliegens einer langandauernden und rentenrelevanten Arbeitsunfähigkeit erforderlich sind[53]. Die inhaltlichen Anforderungen an die zu erstattende ärztliche Expertise ergeben sich somit aus dem im Einzelfall zur Diskussion stehenden Beweisgegenstand (Be-

---

49   BGE 141 V 281 E. 5.1.2 S. 305.
50   Art. 12 ff. VWVG; Art. 43 VWwVG; Art. 61 lit. c ATSG; Art. 60 BGG i.V.m. Art. 42 ff. BZP.
51   Kummer, S. 132.
52   Meyer, Die Beweisführung, S. 368.
53   Art.6 ATSG i.V.m. Art. 7 und Art. 8 ATSG i.V.m. mit den invaliditätsrechtlichen Bestimmungen der Einzelgesetze, soweit diese dem ATSG unterstellt sind. Für die vom ATSG nicht erfasste (obligatorische und reglementarische) berufliche Vorsorge gilt der Begriff der Arbeitsunfähigkeit gemäss feststehender Rechtsprechung, vgl. z.B. statt vieler.

weisthema) in Verbindung mit den darauf bezogenen (vom Auftraggeber, Gericht oder Verwaltung, unter Berücksichtigung der Partizipationsrechte der rentenansprechenden Person[54] formulierten) Fragestellungen. Dies verlangt in der Regel: a) familiäre, persönliche, berufliche und gesundheitliche Anamnese; b) Wiedergabe der geklagten subjektiven Beschwerden; c) Beschreibung der erhobenen Befunde mit Angabe der Untersuchungsmethoden; d) Stellung der Diagnose und allenfalls Differentialdiagnose; e) Diskussion der Ergebnisse im Sinne einer abwägenden, alle aus den getätigten Abklärungen sich ergebenden Gesichtspunkte berücksichtigenden Darstellung des Für und Wider einer bezüglich der Arbeits(un)fähigkeit zu ziehenden Schlussfolgerung (Stellungnahme; Schätzung); f) Beantwortung der gestellten Fragen auf dieser vorgängig ausgebreiteten Beurteilungsgrundlage[55].

f) Arbeitsteilung Rechtsanwender/medizinischer Sachverständige

Entgegen zwar weit verbreiteter, aber unzutreffender Auffassung ist es in sämtlichen Fällen, in denen gesundheitliche Beeinträchtigungen als invalidisierende Faktoren in Frage stehen, keineswegs allein Sache der mit dem konkreten Fall gutachtlich befassten Arztpersonen, selber abschliessend und für die rechtsanwendende Stelle (Verwaltung, Gericht) verbindlich und abschliessend zu entscheiden, ob das festgestellte Leiden zu einer (andauernden) Arbeitsunfähigkeit (bestimmter Höhe und Ausprägung) führt[56]. Daher hat die Rechtsprechung seit jeher die Aufgaben von Rechtsanwender und Arztperson im Rahmen der Invaliditätsbemessung wie folgt verteilt: Sache des begutachtenden Mediziners ist es erstens, den Gesundheitszustand zu beurteilen und wenn nötig seine Entwicklung im Laufe der Zeit zu beschreiben, d.h. mit den Mitteln fachgerechter ärztlicher Untersuchung unter Berücksichtigung der subjektiven Beschwerden die Befunde zu erheben und gestützt darauf die Diagnose zu stellen. Hiermit erfüllt der Sachverständige seine genuine Aufgabe, wofür Verwaltung und im Streitfall Gericht nicht kompetent sind. Bei der Folgenabschätzung der erhobenen gesundheitlichen Beeinträchtigungen für die Arbeitsfähigkeit kommt der Arztperson hingegen keine abschliessende Beurteilungskompetenz zu. Vielmehr nimmt die Arztperson zur Arbeitsunfähigkeit Stellung, d.h. sie gibt eine Schätzung ab, welche sie aus ihrer Sicht so substanziell wie möglich begründet. Schliesslich sind die ärztlichen Angaben eine wichtige Grundlage für die juristische Beurteilung der Frage, welche Arbeitsleistungen der Person noch zugemutet werden können[57].

---

54   BGE 137 V 210.
55   Meyer Ulrich, Die Beweisführung, S. 369.
56   So ausdrücklich BGE 140 V 193 E. 3.1 S. 194 unten f. mit Angabe der dogmatischen Gründe.
57   BGE 140 V 193 E. 3.2 S. 195 f.

g) Freie Beweiswürdigung

Das Bundesrecht schreibt ausdrücklich vor, wie die erhobenen Beweismittel, insbesondere die eingeholten medizinischen Gutachten, zu würdigen sind, nämlich frei, das heisst ohne Bindung an förmliche Beweisregeln und ohne Bindung an die Auffassungen der Parteien[58]. Für das Verfahren vor dem Sozialversicherungsträger ebenso wie für den erst- und zweitinstanzlichen Prozess vor dem Sozialversicherungsgericht gilt somit der Grundsatz der freien Beweiswürdigung. Danach hat der Rechtsanwender die Beweise frei, umfassend und pflichtgemäss zu würdigen. Er hat alle Beweismittel unabhängig davon, von wem sie stammen, objektiv zu prüfen und danach zu entscheiden, ob die verfügbaren Unterlagen eine zuverlässige Beurteilung des streitigen Leistungsanspruches gestatten. Insbesondere darf er bei einander widersprechender medizinischen Berichten und Gutachten das Verfahren oder den Prozess nicht erledigen, ohne das gesamte Beweismaterial zu würdigen und die Gründe anzugeben, warum er auf die eine und nicht auf die andere medizinische These, die im zu beurteilenden Fall vertreten wird, abstellt. Ausschlaggebend ist also nicht die Herkunft eines Beweismittels, sondern einzig und allein die Antwort auf die Frage, ob das zu würdigende medizinische Gutachten den dargelegten inhaltlichen Anforderungen[59] entspricht. Das Prinzip der freien Beweiswürdigung verlangt demnach eine inhaltsbezogene, sachlich einwandfreie und der (administrativen oder gerichtlichen) Begründungspflicht genügende Auseinandersetzung mit dem (oder den) beigezogenen medizinischen Gutachten[60].

h) Antizipierte Beweiswürdigung insbesondere

Die antizipierte Beweiswürdigung ist eine Sonderform der freien Beweiswürdigung und folgt ihren Regeln. Sie wird im Wesentlichen zur Beantwortung der Frage eingesetzt, ob weitere Beweismassnahmen am bisherigen Abklärungsergebnis etwas zu ändern vermöchten. Die in Rechtsschriften immer wieder anzutreffende Auffassung, von der antizipierten Beweiswürdigung sei nur eingeschränkt Gebrauch zu machen, ist abzulehnen. Die Gerichtserfahrung zeigt, dass zusätzliche Abklärungen in der Regel keine für die Folgenabschätzung

---

[58]   Art.61 lit. c in fine ATSG.

[59]   Supra, III.C.3.e.

[60]   Meyer, Die Beweisführung, S. 377; vergleiche daselbst die von der Rechtsprechung formulierten Richtlinien hinsichtlich der Würdigung der verschiedenen Gutachtensarten: administrativexpertise, versicherungsärztliches (versicherungsinternes) Gutachten, Parteigutachten, Berichte der behandelnden Ärzte, bei denen der Unterscheidung vom Behandlungs- und Begutachtungsauftrag Rechnung zu tragen ist.

wesentlichen neuen Erkenntnisse bringen. Dafür vorausgesetzt ist selbstverständlich stets, dass die medizinische Befundlage vollständig, zuverlässig und lege artis erhoben worden ist.

i) Beweisgrad, Beweislast und Beweislosigkeit

Da die Sozialversicherung Massenverwaltung ist, kann sie nicht, wie im Zivil- oder Strafrecht, den rechtserheblichen Sachverhalt zum vollen Beweis erheben; vielmehr muss sie sich regelmässig mit dem Beweisgrad (Beweismass) der überwiegenden Wahrscheinlichkeit begnügen. Ein Sachverhalt gilt dann als überwiegend wahrscheinlich, wenn für seine Existenz aufgrund der verfügbaren Anhaltspunkte deutlich mehr spricht als für die Verwirklichung abweichender Tatsachen. Das Gericht folgt somit jener Sachverhaltsdarstellung welche es, auf dem Hintergrund der gesamten Aktenlage betrachtet, von allen möglichen Geschehensabläufen als die wahrscheinlichste würdigt. Nur möglicherweise bestehende oder bloss glaubhaft gemachte Tatsachen dürfen der Beurteilung des Leistungsanspruchs dagegen in der Regel nicht zu Grunde gelegt werden; auf der anderen Seite ist, von einzelnen gesetzlichen Ausnahmen abgesehen, auch kein Sicherheitsbeweis im Sinne medizinisch-praktischer Sicherheit erforderlich[61]. Ob der erforderliche Beweisgrad überwiegender Wahrscheinlichkeit im Einzelfall erreicht ist, beurteilt der Rechtsanwende: und nicht der medizinische Sachverständige.

Haben Sozialversicherungsträger und gegebenenfalls Sozialversicherungsgericht von Amtes wegen[62] die Beweise erhoben, ein oder mehrere medizinische Gutachten eingeholt und das gesamte Beweismaterial frei gewürdigt, so sind drei Arten von Beweisergebnissen denkbar:

a) Der Beweis ist – in Form des sozialversicherungsrechtlich erforderlichen Regelbeweisgrades überwiegender Wahrscheinlichkeit – geleistet (erbracht). Gestützt auf dieses positive Beweisergebnis erstellter Entscheidungsgrundlagen kann der Rechtsanwender nunmehr die streitige Anspruchsberechtigung beurteilen.

b) Der Beweis der rechtserheblichen Tatsachen ist nicht geleistet. Das negative Beweisergebnis ist aber in dem Sinne noch nicht endgültig, als sich aus der Beweiswürdigung heraus ergibt, dass bei der gegebenen Aktenlage ein zusätzlicher Abklärungsbedarf besteht und dass sich, wie die Dinge konkret liegen, von weiteren Beweismassnahmen realistischerweise noch zusätzliche Aufschlüsse erwarten lassen. Hier verpflichtet der

---

[61] Meyer, Die Beweisführung, S. 379.
[62] Art. 43 und Art. 61 lit. c ATSG.

Untersuchungsgrundsatz die Rechtsanwenderin, ergänzende medizinische Abklärungen durchzuführen oder durchführen zu lassen. Das Sozialversicherungsgericht, das diesen Abklärungsbedarf feststellt, hat dabei grundsätzlich die Wahl, entweder selber zur Vervollständigung der Beweislage zu schreiten (durch Bestellung eines medizinischen Gerichtsgutachters) oder aber die Sache, unter Aufhebung der angefochtenen Verfügungen, an den Sozialversicherungsträger zur Aktenvervollständigung (z. B. zwecks Einholung eines weiteren Administrativgutachtens) und neuer Verfügung zurückzuweisen, wobei die Rechtsprechung die Pflicht zur gerichtlichen Sachverhaltserhebung verstärkt hat[63].

c) Der Beweis der rechtserheblichen Tatsachen ist ebenfalls nicht erbracht; doch ist im Unterschied zu Situation b) das negative Beweisergebnis endgültig. Denn die Prüfung der Aktenlage ergibt, dass weitere Beweismassnahmen am fehlenden Beweis der anspruchsbegründenden Tatsachen oder am geleisteten Beweis ihres Nichtbestehens) mit überwiegender Wahrscheinlichkeit nichts mehr zu ändern vermöchten. Hierin liegt das Anwendungsgebiet der oben erwähnten antizipierten Beweiswürdigung[64]. In beiden Varianten des negativen Beweisergebnisses lit. b und c, in denen die anspruchsbegründenden Tatsachen nicht bewiesen und auch durch weitere Abklärungsmassnahmen nicht beweisbar sind, liegt Beweislosigkeit vor. Deren Folgen sind nach den allgemeinen Regeln über die Beweislast zu verteilen, das heisst die leistungsansprechende Person dringt mit ihrem Gesuch nicht durch[65].

j) Abgrenzung Tat-/Rechtsfrage

Von der skizzierten Aufgabenteilung zwischen rechtsanwendender Stelle (Verwaltung, Gericht) und (Sachverständiger) Arztperson[66] ist die Unterscheidung von Tat- und Rechtsfragen zu differenzieren. Die beiden Abgrenzungen verlaufen nicht durchgehend parallel. Namentlich kann der Umstand, dass die Einschätzung der Arbeits(un)fähigkeit auch von (inneren oder äusseren) Tatsachen (funktionelles Leistungsvermögen, psychische Ressourcen) abhängt, nicht bedeuten, dass der Rechtsanwender dazu nichts zu sagen hätte[67]. Im Bereich der rentenbegründenden Invalidität stellt sich die Abgrenzung der Tat- von den Rechtsfragen wie folgt dar: Die gesetzlichen Definitionen von Arbeits- und Erwerbsunfähigkeit, Invalidität, Ermittlung des Invaliditätsgrades

---

[63] BGE 137 V 281 E. 4 S. 258 ff.
[64] Supra, III.C.3.h.
[65] Meyer, Die Beweisführung, S. 380 f.
[66] Supra, III.C.3.f.
[67] BGE 140 V 193 E.3.1 S. 194 f.; Meyer, Tatfrage – Rechtsfrage, S. 216 f.

usw-[68] stellen Gesetzes- und damit Rechtsbegriffe dar. Gerichtliche Schluss-folgerungen in ihrem Geltungsbereich, zum Beispiel die Bejahung oder Ver-neinung einer erheblichen Arbeitsunfähigkeit oder einer rentenbegründenden Invalidität sind daher Akte der Rechtsanwendung und nicht Schritte der Sach-verhaltsfeststellung. Indessen hängen Rechts- und Tatfragen im Bereich der Invaliditätsbemessung aufs Engste miteinander zusammen, handelt es sich doch bei der Ermittlung des Invaliditätsgrades um einen mehrstufigen Pro-zess, in dessen Verlauf manigfaltige Tatsachenfeststellungen, einschliesslich Schätzungen, getroffen werden. Die Feststellung des Gesundheitsschadens, das heisst die Befunderhebung und die gestützt darauf gestellte Diagnose, be-treffen ebenso eine Tatfrage wie die Prognose (fallbezogene medizinische Be-urteilung über die voraussichtliche künftige Entwicklung einer Gesundheits-beeinträchtigung im Einzelfall) und die Pathogenese sowie Ätiologie im Sinne der Feststellung der Ursache einer gesundheitlichen Beeinträchtigung dort, wo sie invalidenversicherungsrechtlich erforderlich ist (zum Beispiel bei den Geburtsgebrechen). Zu der –durch die festgestellten Gesundheitsbeeinträch-tigungen kausal verursachten – Arbeitsunfähigkeit nimmt der medizinische Gutachter Stellung; das heisst er gibt eine Schätzung ab. Soweit diese sich zu dem in Anbetracht der festgestellten diagnostizierten gesundheitlichen Be-einträchtigungen noch vorhandenen funktionellen Leistungsvermögen oder (wichtig vor allem bei psychischen Gesundheitsstörungen) zum Vorhanden-sein und zur Verfügbarkeit von Ressourcen ausspricht, welche eine versi-cherte Person im Einzelfall noch hat, handelt es sich ebenfalls um eine Tat-frage. In diesem Sinne ist die aufgrund von medizinischen Untersuchungen gerichtlich festgestellte Arbeitsunfähigkeit Entscheidung über eine Tatfrage. Als solche erfasst sie auch den in die gesetzliche Begriffsumschreibung der Ar-beitsunfähigkeit integrierten Aspekt der zumutbaren Arbeit; denn in dem Um-fange, wie eine versicherte Person von funktionellem Leistungsvermögen und Vorhandensein/Verfügbarkeit von psychischen Ressourcen her eine (Rest-)Ar-beitsfähigkeit noch aufweist, ist ihr die Ausübung entsprechend profilierter Tätigkeiten auch zumutbar, es sei denn, andere als medizinische Gründe stün-den der Bejahung der Zumutbarkeit im Einzelfall in invalidenversicherungs-rechtlich erheblicher Weise entgegen, was jedoch nach der Rechtsprechung zu den invaliditätsfremden Gründen, welche die versicherte Person an der Auf-nahme oder weiteren Ausübung einer gesundheitlich zumutbaren Erwerbstä-tigkeit hindern, nur in sehr engem Rahmen der Fall ist[69].

---

[68] Art.6 bis 8, Art. 16 ATSG.
[69] Meyer, Tatfrage - Rechtsfrage, S. 215 mit zahlreichen Hinweisen.

4. Praxis seit BGE 141 V 281

a) Geltungsbereich

BGE 141 V 281 hält zum Anwendungsbereich lediglich fest: Das Gesagte und noch Auszuführende gilt für die anhaltende somatoforme Schmerzstörung und für vergleichbare psychosomatische Leiden (vgl. BGE 140 V 8 E. 2.2.1.3 S. 13)[70]. Den Verweis auf BGE 140 V 8 E. 2.2.1.3 S. 13 hat das Gericht in der seitherigen Rechtsprechung verdeutlicht, dies jedoch bisher nicht in abschliessender Weise. Dabei ist zu berücksichtigen, dass BGE 140 V 8 ein zu den Übergangsbestimmungen der IV-Revision 6a ergangenes Urteil bildet, wo es sich darum handelte, den Kreis der einer voraussetzungslosen Rentenüberprüfung (beschränkt auf die Zeit von 2012 bis 2014) zugänglichen Gesundheitsbeeinträchtigungen festzulegen. Bekanntlich nahm der Gesetzgeber damals u.a. die Depressionen (ICD-10F33.1-3) und die Posttraumatische Belastungsstörung (ICD-10-F43.1) von der übergangsrechtlichen Rentenüberprüfung aus. Eines ist klar: Der zu den Übergangsbestimmungen der IV-Revision 6a ergangene BGE 140 V 8 kann keine für die Frage nach dem Anwendungsbereich von BGE 141 V 281 präjudizielle Wirkung entfalten, weil die rechtliche Problematik eine ganz andere ist. Es geht nicht um die Frage, bei welchen Leiden eine voraussetzungslose Überprüfung (während drei Jahren) statthaft war, sondern um die davon zu unterscheidende Thematik, bezüglich welcher Leidenszustände das durch BGE 141 V 281 normierte Beweisverfahren sinnvollerweise – da sachlich geboten – anwendbar ist. So hat denn auch das Bundesgericht die Posttraumatische Belastungsstörung (PTBS) der Rechtsprechung BGE 141 V 281 unterstellt[71]. Hinsichtlich der Neurasthenie und der undifferenzierten Somatisierungsstörung ohne schwerwiegende Auswirkungen in sozialen, beruflichen oder anderen wichtigen Funktionsbereichen erübrigt sich eine Prüfung der Standardindikatoren gemäss BGE 141 V 281 E. 4 S. 294 ff[72]. Ausgenommen von der neuen Rechtsprechung hat das Gericht die chronische Schmerzstörung mit somatischen und psychischen Faktoren nach

---

[70]   BGE 141 V 281 E. 4.2 S. 298.
[71]   BGE 142 V 342.
[72]   Urteil 8C_617/2015 vom 20. Mai 2016.

ICD-10F45.41[73]. Offen ist nach wie vor die Frage der Anwendbarkeit von BGE 141 V 281 auf Leidenszustände aus dem depressiven Formenkreis, ausser wenn sie Begleiterscheinungen anhaltender somatoformer Schmerzstörungen sind[74]. Bei reinen Depressionen als sogenannt diagnostisch klar abgrenzbaren verselbstständigten Leiden soll die Rechtsprechung BGE 141 V 281 nicht anwendbar sein[75], was nicht überzeugt. Die tägliche Gerichtspraxis zeigt gerade, dass es keinen Bereich gibt, in dem sowohl die Erfassung von Ausprägung und Schweregrad der Störung als auch die Folgenabschätzung medizinisch-psychiatrisch dermassen umstritten sind wie bei den Depressionen[76]. Daher erscheint die Auffassung des Bundesamtes für Sozialversicherungen (BSV) als sachgerecht, laut der sämtliche Leidenszustände nach dem gleichen rechtlich normierten Prüfungsverfahren abzuklären sind[77]. Dass in seltenen Fällen das Ergebnis der Folgenabschätzung, die Arbeitsunfähigkeit in qualitativer und quantitativer Hinsicht, offensichtlich ist, ändert an der Sachgerechtigkeit eines einheitlichen Prüfungsverfahrens ebenso wenig wie der Umstand, dass bei nur leicht bis mittelschweren Leidenszuständen das standardisierte Beweisverfahren oft nicht durchgeführt zu werden braucht, weil das Fehlen einer andauernden, erheblichen und therapieresistenten Arbeitsunfähigkeit evident ist.

b) Ausschlussgründe Geltungsbereich

Ausgangspunkt der Rentenanspruchsprüfung nach Art. 4 Abs. 1 IVG in Verbindung mit Art. 6 ff. und insbesondere Art. 7 Abs. 2 ATSG ist stets die medizinische Befundlage. Eine Einschränkung der Leistungsfähigkeit kann immer nur dann anspruchserheblich sein, wenn sie Folge einer Gesundheitsbeeinträchtigung ist, die fachärztlich einwandfrei *lege artis* diagnostiziert worden ist[78]. Eine solche potenziell anspruchserhebliche (rentenbegründende) medi-

---

[73] BGE 142 V 106. Vergleiche aber Urteil 9C_168/2015 vom 13. April 2016: Die chronische Schmerzstörung mit somatischen und psychischen Faktoren gemäss ICD-10F45.41 der deutschen Ausgabe ist im Rahmen der Klassifikation psychischer Störungen eine im Hinblick auf die (Vergütungs-)Erfordernisse des deutschen Gesundheitswesens erfolgte Ergänzung und somit für die hier interessierenden versicherungsmedizinischen Belange nicht massgebend. In der ICD-10 Klassifikation der WHO kommt die fragliche Diagnose denn auch nicht vor mit dem Hinweis, sie erscheine nicht hinreichend von der anhaltenden somatoformen Schmerzstörung gemäss ICD-10F45.40 abgrenzbar.

[74] Urteil 9C_125/2015 vom 18. November 2015 E. 4.4.

[75] Urteile 9C_93/2015 vom 29. September 2015 E. 6.2.2 und 9C_809/2014 vom 7. Juli 2015 E. 4.2.

[76] Vergleiche weiter Meier, N. 7-16, welcher den Anwendungsbereich der neuen Schmerzrechtsprechung umfassend nachzeichnet.

[77] Vergleiche IV-Rundschreiben des BSV Nr. 339 vom 9. September 2015.

[78] BGE 141 V 281 E. 2.1 mit Hinweis S. 285.

zinische Befundlage ist von vornherein dann zu verneinen, wenn Ausschluss-gründe im Sinne der Rechtsprechung[79] das Bild prägen. In Betracht fallen Täuschung oder Simulation[80], dann vor allem, relativ verbreitet, Aggravation, sei es während der Begutachtung (direkt vom Gutachter festgestellt), sei es aufgrund indirekter Faktoren[81]. Ein singuläres Verhalten genügt allerdings nicht für die Bejahung eines Ausschlussgrundes; es bedarf einer Mehrzahl an beobachteten und geschilderten Verhaltensweisen, das heisst erst das Zusammentreffen verschiedener Faktoren lässt das Bild aggravatorischen Verhaltens aufscheinen[82].

c) Erfordernis der genauen Diagnosestellung

Es entspricht allgemeiner Lebenserfahrung, dass psychotherapeutisch tätige Ärzte oder Psychologen oft von Versicherten aufgesucht werden mit dem einzigen Ziel, sich eine psychiatrische Diagnose geben zu lassen, um auf diese Weise zu einer Invalidenrente zu kommen. In einem solchen gesellschaftlichen Umfeld, das durch eine weit verbreitete Anspruchshaltung geprägt ist, muss vom Sachverständigen verlangt werden, seine psychiatrische Diagnose so zu begründen, dass der Rechtsanwender sie daraufhin nachvollziehen kann, ob die klassifikatorischen Vorgaben tatsächlich eingehalten sind. Wo die Diagnose, wie bei den anhaltenden somatoformen Schmerzstörungen, nur gestellt werden darf, wenn funktionelle Ausfälle nachgewiesen sind, ist diesem Aspekt die gebührende Beachtung zu schenken[83]. Die Rechtsprechung zum Erfordernis der genauen Diagnosestellung ist nicht ganz kohärent, wie Michael E. Meier in seinem Rechtsprechungsbericht nachgewiesen hat[84]. Insgesamt hat die Praxis jedoch die Anforderungen an die Diagnosestellung seit BGE 141 V 281 verschärft, sowohl bezüglich der genauen Diagnosebegründung anhand eines anerkannten Klassifikationssystems als auch bezüglich der vermehrten Beachtung diagnoseinhärenter Schweregrade dort, wo sie medizinisch vorausgesetzt sind, was dazu geführt hat, dass im Ergebnis deutlich mehr Rentenansprüche bereits auf dieser Ebene verneint oder zusätzliche Abklärungen angeordnet wurden[85].

---

[79]   BGE 131 V 49.
[80]   Urteile 8C_443/2015 vom 18. Januar 2016 und 8C_209/2015 vom 17. August 2015.
[81]   Eingehend im Einzelnen Meier, N. 17 ff., auch bezüglich Abgrenzung zum normativen Prüfraster (N. 31 ff.).
[82]   Meier, N. 34.
[83]   BGE 141 V 281 E. 2.1 S. 285 ff.
[84]   Meier, N. 37 ff.
[85]   Meier, N 49.

d) Erfordernis der schweren Gesundheitsschädigung

Das Bundesgericht geht davon aus, dass anhaltende somatoforme Schmerzstörungen vermutlich deutlich zu häufig diagnostiziert werden[86]. Insbesondere akzeptierten die rechtsanwendenden Stellen bei Schmerzsyndromen und
vergleichbaren psychosomatischen Leiden häufig *tel quel* die Einschätzungen
behandelnder Ärzte, welche von der Diagnose direkt auf Arbeitsunfähigkeit
schlossen[87]. Gerichtsnotorisch finden sich medizinisch-psychiatrisch nicht
begründbare Selbsteinschätzungen und Selbstlimitierungen, die ärztlicher-
seits sehr oft unterstützt werden, wobei erst noch häufig gar keine kon-
sequente Behandlung stattfindet[88]. Es geht daher im Rahmen und mit Hilfe
des durch BGE 141 V 281 normierten Beweisverfahrens darum, aus den Leiden
der postindustriellen Wohlstandsgesellschaft jene Störungen im Einzelfall aus-
zusondern, welche sich in schwerwiegender Weise auf die Arbeitsfähigkeit
auswirken. In der Versichertengemeinschaft ubiquitär verbreitete Störungen
dagegen, wie insbesondere solche leicht bis mittelgradig depressiver Natur,
seien sie im Auftreten rezidivierend oder episodisch, können grundsätzlich
nicht als invalidisierende Krankheiten in Betracht fallen, ausser wenn sie er-
wiesenermassen therapieresistent sind; ein solcher Sachverhalt muss überwiegend wahrscheinlich und nicht lediglich nicht auszuschliessen sein; auch
sagt die Unterscheidung depressive Episode – rezidivierende depressive Störung nichts über die Schwere der Erkrankung aus, weshalb daraus nicht auf
Therapieresistenz und damit auf das Vorliegen eines invalidisierenden Leidens
geschlossen werden kann[89]. Die Rechtsprechung bejaht eine schwere Ausprägung der diagnoserelevanten Befunde nur sehr selten[90].

e) Bedeutung der Persönlichkeit

Obwohl die Persönlichkeitsdiagnostik psychiatrisch kontrovers ist, hat das
Bundesgericht das Konzept der «Komplexen Ich-Funktionen» in das Be-
weisthema («Komplex») der Gesundheitsschädigung einbezogen[91]. Im Vergleich zu den Beweisgegenständen («Indikator») der Ausprägung der diagnoserelevanten Befunde und Symptome[92], und von Behandlungserfolg oder

---

[86] BGE 141 V 281 E. 2.1.1 in fine S. 286.
[87] BGE 141 V 281 E. 3.4.1.1 S. 291.
[88] BGE 141 V 281 E. 3.7.1 S. 205.
[89] Urteil 9C_13/2016 vom 14. April 2016 E. 4.2 und 4.3.
[90] Urteile 9C_354/2015 vom 29. Februar 2016 (halbe Invalidenrente) und 9C_195/2015 vom
      24. November 2015 (ganze Invalidenrente); vergleiche im Weiteren Meier, N. 50 bis 65.
[91] BGE 141 V 281 E. 4.3.2 S. 302.
[92] BGE 141 V 281 E. 4.3.1.1 S. 298.

-resistenz[93] ist der Komplex der Persönlichkeit in der seither ergangenen Rechtsprechung indessen nachrangig, zumal er sich sehr oft mit dem Indikator des sozialen Kontextes vermischt[94].

f) Bedeutung des sozialen Kontextes

Der soziale Kontext bestimmt darüber mit, wie sich die (kausal allein massgeblichen) Auswirkungen der Gesundheitsbeeinträchtigung konkret manifestieren. Soweit soziale Belastungen direkt negative funktionelle Folgen zeitigen, bleiben sie nach wie vor ausgeklammert. Andererseits hält der Lebenskontext der versicherten Person auch (mobilisierbare) Ressourcen bereit, so die Unterstützung, die ihr im sozialen Netzwerk zuteilwird. Immer ist sicherzustellen, dass gesundheitlich bedingte Erwerbsunfähigkeit zum einen (Art. 4 Abs. 1 IVG) und nicht versicherte Erwerbslosigkeit oder andere belastende Lebenslagen zum anderen nicht ineinander aufgehen[95]; alles andere widerspräche der klaren Regelungsabsicht des Gesetzgebers[96]. Insgesamt ist der Indikator des sozialen Kontextes, wie jener der Persönlichkeit, für sich alleine zumindest bis jetzt kaum jemals entscheidrelevant in Anschlag gestellt worden[97].

g) Erfordernis gleichmässiger Einschränkung (Konsistenzprüfung I)

Der Indikator einer gleichmässigen Einschränkung des Aktivitätenniveaus in allen vergleichbaren Lebensbereichen zielt auf die Frage ab, ob die diskutierte Einschränkung in Beruf und Erwerb (oder bei Nichterwerbstätigen im Aufgabenbereich) einerseits und in den sonstigen Lebensbereichen (zum Beispiel Freizeitgestaltung) andererseits gleich ausgeprägt ist[98]. Er ist nach der seither ergangenen Rechtsprechung die wichtigste Referenzgrösse zur Objektivierung der ärztlichen Arbeitsunfähigkeitsschätzung. Fallgruppen für die Aufdeckung von inkonsistenten Verhalten bilden Haushaltsführung und Kindererziehung, ausserhäusliche soziale Interaktion, körperliche Aktivitäten (Sport, Spaziergänge usw.), Auto fahren sowie Reisen und längere Auslandsaufenthalte[99]. Zutreffend ist die von Michael E. Meier unter Hinweis auf Jeger gemachte Bemerkung, dass ein gewisses Mass an Inkonsistenz zu jedem menschlichen Leben gehört[100]. Wie bei den Ausschlussgründen ist daher auch hier nie ein singu-

---

93   BGE 141 V 281 E. 4.3.1.2 S. 299.
94   Meier, N. 66 ff.
95   Gefahr der Redundanz, vgl. supra, II.B.3.
96   Art.7 Abs. 2 ATSG; BGE 141 V 281 E. 4.3.3 S. 303.
97   Meier, N. 74 ff., besonders N. 76.
98   BGE 141 V 281 E. 4.4.1 S. 303.
99   Meier, N. 81 ff. mit zahlreichen Hinweisen.
100 Meier, N. 90.

läres Verhalten ausschlaggebend; vielmehr ergibt immer erst das Zusammentreffen verschiedener Verhaltensweisen im Alltag den Ausschlag für die Beurteilung.

h) Erfordernis des ausgewiesenen Leidensdruckes (Konsistenzprüfung II)

Die Inanspruchnahme von therapeutischen Optionen, das heisst das Ausmass,
in welchem Behandlungen wahrgenommen oder eben unterlassen werden,
weist (ergänzend zum Gesichtspunkt Behandlungs- und Eingliederungserfolg
oder -resistenz) auf den tatsächlichen Leidensdruck hin. In diesem Kontext zu
berücksichtigende Gesichtspunkte sind das laufende Versicherungsverfahren
einerseits, eine psychiatrisch ausgewiesene unabwendbare Unfähigkeit zur
Krankheitseinsicht andererseits[101]. Wer sich, unter Berücksichtigung und vorbehältlich der Antwort auf die beiden erwähnten Aspekte, nicht konsequent
und zielgerichtet behandeln lässt, kann sich nicht auf ein invalidisierendes, zumindest nicht auf ein rentenbegründendes (psychisches) Leiden berufen.

i) Verschiedene (Verfahrens-)Fragen

Die Rechtsprechung BGE 141 V 281 ist auch auf die Beurteilung anhaltender
somatoformer Schmerzstörungen im Bereich der obligatorischen Unfallversicherung anwendbar, soweit diese überhaupt als natürlich und adäquat kausale Folgen eines versicherten Unfalles betrachtet werden können[102]. Die neue
Rechtsprechung stellt für sich allein keinen Neuanmeldungs- (Art. 87 Abs. 4
IVV) oder Revisionsgrund (Art. 17 Abs. 1 ATSG; Art. 87 Abs. 3 IVV) dar[103]. Alt-
rechtliche Gutachten sind einer umfassenden Überprüfung auf Standardindikatoren hin grundsätzlich zugänglich[104].

---

[101]   BGE 141 V 281 E. 4.4.2 S. 304.
[102]   BGE 141 V 574.
[103]   BGE 141 V 585.
[104]   Urteil 9C_534/2015 vom 1. März 2016.

IV. Ausblick

Die angelaufene Revision des BGG[105] will die Stellung des Bundesgerichts als Höchstgericht stärken. Das Bundesgericht soll in allen Rechtsmaterien zuständig sein, so auch in den bisher nach Art. 83 BGG ausgeschlossenen Bereichen, begrenzt indessen auf Fälle, die eine grundsätzliche Rechtsfrage aufwerfen oder sonst wie (aus anderen Gründen) von besonderer Bedeutung sind. Dies wird Rolle und Bedeutung der kantonalen Sachgerichte bzw. des Bundesverwaltungsgerichts noch verstärken. Diese Entwicklung ist zu begrüssen. Ein Abbau von Rechtsschutz ist damit nicht verbunden. Denn aufgrund des Ausbaus und der Professionalisierung der kantonalen Gerichtsbarkeiten und der Schaffung von Bundesverwaltungs-, Bundesstraf- und Bundespatentgericht besteht heute in der Schweiz Gefahr dafür, dass die nach dem Gesagten für die Rechtsverfolgung so eminent wichtigen Tatsachenfragen sachgerecht und in einem den Anforderungen von Bundesverfassung und EMRK genügenden fairen Gerichtsverfahren entschieden werden. Hierfür bedarf es der Einschaltung des Bundesgerichts nicht. Sollten den kantonalen Gerichten bzw. den Bundesvorinstanzen doch Rechtsfehler in der Ermittlung und Überprüfung des rechtserheblichen Sachverhaltes unterlaufen, bietet der Eintretensgrund der besonderen Bedeutung (im Rahmen einer verfassungskonformen Auslegung) eine hinreichende Grundlage zur Intervention und Korrektur rechtsfehlerhafter Entscheide der Sachgerichte[106].

V. Zusammenfassung

1. Im Bereich des Invaliditätsbegriffs und der Invaliditätsbemessung sind die Entwicklungen in der Medizin der häufigste und sachlich wichtigste Grund, die Rechtsprechung an veränderte Gegebenheiten anzupassen, sei es sie zu ändern, sei es sie zu präzisieren.
2. Genau das ist mit dem Urteil BGE 141 V 281 geschehen. Stärker als bisher hat die Invaliditätsbemessung nunmehr bei psychosomatischen Störungen (und vergleichbaren Leiden) – nach meiner Vorstellung: bei allen Lei-

---

[105] Die Arbeiten im Bundesamt für Justiz wurden im Anschluss an den Bericht des Bundesrates über die Gesamtergebnisse der Evaluation der neuen Bundesrechtspflege vom 30. Oktober 2013 (BBl 2013 S. 9077 ff.) in Zusammenarbeit mit dem Bundesgericht, dem Bundesverwaltungsgericht und der Bundeskanzlei aufgenommen. Die Vernehmlassung zum Revisionsentwurf mitsamt erläuterndem Bericht vom 4. November 2015 wurde Ende Februar 2016 abgeschlossen. Man erwartet noch die Botschaft des Bundesrates.

[106] Meyer, Tatfrage - Rechtsfrage, S. 220.

den gemäss dem heute medizinisch geltenden bio-psycho-sozialen Krankheitsbegriff! – den Aspekt der funktionellen Auswirkungen zu berücksichtigen.

3. Das schlägt sich schon in den diagnostischen Anforderungen selber nieder. Es werden viel zu häufig psychische Störungen diagnostiziert, die im Grunde genommen keine sind. Der Verlust der ganz normalen Traurigkeit, die heute medizinisch Depression heisst, ist das berühmteste Beispiel dafür.

4. Das bisherige Regel/Ausnahme-Modell wird durch ein strukturiertes Beweisverfahren ersetzt, das normativ – durch die Rechtsprechung BGE 141 V 281 E. 4 S. 296–304 – bestimmt wird. Die definierten Standardindikatoren (= Beweisaspekte oder Indizien) beziehen sich einerseits auf den Schweregrad und andererseits auf die Konsistenz der funktionellen Auswirkungen. Auf den Begriff des primären Krankheitsgewinnes und auf die Präponderanz der psychiatrischen Komorbidität wird verzichtet.

5. Die Anforderungen aus Art. 7 Abs. 2 ATSG gelten unverändert weiter. Danach sind ausschliesslich die Folgen der gesundheitlichen Beeinträchtigung zu berücksichtigen, und die Zumutbarkeit ist nach einem objektivierten Massstab zu prüfen. Das im Urteil BGE 141 V 291 umschriebene Beweisverfahren ist der Versuch, dem Willen des Gesetzgebers gemäss Art. 7 Abs. 2 ATSG Rechnung zu tragen.

6. Die Anerkennung einer rentenbegründenden Invalidität ist nur zulässig, wenn die funktionellen Auswirkungen der medizinisch festgestellten gesundheitlichen Störungen im Einzelfall anhand der Beweisgegenstände Schweregrad und Konsistenz der funktionellen Auswirkungen schlüssig und widerspruchsfrei mit zumindest überwiegender Wahrscheinlichkeit nachgewiesen sind. Fehlt es daran, hat die daraus folgende Beweislosigkeit nach wie vor der Rentenantragsteller zu tragen, welcher die materielle Beweislast trägt. Gefordert ist Interdisziplinarität: Recht und Medizin wirken sowohl bei der weiteren Entwicklung der Beweisthemen im Allgemeinen wie auch bei deren rechtlich gebotener Anwendung im Einzelfall zusammen.

Nicht ohne Herz

Ulrich Meyer / Andres Eberhard

Bundesrichter Ulrich Meyer wehrt sich gegen den Vorwurf, ein unmenschliches Krankheitsbild anzuwenden. Gutachter*innen, die Millionen von der IV verdienen, hält er aber für unparteiisch.

Herr Meyer, ist das heutige Verfahren der IV fair?

Ja, es ist fair. Aber darf ich ausholen, eine persönliche Geschichte erzählen?

Sicher.

Meine drei Jahre ältere Schwester sass wegen einer Kinderlähmung im Rollstuhl. Bevor die IV ins Leben gerufen wurde, ging sie normal zur Schule, musste aber oft getragen werden. Einmal sagte der Lehrer zur Klasse: «Hüt göh' mer uf e Maibummel.» Daraufhin stürmten alle Kinder hinaus, meine Schwester ging im Zimmer vergessen. Erst meine Mutter, die auf dem Weg zum Einkauf zufällig vorbeikam, hörte durchs offene Fenster ihre Stimme. Mit der Einführung der IV kam meine Schwester ins Rossfeld, eine Behinderteninstitution in Bern. Was ich damit sagen möchte: Die Schaffung einer obligatorischen Invalidenversicherung trug für Betroffene viel zur Eingliederung bei. Das war ein grosser, epochaler Wurf.

Heute wird gespart. Die Zahl der Neurenten hat sich seit 2003 in etwa halbiert.

Sie müssen auch die andere Seite sehen. Die IV war 1960 vor allem für eine überschaubare Anzahl Geburtsgebrechlicher geschaffen worden. Man konnte damals nicht ahnen, dass vierzig Jahre später jedes Jahr rund 28 000 Betroffene dazukommen würden. Man stelle sich das vor: Das ist eine kleine Stadt von Neuinvaliden, jedes Jahr.

Fakt ist, dass sich die IV verschuldete und die Politik zu sparen begann. Fast gleichzeitig erhöhte das Bundesgericht die Hürden für eine IV-Rente. Verstiess es damit gegen die Gewaltentrennung?

Nein. Invalidität ist im Bundesgesetz als «andauernde gesundheitlich bedingte Erwerbsunfähigkeit» definiert. Das Bundesgericht wirkte als Hüter des Gesetzes. Denn wäre es so weitergegangen mit der Zunahme an Invaliden, hätte die IV zu einem allgemeinen existenzsichernden Mindesteinkommen mutiert. Und ein solches hat das Volk mehrfach abgelehnt.

Wie meinen Sie das?

Seit der Einführung der IV haben sich zwei Dinge grundlegend verändert. Anfang der 1960er-Jahre definierte die Schulmedizin, wer objektiv krank war und wer nicht. Damit ist seit Langem Schluss. Dazu kam die Anerkennung des subjektiven Leidens: Man ist nicht nur dann krank, wenn es einem körperlich, seelisch und geistig nicht gut geht, sondern auch dann, wenn man sich in den Umständen, in denen man lebt – also in der konkreten persönlichen, familiären, Ausbildungsoder beruflichen Situation – nicht wohl fühlt. Auf gut Deutsch: «Wenn ich mich krank fühle, dann bin ich krank.» Das ist eine unerhörte Erweiterung des Krankheitsbegriffs.

Ist das nicht einfach Fortschritt? Ihre Kritiker*innen werfen Ihnen vor, ein veraltetes Verständnis von Krankheit zu haben.

Diese Kritik ist überholt. Heute versuchen wir, die versicherte Person in ihrer Ganzheit zu erfassen. Unser Bundesgerichtsentscheid von 2015 ist der Beweis dafür.

Bis dahin waren Sie davon ausgegangen, dass sich viele psychische Krankheiten in der Regel «überwinden» liessen – aus heutiger Sicht ein Fehler?

Nichts ist sakrosankt und für immer und ewig gemacht, nicht in der Medizin und auch nicht in der Justiz. Bevor wir die damals neue Praxis im Jahr 2004 beschlossen, führte zum Beispiel ein Schleudertrauma automatisch zu einer IV-Rente. Das fanden damals auch Schadenanwälte seltsam. Wir mussten also einen Umgang mit solchen unbestimmten Krankheitsbildern finden, zumal das letzte Leiturteil über zwanzig Jahre zurücklag – damals war noch von «Neurosen» die Rede. Uns war immer klar, dass dies keine definitive Lösung bleiben würde. Wir warteten sehnsüchtig darauf, dass Medizin und Psychiatrie sich einig werden, wie man diesem Phänomen begegnet.

Auch heute noch gelten psychosoziale Faktoren vor Gericht als «IV-fremd».

Natürlich ist eine Entlassung für einen 57-Jährigen eine Katastrophe. Wenn er nicht wirklich schwer depressiv wird und nicht mehr behandelt werden kann, bedeutet sein sozialer Belastungszustand an sich aber keine Invalidität. Das ist hart. Auch wir Richter empfinden Empathie für diese Menschen. Wir urteilen nicht ohne Herz, aber wir sind an rechtliche Konzepte gebunden. Diesen Menschen muss anders geholfen werden: mit Wiedereingliederungsmassnahmen beispielsweise oder mit zeitlich begrenzten Renten, etwa in Form einer Vorruhestandsleistung bis zum Erreichen des AHV-Alters.

Wir sprechen ja nicht nur von arbeitslosen 57-Jährigen, sondern beispielsweise auch von Opfern sexueller Gewalt. Warum ist jemand, der an einem Trauma leidet, weniger krank als jemand im Rollstuhl?

Krankheit ist nicht Invalidität. Ob jemand invalid ist, hängt davon ab, ob die Krankheit behandelt und die betroffene Person eingegliedert werden kann. Das muss in jedem einzelnen Fall genau abgeklärt werden.

Der Punkt ist ja, dass Jurist*innen weit in die Arbeit von Mediziner*innen und Therapeut*innen vordringen, indem sie entscheiden, wer krank ist und wer nicht.

Die Einschätzung der Arbeitsfähigkeit kann nicht einem einzigen Arzt überlassen werden. Das ist keine genügende Beweisgrundlage, um jährlich Zehntausende von Rentenansprüchen zu prüfen. Das muss breiter, interdisziplinär abgestützt sein. Auch Mediziner*innen bezweifeln das nicht. Wenn Sie einen Arzt bitten, Stellung zur Arbeitsunfähigkeit zu beziehen, dann müsste dessen ehrliche Antwort in vielen Fällen sein: «Ich weiss es nicht.»

Das Problem ist, dass die externen Gutachten oft das einzige Beweismittel sind. Sie werden kaum je hinterfragt. Ist es nicht problematisch, dass viele Gutachter*innen wirtschaftlich von der IV abhängig sind?

Wir am Bundesgericht sehen praktisch nur jene Fälle, die bereits mehrfach abgelehnt worden sind. Darum hören wir diese Klagen oft. Mir scheint, die Kritik sei vor allem darauf zurückzuführen, dass die Gutachter*innen nicht immer das von den Versicherten gewünschte Resultat erbringen, dauernd und voll arbeitsunfähig zu sein, im Sinne von: «Eine Expertise, die keine Arbeitsunfähigkeit attestiert, ist eine schlechte Expertise.» Nun wollten Sie wissen, ob es ein Problem ist, wenn die Gutachten aus Mitteln der IV bezahlt werden ...

Genau.

Es gäbe natürlich andere Möglichkeiten. Vor Jahren habe ich die Idee einer versicherungsunabhängigen gesamtschweizerischen Abklärungsinstitution propagiert, mit einem Hauptsitz und Zweigstellen in den Kantonen oder Landesteilen, finanziert aus dem Bundeshaushalt. Diese Organisation würde die Begutachtung nicht nur für alle Sozialversicherungen vornehmen, sondern auch für Haftpflichtprozesse und Privatversicherungen.

Das würden Sie befürworten?

Ja. Denn das wäre eine für die Betroffenen weit besser akzeptable Lösung.

Es gibt ein Aber ...

Dafür bräuchte es ein Bundesgesetz. Der politische Wille dafür ist schlicht nicht vorhanden. Auch die Versicherungen wollen das nicht; sie befürchten, dass ihnen die Abklärung des medizinischen Sachverhalts weggenommen würde. Kurz: Dass es keine solche Institution gibt, liegt nicht am Bundesgericht. Wir sehen unsere Aufgabe darin, unter den geltenden Rahmenbedingungen Gerechtigkeit durch ein faires Verfahren herzustellen.

Und da spielen die Gutachten eine zentrale Rolle. Es wurden Fälle publik, bei denen Gutachter Patient*innen nie gesehen hatten, mit Copy-Paste arbeiteten oder praktisch niemanden als arbeitsunfähig einstuften. Kann ein Gutachter, der von der IV jährlich eine halbe Million Franken erhält, wirklich neutral urteilen?

Man darf das Gesamtbild nicht aus den Augen verlieren. Gestützt auf genau dieselben Gutachten werden jedes Jahr 14 000 Neurenten gesprochen, der grösste Teil davon an psychisch und psychosomatisch Erkrankte. Dass die Gutachten aus Mitteln der IV entschädigt werden, ist für die ärztliche Einschätzung der Arbeitsunfähigkeit nicht relevant.

Die Zahl der Neurenten ist in der Tat stabil bei rund 14 000. Aber die Bevölkerung wächst, in den letzten zehn Jahren um rund eine Million.

Was ist der Zusammenhang?

Mehr Menschen gleich mehr Kranke gleich mehr Invalide.

Der Rentenprozess ist härter geworden, ohne Frage. Es wird mit harten Bandagen gekämpft. Im Gesetz steht: Nur die «objektive» Erwerbsunfähigkeit kann zu einer IV-Rente führen. Das heisst, auch das Bundesgericht kann für Krankheitsbilder, die sich nicht beweisen lassen, keine Rente sprechen. Wenn es etwa gleich wahrscheinlich ist, dass jemand dauerhaft arbeitsunfähig ist, wie dass er es nicht ist, kann es keine Rente geben. Das war übrigens nicht immer so. Darf ich ein prägendes Berufserlebnis erzählen?

Gerne.

Als ich 1981 mit 28 Jahren als Gerichtssekretär begann, hatte ich es mit vielen Fällen von Gastarbeiter*innen aus Italien, Spanien, Portugal und Ex-Jugoslawien zu tun. Wegen der grossen Wirtschaftskrise Mitte der 1970er-Jahre wurden etwa 100 000 Arbeitnehmende und Stellenlose nach Hause geschickt, weil es noch kein Freizügigkeitsabkommen gab. Viele von ihnen hatten vorher in der Schweiz eine IV-Rente erhalten. Die Italiener*innen schickte die neu zuständige IV-Kommission für Versicherte im Ausland zu einem Vertrauensarzt nach Rom. Dieser kam fast bei allen zum Schluss: dem Patienten geht es besser, die Rente wird aufgehoben. Diese Fälle kamen dann zu mir. Vielen ging es natürlich nicht besser. Es blieb mir also zu prüfen, ob die IV-Rente am Anfang «zweifellos unrichtig» zugesprochen worden war. Ich fand Anhaltspunkte dafür und solche dagegen. Aber es war kaum je «zweifellos unrichtig» – mit dem Resultat: Die Rente lief weiter. Und die Richter lobten mich für die gute Arbeit.

Heute müssen Versicherte ihre Krankheit beweisen. Das ist vor allem für psychisch Kranke schwierig.

Würden wir darauf verzichten, könnten wir mit der administrativen und justizmässigen Anspruchsprüfung aufhören. Für einen behandelnden Arzt ist die Beweisbarkeit nun einmal kein Thema. Der Patient ist da, vor ihm, mit seinen Klagen, in seiner Subjektivität. Die Ärztin kann ihn nicht einfach aus der Praxis schicken. Für einen Juristen aber ist die Beweisbarkeit das A und O. Derjenige, der einen Anspruch stellt, trägt die materielle Beweislast. Das ist eines der Grundprinzipien des Rechts. Immerhin braucht es im Sozialversicherungsrecht nicht wie im Ziviloder Strafrecht den Vollbeweis. Es genügt «die überwiegende Wahrscheinlichkeit».

Seit 2015 gilt vor Gericht die sogenannte Indikatorenpraxis. Am neuen Verfahren wird kritisiert, dass die IV-Stellen ein Instrument erhalten haben, mit dem sie Gutachten nach Belieben interpretieren können.

Der etwas steifbeinige Begriff «Indikatoren» bedeutet ja nichts anderes als Beweisthemen. Diese sollen dazu dienen, die versicherte Person ganzheitlich anzuschauen. Nach unserem Leitentscheid gab es in der Tat das Problem, dass IV-Stellen die gutachterlich attestierte Arbeitsunfähigkeit sehr oft nicht befolgten. Dann kamen die Fälle vor die kantonalen Gerichte, wo die Gutachten mit der juristischen Brille gewürdigt wurden. Ich verstehe hier die Schadenanwält*innen. Mit dem jüngsten Leitentscheid (BGE 145 V 361) zeigt das Bundesgericht auf, wann es angebracht ist, auf ein Gutachten abzustellen und wann nicht. Nun muss man schauen, wie das in der Praxis umgesetzt wird. Die Versicherungen, die Anwälte, die kantonalen Gerichte müssen sich jetzt erst einmal darauf einstellen. So etwas braucht Zeit. Das Bundesgericht ist ja nicht an der Front, wir können nicht alles reglementieren. Was denken Sie, wie viele Fälle wir gesehen haben, wo wir uns gedacht haben: Hätte ich als IV-Beamter ausgerechnet diesem Mann oder dieser Frau die Rente weggenommen?

Und?

Man prüft alle juristischen Möglichkeiten, um solches zu verhindern. Wenn aber alles rechtlich einwandfrei ist, dann ist nichts zu machen. Da ist sehr viel Verwaltungsermessen dabei. Es gibt aber eben auch viele Fälle, wo die Rentenzusprache seinerzeit à la légère erfolgte und wo jahrzehntelang eine Rente zu Unrecht ausgezahlt wurde, das muss man auch sehen.

Ob jemand wieder arbeiten kann, hängt nicht nur an ihm selbst. Oft werden IV-Renten mit dem Verweis abgewiesen, dass «angepasste Tätigkeiten» möglich seien. Solche Jobs gibt es aber oft gar nicht, vor allem nicht für Niedrigqualifizierte wie einen Bauarbeiter oder eine Putzfrau.

Was ist mit seriellen Tätigkeiten in der Produktion, die Überwachung von Maschinen, von automatisierten Abläufen? Die Rechtsprechung geht davon aus, dass es solche Jobs gibt.

Der Arbeitsmarkt ist in den vergangenen Jahren härter geworden. Von einem «ausgeglichenen Arbeitsmarkt» kann doch keine Rede mehr sein.

Das ist so im Gesetz festgeschrieben und für das Bundesgericht verbindlich. Es ist daher für uns rechtlich ausgeschlossen, die konjunkturelle Beschäftigungslage zu berücksichtigen. Hingegen trägt das Bundesgericht strukturellen Änderungen wie zum Beispiel dem Verschwinden eines Berufes oder der fehlenden Verwertbarkeit früher erworbener Kenntnisse durchaus Rechnung, wie zahlreiche Urteile zeigen.

Die von Gutachter*innen in ein bis zwei Stunden attestierten Arbeitsfähigkeiten sind meistens abstrakt und theoretisch. Müsste die Festlegung der Arbeitsfähigkeit nicht besser anhand von beruflichen Abklärungen erfolgen?

Dazu muss ich etwas sagen, was Ihnen vielleicht nicht so gefällt. Berufliche Abklärungen können zwar durchaus wichtig sein, um das Gesamtbild abzurunden. Aber: Sie hängen stark von der Einstellung der Person ab. Neutrale Untersuchungen zeigen, dass es in der medizinischen Praxis einen erheblichen Unterschied macht, ob bei der Patientin ein Rentenantrag hängig ist oder nicht.

Sie haben die Rechtsprechung zur IV in den letzten zwanzig Jahren geprägt. Macht Sie das stolz?

Diese Frage zielt auf eine Personifizierung der Justiz. Das lehne ich entschieden ab.

Die Frage sollte das Interview persönlich abschliessen. Zweiter Versuch: Nächstes Jahr gehen Sie in Pension. Haben Sie Pläne für die Zeit danach?

Definitiv nichts, was mit Juristerei zu tun hat. Total 41 Jahre seit 1979 sind genug. Ich habe viele Interessen schöngeistiger Art. Denen möchte ich vermehrt nachgehen. Und vielleicht mache ich daneben etwas Soziales.

Das System der IV ist hochgradig ungerecht

Streitgespräch zwischen Bundesgerichtspräsident Ulrich Meyer und Rechtsanwalt Rainer Deecke – Gesprächsführung für die Zeitschrift plädoyer: Gjon David / Karl Kümin

Der Versichertenanwalt Rainer Deecke und der langjährige Bundesrichter Ulrich Meyer debattieren über nötige Reformen bei der Invalidenversicherung – und sind sich in einigen Punkten erstaunlicherweise einig.

plädoyer: Die Praxis der Invalidenversicherung (IV) hat sich in den vergangenen zwanzig Jahren stark verschärft, die Anzahl der Neurenten in etwa halbiert. Hat das rechtliche oder politische Gründe?

Ulrich Meyer: Bei der Gründung der Invalidenversicherung im Jahr 1960 hatte man vor allem die Geburtsgebrechen vor Augen. Danach dehnte die Medizin ihren Wirkungsbereich aus. Die Schweiz übernahm den Gesundheitsbegriff der Weltgesundheitsorganisation, wonach eine Person nur dann gesund ist, wenn es ihr physisch, psychisch und sozial gut geht. Das führte dazu, dass ab Mitte der Achtziger- und Anfang der Neunzigerjahre unglaublich viele Renten ausgesprochen wurden. Höhepunkt war das Jahr 2003. Wir haben es hier also nicht mit juristischen, sondern mit medizinischen Problemen zu tun.

Rainer Deecke: Früher gab es tatsächlich eine Fehlentwicklung, indem viel zu wenig auf die Integration in den Arbeitsmarkt geachtet wurde. Es war nicht eine gestiegene Rentenbegehrlichkeit, die zu mehr Fällen führte. Vielmehr stieg die Zahl der psychischen Leiden parallel zu den Anforderungen in der Arbeitswelt. Zudem missbrauchten Arbeitgeber die IV ab den Neunzigerjahren vermehrt als komfortable Möglichkeit, Leute in die Frühpension zu schicken. Dazu reichte bereits eine Bestätigung des Hausarztes.

Meyer: Das ist richtig. Ich habe das in vielen Dossiers erlebt: Bei rezessionsbedingten Entlassungen versuchte man diese Personen bei der IV unterzubringen. Wenn aber jedes Lebensproblem wie Arbeitslosigkeit, Mobbing am Arbeitsplatz oder Prüfungsversagen zum medizinischen Problem wird und wir diesen Weg weitergegangen wären, wäre die IV zu einem staatlich garantierten Mindesteinkommen in der Höhe einer IV-Rente mutiert. Ich sehe mich nach wie vor als sozial eingestellten Menschen - aber eines ist klar: Es wäre nicht im Sinne des Gesetzes gewesen, diesen Weg weiterzugehen und das zuzulassen.

Deecke: Es ist nun einmal erwiesen, dass etwa eine lange Arbeitslosigkeit, schlechte Integration oder ein ungünstiges soziales Umfeld wesentliche Krankheitsfaktoren sind. Mit der Überwindbarkeitspraxis hat das Bundesgericht alle sozialen Faktoren ausgeblendet und eine rein «mechanische» Betrachtung eingeführt. Das Bundesgericht hat ein einzelnes Leiden herausgepickt und beispielsweise gesagt, eine Schmerzstörung sei grundsätzlich überwindbar. Eine solche Praxis hätte durch ein formelles Gesetz legitimiert werden müssen. Das Bundesgericht hat so eine grosse Kategorie von nicht versicherten Menschen geschaffen, die zu gesund für die IV, aber zu krank für den Arbeitsmarkt sind. Was mit diesen Menschen geschehen soll, ist bis heute nicht geklärt und bedarf einer gesellschaftspolitischen Debatte.

plädoyer: Der Zürcher Professor für Sozialversicherungsrecht Thomas Gächter spricht von einer Sanierung der IV durch das Bundesgericht. Hat er recht?

Meyer: Die Überwindbarkeitspraxis des Gerichts war von Anfang an nie Gegenstand eines formellen Gesetzes. Sozialgeschichtlich ist klar, diese psychosozialen Leiden haben in der Schweiz noch nie zu einer Rente geführt.

plädoyer: Das Bundesgericht hat das Beweisverfahren um eine Invalidität neu stark formalisiert. Führte das zu Verbesserungen?

Deecke: In seinem Grundsatzurteil 141 V 281 versprach das Bundesgericht eine ergebnisoffene Beurteilung. Doch in der Praxis wurde das nicht umgesetzt. Michael E. Meier analysierte 2018 in der Zeitschrift Have 280 neue Urteile. Nur in einem einzigen Fall sprach das Bundesgericht eine Rente. 250 Fälle wies es ab. Böse Zungen sagen, bei der früheren Überwindbarkeitspraxis hätten die IV-Stellen fünf mögliche Gründe gehabt, eine Rente zu verweigern, bei der heutigen sogenannten Indikatorenprüfung neu zwölf.

Meyer: Es braucht Zeit, bis sich die Praxis rund um die Beweisthemen einpendelt. Es braucht aber auch auf allen Seiten vernünftige Wegbereiter. Die Schätzung der Arbeitsfähigkeit ist nicht grundsätzlich eine medizinische Domäne, deshalb reden wir ja bewusst von einer Schätzung. Wenn das medizinische Gutachten den Kriterien des Bundesgerichtsentscheids 141 V 281 Rechnung trägt, wenn es in sich stimmig ist und die ganze Aktenlage berücksichtigt, dann hat es sich. Dann muss die betroffene Person die Folgen tragen, oder sie kriegt eben die Rente. Der Sinn dieser Rechtsprechung ist eigentlich, alles Mögliche korrekt zu tun und Entscheidungsgrundlagen zu schaffen, um vertretbare und vernünftige Entscheide treffen zu können. Übrigens: Der historische Gesetzgeber sah für Personen, die aus psychischen Gründen nicht mehr arbeiten konnten, eine Abfindung vor. Ich kämpfte vor 20 Jahren dafür, ohne

Erfolg. Die herrschende Meinung war, alle Unfallfolgen müssten doch adäquat sein. Dass heute die Kausalität so streng verstanden wird, dass es nie eine Rente gibt, kann natürlich nicht richtig sein. Wir müssen zurück zur Abfindung, wir müssen den Leuten etwas geben. Die Anerkennung des Leidens hat auch einen therapeutischen Wert.

Deecke: Da bin ich gleicher Meinung. Die Abfindung, die das Unfallversicherungsgesetz vorsieht, wäre sinnvoll, bleibt aber toter Buchstabe. Die heutige Praxis führt zu einer Abschiebung in die Sozialhilfe, was dem Sinn und Zweck einer Sozialversicherung widerspricht. Die wenigsten Leute finden nämlich plötzlich eine Stelle und können wieder arbeiten, nur weil ihnen eine Rente verweigert wird.

Meyer: Ich sah in zahlreichen Neuanmeldungsfällen, bei denen eine Rente abgelehnt worden war und die nach einigen Jahren wieder ein Gesuch stellten, dass diese Leute inzwischen wieder gearbeitet hatten. Psychische Beeinträchtigungen sind nämlich meistens reversibel. Man ist nicht für immer depressiv. Das sagt ja die Medizin selbst. In der klinisch-diagnostischen Umschreibung einer mittelschweren Depression steht: Der Patient kann seine beruflichen, familiären und sozialen Verpflichtungen – wenn auch beeinträchtigt – wahrnehmen. Bei mittelschweren Depressionen wurde in nicht publizierten Urteilen ab und zu eine zeitlich begrenzte Rente zugesprochen.

Deecke: Mit einer lebenslangen Rente kann heute ohnehin kein Rentenbezüger mehr rechnen. In der Praxis droht sogar bei einer Verschlechterung des Gesundheitszustands eine Rentenaufhebung. Das ist die Folge des Leiturteils 141 V 9. Dort heisst es: Ändert sich der Gesundheitszustand in irgendeiner Art, darf man die Invalidität neu ohne Bindung an frühere Entscheide festlegen. Wendet der Revisionsgutachter ein strengeres oder anderes Krankheitsverständnis an, ist die Rente weg.

Meyer: Dieses Urteil ist juristisch ein Unding. Nach Gesetz braucht es für eine Revision einer Rente nicht irgendeine, sondern eine den Rentenanspruch berührende Änderung von Tatsachen, auf denen der frühere Entscheid beruht. Sonst muss es bei der Rente bleiben. Es gibt rechtlich keine Möglichkeit, frühere rechtskräftige Entscheide ohne neue Fakten von Zeit zu Zeit in Revision zu ziehen.

Deecke: Da sind wir uns einig. Als Anwalt bin ich enttäuscht vom Bundesgericht, weil es in der Vergangenheit zwar immer wieder grundsätzlich richtige Entscheide fällte, danach jedoch die Praxis so scharf umsetzte, dass im Ergebnis keine Änderung eintrat. Oder es verschloss Augen und Ohren und überwachte nicht, wie die IV-Stellen die Praxis tatsächlich umsetzten. Das zieht sich seit zehn Jahren wie ein roter Faden durch die bundesgerichtliche Rechtsprechung.

plädoyer: **Wo zeigte sich das konkret?**

Deecke: Das Bundesgericht wies zum Beispiel mit dem Entscheid 141 V 281 zu Recht darauf hin, dass es bezüglich medizinischen Begutachtungsleitlinien dringenden Handlungsbedarf gibt. Kaum lagen diese vor, urteilte das höchste Gericht: Die Leitlinien müssen vom Gutachter nicht zwingend beachtet werden. Weiteres Beispiel: das Urteil zu den medizinischen Abklärungsstellen (Medas). Das Bundesgericht hat im Urteil 137 V 210 die systemimmanenten Gefahren beschrieben, die bezüglich der Vergabe von Gutachten existieren. Es sah eine Gefahr darin, dass Gutachter von den IV-Stellen ergebnisorientiert ausgewählt werden könnten. Es betonte daher mehr denn je, dass die Gutachter primär einvernehmlich zwischen IV-Stelle und versicherter Person zu bestimmen seien. In der Praxis war es jedoch so gut wie unmöglich, sich mit den IV-Stellen auf einen Gutachter zu einigen. Stattdessen wurden die Gutachter weiterhin hoheitlich von den IV-Stellen bestimmt.

plädoyer: **Warum hat das Bundesgericht die einvernehmliche Vergabe der Gutachten nicht durchgesetzt?**

Meyer: Das Bundesgericht ist für die Rechtsprechung zuständig, nicht für deren Umsetzung. Das Bundesgericht ist keine Aufsichtsbehörde. Der Sinn dieser Rechtsprechung – sowohl formell wie materiell – ist es, Entscheidungsgrundlagen zu schaffen, um vertretbare und vernünftige Entscheide treffen zu können.

Deecke: Aus meiner Sicht muss sich das Bundesgericht den Vorwurf gefallen lassen, das Medas-Urteil nur deshalb gefällt zu haben, um den Schein der Rechtsstaatlichkeit einigermassen zu wahren. Die Passivität des Gerichts war aus meiner Sicht fatal: Unter dem Deckmantel des Entscheids 137 V 210 konnte sich eine «Gutachterkaste» etablieren, in der sich einige wenige Hardliner-Gutachter den grossen Kuchen weitgehend unter sich aufteilen. Gemäss der Analyse des «Sonntagsblicks» erhalten bloss 10 Prozent der Gutachter 73 Prozent des Auftragsvolumens, das mittlerweile 100 Millionen Franken pro Jahr erreicht hat. Zudem wurden letztes Jahr Zielvorgaben des Bundesamts für Sozialversicherungen an die kantonalen IV-Stellen publik, in denen es beispielsweise hiess «Neurentenquote halten oder senken». Es gibt einen direkten Druck der Aufsichtsbehörde, möglichst strenge Gutachter zu bestimmen, weil sonst diese Ziele nicht erreicht werden könnten.

Meyer: Das ist nicht so. Das Bundesgericht hat immer nur einen Einzelfall vor sich. Wenn ein Beschwerdeführer Mängel bei der Auswahl oder der Arbeit des Gutachters geltend macht, prüft das Bundesgericht, ob das im konkreten Fall eine Rolle spielt. Es kann sein, dass diese Mängel im konkreten Fall zwar vorliegen, aber für das Urteil keine Rolle spielen.

plädoyer: **Haben wirtschaftliche Abhängigkeiten der Gutachter von IV-Stellen einen Einfluss auf die Beurteilung der Arbeitsfähigkeit einer bestimmten Person?**

Deecke: Ob ein Gutachter tatsächlich befangen ist, lässt sich nicht nachweisen. Aus diesen Gründen reicht eben schon der Anschein einer Befangenheit aus. In einem Zivilverfahren wäre es undenkbar, dass ein Gutachter oder ein Richter von einer Partei wirtschaftlich abhängig ist.

Meyer: Im Abklärungsverfahren bis und mit der Verfügung ist die IV-Stelle nicht Partei, sondern ein hoheitlich handelndes Organ und somit zum neutralen und objektiven Gesetzesvollzug verpflichtet. Deswegen spielt es keine Rolle, dass der Arzt von der IV bezahlt wird. Das ist eine Entscheidung des Gesetzgebers. Wenn er das ändern will, muss er handeln – aber sicher nicht das Bundesgericht. In Deutschland ist dieses Problem anders gelöst: In jedem streitigen Rentenfall holen die Gerichte ein medizinisches Gutachten ein. Dieses System hat den grossen Vorteil, dass es von der Versicherung gelöst ist. Die Sachdarstellung des Versicherungsträgers hat in Deutschland nur das Gewicht einer Parteibehauptung. Dieses Modell gefällt mir. Das Parlament wollte es aber nie einführen.

plädoyer: **Der Invaliditätsgrad wird in der Schweiz aufgrund statistischer Einkommenswerte festgelegt. Führt das zu angemessenen Entscheiden?**

Deecke: Nein. Das System ist hochgradig ungerecht. Es diskriminiert Geringverdiener. Das heutige Berechnungsmodell führt dazu, dass bei Versicherten im Tieflohnbereich im Extremfall ein negativer IV-Grad resultiert. Eine gutverdienende Person hingegen bekäme bei gleichem Gesundheitsschaden erhebliche Rentenleistungen zugesprochen. Wer 200 000 Franken oder mehr im Jahr verdient, erhält neben Renten auch berufliche Massnahmen und bekommt eine Umschulung obendrauf. Ein Bauarbeiter mit demselben Gesundheitsschaden erhält weder eine Rente noch berufliche Massnahmen. Dabei ist gerade Letzterer wesentlich schwieriger in den Arbeitsmarkt zu integrieren. Leider hat das Bundesgericht auch bei den beruflichen Massnahmen die Schrauben angezogen. Das führte dazu, dass viele Leute nicht einmal mehr in den Genuss der Arbeitsvermittlung der IV kommen.

Meyer: 1960 wurde als riesiger Fortschritt postuliert, dass nicht der Gesundheitsschaden als solches Anrecht auf eine Rente in bestimmter Höhe geben soll, sondern seine Auswirkung auf das Erwerbseinkommen. Die Invalidität ist nun durch das Gesetz als gesundheitlich bedingte Erwerbsunfähigkeit definiert. Wir können deshalb nicht sagen, für die Umschulung braucht es keine Invalidität. Ich könnte mir aber auch ein anderes System vorstellen. In der französischen Rentenversicherung etwa gibt es für jede Krankheit eine bestimmte Leistung. Das Schleudertrauma ist mit drei Prozent Invaliditätsgrad eingestuft.

plädoyer: **Bei der Bemessung der Invalidität geht das Bundesgericht von einem ausgeglichenen Arbeitsmarkt aus. Überschätzt es nicht die Erwerbschancen von Invaliden?**

Deecke: Das Bundesgericht hat den Begriff des ausgeglichenen Arbeitsmarkts in den vergangenen Jahren massiv ausgedehnt, obwohl sich gleichzeitig der reale Arbeitsmarkt komplett in die andere Richtung bewegte. Der sogenannte ausgeglichene Arbeitsmarkt hat überhaupt nichts mehr mit der Realität zu tun. Ein aktuelles Gutachten von Philipp Egli und anderen Kollegen sowie statistische Untersuchungen des Büro Bass zeigen konkret, was Menschen mit gesundheitlichen Beeinträchtigungen in Wirklichkeit verdienen können: Alleine schon wegen der gesundheitlichen Beeinträchtigung müssen sie eine Lohneinbusse von 15 bis 20 Prozent in Kauf nehmen. Das zeigt, dass das Bundesgericht seit Jahren von realitätsfremden Annahmen ausgeht.

Meyer: Sie schütten Wasser auf meine Mühlen, Herr Deecke. Die statistischen Löhne im Falle der Invalidität müsste man um 15 bis 25 Prozent senken, einheitlich und linear.

plädoyer: **Die Revision der IV-Verordnung sieht vor, Begutachtungen aufzuzeichnen. Eine sinnvolle Neuerung?**

Deecke: Damit wurde eine langjährige Forderung umgesetzt. So kann man den Ablauf der Begutachtung nachvollziehen. Positiv ist auch, dass die IV-Stellen neu Statistiken zu Anzahl und Ergebnissen der Gutachten führen müssen. Zu begrüssen sind zudem die Massnahmen zur Eingliederung von Menschen mit psychischen Beeinträchtigungen und Jugendlichen. Aber die prozentgenaue Invaliditätsbemessung, die man einführen will, ist eine Fehlkonstruktion.

Meyer: Mit der stufenlosen Rentenskala hat der Gesetzgeber tatsächlich die schlechteste Lösung gewählt. Ich bin froh, dass ich nicht mehr am Gericht arbeite. Ich hatte mehrere Parlamentarier vor dieser Neuerung gewarnt. Am Schluss muss das Bundesgericht die Zulässigkeit der Berechnungen klären und sich mit einzelnen Prozentpunkten herumschlagen.

Abschied

Abschiedsrede vom 26. November 2021 am Bundesgericht in Lausanne

Sehr geehrte/r
Frau Bundesgerichtspräsidentin
Monsieur le Vice-Président du Tribunal fédéral
Monsieur le Juge fédéral et troisième membre de la CA
Madame la Présidente de la Cour de droit pénal
Herren Abteilungspräsidenten
Kolleginnen und Kollegen
Chers et Chères Collègues
Cari Colleghi
Herr Generalsekretär

Frau Präsidentin, wir danken Ihnen für Ihre trefflichen, anerkennenden und ehrenvollen Abschiedsworte, die Sie jedem von uns scheidenden Vier Musketieren haben zuteil werden lassen. Ja, Sie haben richtig gehört. Wir Vier waren (und sind es noch) Mousquetaires au sens d' Alexandre Dumas, haben wir doch ab und zu – wenn es denn sein musste, um des Rechts und seiner Verwirklichung wegen – mit spitzem Degen gefochten und scharfer argumentativer Munition geschossen. Wir danken Ihnen ferner in Ihrer Eigenschaft als Vertreterin der Eidgenossenschaft, gleichsam als Mutter Helvetia, dafür, dass Sie uns, im heiteren Kreise fast aller Kollegen und Kolleginnen, mit feinsten Speisen und mundenden Weinen – selbstverständlich schweizerischer Provenienz – im gediegenen Rahmen des Lausanne Palace verwöhnen. Haben Sie ganz herzlichen Dank dafür.

Vor bald zwei Jahren, am 13. Dezember 2019, juste noch in der guten alten Zeit vor der Pandemie, welche die Menschheit bis dato nicht aus ihren Klauen lässt, beim «Grossen Abschied» der damals sechs Scheidenden, hat *Kathrin Klett* einfühlsam die Veränderungen nachgezeichnet, die sich während ihrer Zeit am Bundesgericht seit 1980 *intra muros* ereignet haben. Von solchen Interna, deren Beschreibung durch *Frau alt Bundesrichterin Klett* Sie im Intranet nachlesen können, soll daher nicht weiter die Rede sein – obgleich selbst ich, «EVG-ler» und erst seit 2007 dem Bundesgericht angehörig, das eine oder andere dazu beisteuern könnte. Zum Beispiel, dass ein gewisser «*Gerichtsschreiber Zünd*» 1988/89 meine Referate als *Peregrinus*, d.h. als in der II. öffentlich-rechtlichen Abteilung mitwirkender Bundesrichter des Eidgenössischen Versicherungsgerichts (EVG; 1917-2006) zur Publikationsreife anhub (vgl. BGE 115 Ib 37). Dass *Jean Fonjallaz* mit seiner 1985 erschienenen Dissertation über die Revision der Invalidenrenten zeitweilig zum meistzitierten Autor am EVG avancierte. Dass *Hansjörg Seiler*, der letzte ans EVG gewählte Bundesrichter (2005), gleichen Jahres in der Festschrift *Pierre Moor* die Debatte beflügelte, was Sache demokratisch-politischer Entscheidung sei, was rechtsstaatlich bedingter gerichtlicher Überprüfung unterliege – und am Standort Luzern für die juristisch spannendsten und ertragreichsten Jahre sorgte, welche ich seit 1981 erleben durfte.

Meine Bemerkungen wollen sich demgegenüber auf die Entwicklungen *extra muros* richten. Was hat sich in den letzten vierzig Jahren im Aussenverhältnis des Bundesgerichts geändert, in den ihm von aussen vorgegebenen Rahmenbedingungen, unter denen es Tag für Tag arbeitet?

Die Antwort wird Sie wohl erstaunen: *Nichts. Im Grundsätzlichen, d.h. in den Rechtstatsachen, welche die Rolle des Bundesgerichts als Höchstgericht prägen, hat sich nichts Wesentliches verändert.* Noch immer hat das (2007 mit dem EVG vereinigte) Bundesgericht jährlich 8'000 (oder mehr) Fälle zu beurteilen, viel zu viel für ein höchstes Gericht, dessen ureigene Aufgabe in der Fortentwicklung des Rechts besteht, also in der Beantwortung von *Rechtsfragen*, insbesondere von neuen und damit per definitionem grundsätzlichen Rechtsfragen. Es können sich in der zahlenmässig im Vergleich zu Ländern wie Deutschland, Frankreich oder Italien immer noch kleinen schweizerischen Rechtsgemeinschaft gar nicht so viele Rechtsfragen stellen, als dass mit deren Beantwortung 38 Bundesrichter und Bundesrichterinnen voll beschäftigt wären. Achtzig Prozent aller in den 8'000 Beschwerden erhobenen Rügen beschlagen, wenn auch wohlweislich in juristische Rügen verpackt, im Grunde genommen *Tatsächliches – das Bundesgericht als oberste Tatgerichtsinstanz*, ein *offensichtlicher Missstand*, dem schon der legendäre «OKK», *Otto Konstantin Kaufmann*, als Bundesgerichtspräsident, ein St. Galler, insofern Vorgänger unserer jetzigen Frau Präsidentin, in den 1980er-Jahren abhelfen wollte – und in der Volksabstimmung vom 1. April 1990 scheiterte (BBl 1990 II 1028 ff.). Seither hält sich in Parlament und Öffentlichkeit hartnäckig die Meinung, das Bundesgericht, nur und einzig das Bundesgericht, sei in der Lage, Rechtsschutz im streitigen Einzelfall zu gewährleisten. Seitdem die Kantone von Bundesrechts wegen verpflichtet sind, in öffentlich-rechtlichen Sachen unabhängige Verwaltungsgerichte (mit voller Kognition) und in zivil- sowie strafrechtlichen Angelegenheiten den zweifachen Instanzenzug einzurichten (mit zweifacher gerichtlicher (Über-)Prüfung der für den Prozessausgang so wichtigen Tatfragen), gehört diese irrige Vorstellung über die Aufgaben des Bundesgerichts als eines Höchstgerichts endgültig in die Mottenkiste. Die Zeit für die Verwirklichung eines Annahmeverfahrens ist gekommen.

Doch, eine Einschränkung ist angebracht. Etwas sehr Wichtiges hat sich geändert, was nicht im Prozess-, nicht im Organisationsrecht anzusiedeln ist, sondern was die für das gute Funktionieren des demokratischen Rechtsstaates Schweiz so eminent wichtige *rechtskulturelle Haltung* betrifft. Ich meine damit den *Verlust von Basiskenntnissen* bei den in den Kommissionen mit der Bundesrechtspflege befassten Parlamentariern hinsichtlich Gewalten- und Aufgabenteilung, Unabhängigkeit der Gerichte, Oberaufsicht, Aufsicht usw. Vorbei die Zeiten, da das Bundesgericht auf Justizpolitiker vom Format eines Richard Bäumlin, Rhené Rhinow, Thomas Pfisterer, Erwin Jutzet, Ulrich Zimmerli oder einer Corina Eichenberger zählen konnte. Die Rezeption des VK-Berichts vom 5. April 2020 (von dem übrigens nicht *ein* Satz als unrichtig widerlegt wurde) durch einige Protagonisten in der Angelegenheit Bundesstrafgericht ist ein Musterbeispiel dafür.

Obige Einschränkung gilt *nicht für das Bundesgericht*, welches in dieser langen Zeit durch und durch *Bewahrer des Rechtsstaates Schweiz* geblieben ist. Diese Garantenfunktion kann das Bundesgericht nur ausüben, wenn es *demokratisch legitimiert* ist. Wie kann man nur die Auswahl der Bundesrichter und Bundesrichterinnen zur Angelegenheit einer von der Regierung einzusetzenden Expertenkommission machen. Daher hoffe ich von ganzem Herzen, dass übermorgen Sonntag der Schierlingsbecher jener unmöglichen Los-Initiative an uns vorbeigehen wird.

Ich schliesse mit einem Wort – ich kann, liebe Martha, von meiner literarischen Neigung auch in diesem rührenden Moment des Abschieds nicht lassen – von *Thomas Mann*, der in seiner Rede an den Senat der Freien Reichs- und Hanse-Stadt Lübeck (20. Mai 1955), seiner Vaterstadt, nach langer Abwesenheit, sagte: «Mein Herz ist voller Dankbarkeit.» So geht es nun, mutatis mutandis, auch mir.

Brief an Prof. Dr. Dres. h.c Andreas Vosskuhle, verfasst zu seinem Abschied als Präsident des Bundesverfassungsgerichts

Sehr geehrter Herr Präsident

Ich wähle diese Anrede, einem Brauch folgend, der in der Schweiz für die Bundesräte gilt: «Einmal Bundesrat – immer Bundesrat»[1]. Nehmen Sie vorab meinen Dank entgegen für ihr kürzliches Abschiedsessen, das mich sehr berührt hat.

Meine Funktion als Präsident des Bundesgerichts seit 2017 hat mir viele bereichernde Begegnungen gebracht, davon klarerweise die eindrücklichsten mit Ihnen. Wie keinem anderen Präsidenten des Bundesverfassungsgerichts zuvor ist es Ihnen, nach meiner bescheidenen Wahrnehmung aus der Perspektive der Verfassungswerkstatt Schweiz, die stets auf den Nachbarn im Norden blickt, wirklich und wahrhaftig gelungen, Würde und Ansehen, Bedeutung und Strahlkraft des Bundesverfassungsgerichts, im Innern Deutschlands wie nach aussen, auf hervorragende Art und Weise zu steigern, dies kraft der ihnen geschenkten Persönlichkeit, so wie Sie sind und wirken. *Er ist einfach nur gross*, sagte Thomas Mann über Tolstoi. *Das* sind Sie. Dass dies durch viele Ehrungen anerkannt wurde, zuletzt durch das Grosskreuz mit Stern und Schulterband des Verdienstordens der Bundesrepublik Deutschland, freut mich sehr. Ich zolle Ihrem Lebenswerk jeden Respekt und gratuliere Ihnen für das als Präsident des Bundesverfassungsgerichts so segensreich Vollbrachte!

In herzlicher, bleibender Verbundenheit

Ulrich Meyer

---

[1] Dieses Privileg, sich auch als Pensionierter mit «Herr Bundesrat» ansprechen lassen zu dürfen, steht den Bundesrichtern nicht zu, haben diese doch nach ihrem Ausscheiden aus dem Amt sich des Wörtchens «alt» zu bedienen, so auch ich in Bälde, wenn Silvester 2000 den Abschluss meiner 33 Jahre und 11 Monate zählenden Richterzeit gebracht haben wird. Selbst in dieser feinen Unterscheidung kommt die Präponderanz des demokratischen vor dem rechtstaatlichen Verfassungsstrukturprinzip in der Schweiz zum Ausdruck.

Schriftenverzeichnis

Schriftenverzeichnis von Prof. Dr. iur. Ulrich Meyer

Das Verzeichnis ist zeitlich aufsteigend, beginnend mit der ersten Publikation, geordnet. Vereinzelt werden auch wichtige Beiträge über Prof. Dr. Ulrich Meyer sowie ausgewählte Interviews mit diesem verzeichnet. Die in diesem Band wiedergegebenen Beiträge sind durch *Kursivdruck* gekennzeichnet.

Ulrich Meyer-Blaser, Zum Verhältnismässigkeitsgrundsatz im staatlichen Leistungsrecht, (am Beispiel der beruflichen Eingliederungsmassnahmen der IV), Abhandlungen zum Schweizerischen Recht, Neue Folge = Etudes de droit suisse, Nouvelle série, Bern 1985, Band 494.

Ulrich Meyer-Blaser, Die Bedeutung der Sonderschulzulassung für den Leistungsanspruch gegenüber der Invalidenversicherung, in: Schweizerische Zeitschrift für Sozialversicherung und berufliche Vorsorge, 1986, S. 65–83.

Ulrich Meyer-Blaser, Zur Aufzählung der Erwerbszweige mit Anspruch auf Schlechtwetterentschädigung in Art. 65 Abs. 1 Arbeitslosenversicherungsverordnung, (Ein Beispiel verwaltungsgerichtlicher Kontrolle unselbständiger Rechtsverordnungen), in: Schweizerische Juristen-Zeitung, 1986, S. 1–6.

Ulrich Meyer, Die Rechtswege nach dem Bundesgesetz über die berufliche Alters-, Hinterlassenen- und Invalidenvorsorge (BVG), in: Zeitschrift für schweizerisches Recht, 1987, S. 601–634.

Ulrich Meyer, Die Rechtspflege in der Sozialversicherung, in: Basler juristische Mitteilungen, 1989, S. 1–33.

Ulrich Meyer-Blaser, 1985–1989: Die Rechtsprechung von Eidgenössischem Versicherungsgericht und Bundesgericht zum BVG, Eine Sichtung der Ergebnisse (und einige Anmerkungen), in: Schweizerische Zeitschrift für Sozialversicherung und berufliche Vorsorge, 1990, S. 73–92.

Ulrich Meyer, Die Zusammenarbeit von Richter und Arzt in der Sozialversicherung, in: Schweizerische Ärztezeitung, 1990, S. 1090–1095.

Ulrich Meyer-Blaser, Perinatale Diagnostik und Krankenversicherung, in: Schweizerische Zeitschrift für Sozialversicherung und berufliche Vorsorge, 1991, S. 1–15.

Ulrich Meyer-Blaser, Die Bedeutung von Art. 4 Bundesverfassung für das Sozialversicherungsrecht, in: Zeitschrift für schweizerisches Recht, 1992 II S. 299–472.

Ulrich Meyer, Datenschutz in der Sozialversicherung, in: Rainer J. Schweizer (Hrsg.), Rechtsfragen des Informatikeinsatzes, Zürich 1992, S. 43–70.

Ulrich Meyer-Blaser, Die Abänderung formell rechtskräftiger Verwaltungsverfügungen in der Sozialversicherung, (Revision, Rücknahme, Widerruf, Wiedererwägung), in: Schweizerisches Zentralblatt für Staats- und Verwaltungsrecht, 1994, S. 337–357.

Ulrich Meyer-Blaser, Kausalitätsfragen auf dem Gebiet des Sozialversicherungsrechts, in: Schweizerische Zeitschrift für Sozialversicherung und berufliche Vorsorge, 1994, S. 81–107.

Ulrich Meyer-Blaser, Der Einfluss der Europäischen Menschenrechtskonvention (EMRK) auf das schweizerische Sozialversicherungsrecht, in: Zeitschrift für schweizerisches Recht, 1994, S. 389–407.

Ulrich Meyer-Blaser, Résiliation abusive du contrat de travail, nouvelles règles du Code des obligations en la matière et incidences de ces dernières dans le domaine de l'assurance sociale, en particulier sur le maintien de la couverture d'assurance et le droit aux prestations, in: Jean-Louis Duc (Hrsg.), Droit du travail, droit des assurances sociales, Lausanne 1994, S. 169–189.

Ulrich Meyer-Blaser, Die Rückerstattung von Sozialversicherungsleistungen, in: Zeitschrift des Bernischen Juristenvereins, 1995, S. 473–502.

Ulrich Meyer-Blaser, 1990–1994: Die Rechtsprechung von Eidgenössischem Versicherungsgericht und Bundesgericht zum BVG, Eine Sichtung der Ergebnisse (und einige Anmerkungen), in: Schweizerische Zeitschrift für Sozialversicherung und berufliche Vorsorge, 1995, S. 81–114.

Ulrich Meyer-Blaser, Funktion und Bedeutung des Unfallbegriffs im schweizerischen Sozialversicherungsrecht, Einige rechtspolitische und rechtsvergleichende Hinweise, in: Alfred Koller (Hrsg.), Haftpflicht- und Versicherungsrechtstagung, Tagungsbeiträge, St. Gallen 1995, S. 275–299.

Ulrich Meyer-Blaser, Bundesgesetz über die Invalidenversicherung (IVG), in: Erwin Murer/ Hans-Ulrich Stauffer (Hrsg.), Rechtsprechung des Bundesgerichts zum Sozialversicherungsrecht, Zürich 1997.

Ulrich Meyer-Blaser, Rechtliche Vorgaben an die medizinische Begutachtung, in: René Schaffhauser/Franz Schlauri (Hrsg.), Rechtsfragen der medizinischen Begutachtung in der Sozialversicherung, St. Gallen 1997, S. 9–48.

Ulrich Meyer-Blaser (inhaltliche Koordination und Verantwortung), Soziale Sicherheit, Schweizerisches Bundesverwaltungsrecht, Band XIV, Basel 1998.

Ulrich Meyer-Blaser, Allgemeine Einführung, Übersicht, in: Soziale Sicherheit, Schweizerisches Bundesverwaltungsrecht, Band XIV, Basel 1998.

Ulrich Meyer-Blaser, Die Anpassung von Ergänzungsleistungen wegen Sachverhaltsänderungen, in: René Schaffhauser/Franz Schlauri (Hrsg.), Revision von Dauerleistungen in der Sozialversicherung, St. Gallen 1999, S. 29–52.

Ulrich Meyer-Blaser, Zur Prozentgenauigkeit in der Invaliditätsschätzung, in: René Schaffhauser/Franz Schlauri (Hrsg.), Rechtsfragen der Invalidität in der Sozialversicherung, St. Gallen 1999, S. 9–27.

Ulrich Meyer-Blaser/Thomas Gächter, Das Lohngutschriftverfahren – eine Lösung für die Schweiz?, Rahmenbedingungen des geltenden Rechts und nötige Normanpassungen, in: Die Volkswirtschaft. Das Magazin für Wirtschaftspolitik, 9/2000, S. 66–69. (= Ulrich

Meyer-Blaser/Thomas Gächter, La procédure de bonification des salaires, une solution pour la Suisse?, Cadre juridique actuel et adaptations législatives nécessaires, in: Vie économique. Revue de politique économique, 9/2000, S. 66–69).

Ulrich Meyer-Blaser, Die Tragweite des Grundsatzes «Eingliederung vor Rente», in: René Schaffhauser/Franz Schlauri (Hrsg.), Rechtsfragen der Eingliederung Behinderter, St. Gallen 2000, S. 9–25.

Ulrich Meyer-Blaser, 1995–1999: Die Rechtsprechung von Eidgenössischem Versicherungsgericht und Bundesgericht zum BVG: Eine Sichtung der Ergebnisse (und einige Anmerkungen), in: Schweizerische Zeitschrift für Sozialversicherung und berufliche Vorsorge, 2000, S. 291–320.

Ulrich Meyer-Blaser/Thomas Gächter, Der Sozialstaatsgedanke, in: Daniel Thürer/Aubert Jean-François/Müller Jörg Paul (Hrsg.), Verfassungsrecht der Schweiz, Zürich 2001, S. 549–563.

Ulrich Meyer-Blaser, Der Streitgegenstand im Streit – Erläuterungen zu BGE 125 V 413, in: René Schaffhauser/Franz Schlauri (Hrsg.), Aktuelle Rechtsfragen der Sozialversicherungspraxis, St. Gallen 2001, S. 9–38.

Ulrich Meyer-Blaser/Peter Arnold, Der letztinstanzliche Sozialversicherungsprozess nach dem bundesrätlichen Entwurf für ein Bundesgerichtsgesetz (E-BGG), in: Zeitschrift für schweizerisches Recht, 2002, S. 485–504.

Ulrich Meyer-Blaser, Die Rechtspflegebestimmungen des Bundesgesetzes über den Allgemeinen Teil des Sozialversicherungsrechts (ATSG), in: HAVE, 2002, S. 326–334.

Ulrich Meyer-Blaser, Einwirkungen der neuen Bundesverfassung auf das schweizerische Sozialrecht, in: Peter Gauch,/Daniel Thürer (Hrsg.), Neue Bundesverfassung, Zürich 2002, S. 105–128.

Ulrich Meyer-Blaser, Das ATSG aus der Sicht der Rechtsprechung, in: Soziale Sicherheit, Zeitschrift des Bundesamtes für Sozialversicherung, 2002, S. 275–278 (= Ulrich Meyer-Blaser, La LPGA du point de vue de la jurisprudence, in: Sécurité sociale, Revue de l'Office fédéral des assurances sociales, 2002, S. 275–278.)

Ulrich Meyer-Blaser, Das Bundesgesetz über den Allgemeinen Teil des Sozialversicherungsrechts (ATSG) und das Schicksal der allgemeinen Rechtsgrundsätze des Sozialversicherungsrechts, in: René Schaffhauser/Ueli Kieser (Hrsg.), Sozialversicherungsrechtstagung, St. Gallen 2002, S. 119–158.

Ulrich Meyer-Blaser/Andreas Traub, Der Rechtsbegriff der Arbeitsunfähigkeit und seine Bedeutung in der Sozialversicherung, namentlich für den Einkommensvergleich in der Invaliditätsbemessung, in: René Schaffhauser/Franz Schlauri (Hrsg.), Schmerz und Arbeitsunfähigkeit, St. Gallen 2003, S. 27–119.

Ulrich Meyer-Blaser, La LPGA: les règles de procédure judiciaire, in: Bettina Kahil-Wolff (Hrsg.), Partie générale du droit des assurances sociales, Lausanne 2003, S. 23–35.

Ulrich Meyer-Blaser, Die Teilnahme am vorinstanzlichen Verfahren als Voraussetzung der Rechtsmittellegitimation, in: René Schaffhauser/Martin Boltshauser (Hrsg.), Sozialversicherungsrechtstagung, St. Gallen 2004, S. 9–34.

Ulrich Meyer-Blaser, Das medizinische Gutachten aus sozialversicherungsrechtlicher Sicht, in: Adrian M. Siegel/Daniel Fischer (Hrsg.), Die neurologische Begutachtung, 2004, S. 91-112.

Ulrich Meyer, Bürgerversicherung in der Schweiz, in: Stiftung Gesellschaft für Rechtspolitik, Trier/Institut für Rechtspolitik an der Universität Trier (Hrsg.), Bitburger Gespräche, Jahrbuch 2004/II, München 2005, S. 65-91.

Ulrich Meyer/Isabel von Zwehl, L'objet du litige en procédure de droit administratif fédéral, in: Benoît Bovay/Nguyen Minh Son (Hrsg.), Mélanges en l'honneur de Pierre Moor, Bern 2005, S. 435-450.

Ulrich Meyer, Die Rechtsprechung von Eidgenössischem Versicherungsgericht und Bundesgericht zum BVG, 2000-2004, Eine Sichtung der Ergebnisse (und einige Anmerkungen), in: Schweizerische Zeitschrift für Sozialversicherung und berufliche Vorsorge, 2005, S. 229-272.

Ulrich Meyer/Peter Arnold, Intertemporales Recht, in: Zeitschrift für schweizerisches Recht, 2005, S. 115-141.

Ulrich Meyer/Petra Fleischanderl, Erste Erfahrungen mit dem ATSG: aus der Rechtsprechung des Eidgenössischen Versicherungsgerichts (EVG), in: Anwaltsrevue, 2005, S. 195-198.

Ulrich Meyer, Grundlagen, Begriff und Grenzen der Beratungspflicht der Sozialversicherungsträger nach Art. 27 Abs. 2 ATSG, (Bemerkungen zum Umgang mit BGE 131 V 372 [C 192/94]), in: René Schaffhauser/Franz Fischer) (Hrsg.), Sozialversicherungsrechtstagung, St. Gallen 2006, S. 9-30.

Ulrich Meyer, Die Rechtsprechung zur Arbeitsunfähigkeitsschätzung bei somatoformen Schmerzstörungen, in: René Schaffhauser/Franz Schlauri (Hrsg.), Medizin und Sozialversicherung im Gespräch, St. Gallen 2006, S.211-230.

Ulrich Meyer, Die Rechtsprechung des Eidgenössischen Versicherungsgerichts zur Arbeitgeberhaftung, in: Aldo Borella [et al.] (Hrsg.), Temi scelti di diritto delle assicurazioni sociali, Lugano 2006, S. 25-38.

Ulrich Meyer, Das Sozialversicherungsrecht, in: Astrid Epiney/Florence Rivière (Hrsg.), Auslegung und Anwendung von «Integrationsverträgen», zur Übernahme des gemeinschaftlichen Besitzstandes durch Drittstaaten, insbesondere die Schweiz, Zürich 2006, S. 75-92.

Ulrich Meyer, Die Beweisführung im Sozialversicherungsrecht, in: Erwin Murer (Hrsg.), Nicht objektivierbare Gesundheitsbeeinträchtigungen, ein Grundproblem des öffentlichen und privaten Versicherungsrechts sowie des Haftpflichtrechts, Bern 2006, S. 199-225.

Ulrich Meyer (Hrsg.), Soziale Sicherheit, in: Schweizerisches Bundesverwaltungsrecht, Band XIV, 2. Aufl., Basel/Genf/München 2007.

Ulrich Meyer, Allgemeine Einführung, in: Soziale Sicherheit, 2. Aufl., Basel/Genf/ München 2007, S. 1-82.

Ulrich Meyer, La récente jurisprudence du Tribunal fédéral des assurances (notamment en matière de prestations d'invalidité), in: Bettina Kahil-Wolff/Jacques-André Schneider (Hrsg.), Nouveautés en matière de prévoyance professionnelles, Bern 2007, S. 105–122.

Ulrich Meyer, Über die Zulässigkeit von Feststellungsverfügungen in der Sozialversicherungspraxis, in: René Schaffhauser/Ueli Kieser (Hrsg.), Sozialversicherungsrechtstagung, St. Gallen 2007, S. 35–63.

Thomas Gächter/Ulrich Meyer, Sorgenkind Vorsorgeeinrichtung, Gedanken zur juristischen Persönlichkeit von Vorsorgestiftungen, in: Peter Breitschmid [et al.] (Hrsg.), Grundfragen der juristischen Person, Festschrift für Hans Michael Riemer zum 65. Geburtstag, Bern 2007, S. 99–118.

Ulrich Meyer, Probleme des Unfallbegriffs bei sportlichen Betätigungen, in: Gabriela Riemer-Kafka (Hrsg.), Sport und Versicherung, Zürich 2007, S. 39–68.

Ulrich Meyer, Der Einfluss des BGG auf die Sozialrechtspflege, Die sozialrechtlichen Abteilungen am Standort Luzern als Nachfolgeorganisation des EVG, in: Schweizerische Zeitschrift für Sozialversicherung und berufliche Vorsorge, 2007, S. 222–242.

Ulrich Meyer, Die Sozialrechtspflege unter dem Bundesgerichtsgesetz, in: Thomas Probst/Franz Werro (Hrsg.), Strassenverkehrsrechts-Tagung, Bern 2008, S. 149–182.

Ulrich Meyer/Alfred Bühler, Eintreten und Kognition nach BGG, in: Anwaltsrevue, 2008, S. 491–496.

Ulrich Meyer, Les nouvelles Cours de droit social du Tribunal fédéral, in: Bettina Kahil-Wolff (Hrsg.), Quoi de neuf en droit social?, Bern 2009, S. 1–20.

Ulrich Meyer, unter Mitarbeit von Myriam Schwendener, Krankheit als leistungsauslösender Begriff im Sozialversicherungsrecht, in: Thomas Gächter/Myriam Schwendener (Hrsg.), Rechtsfragen zum Krankheitsbegriff, Bern/Zürich 2009, S. 5–24.

Ulrich Meyer unter Mitarbeit von Myriam Schwendener, Krankheit als leistungsauslösender Begriff im Sozialversicherungsrecht, in: Schweizerische Ärztezeitung, 2009, S. 585–588.

Ulrich Meyer, Bundesgesetz über die Invalidenversicherung (IVG), in: Erwin Murer/Hans-Ulrich Stauffer (Hrsg.), Rechtsprechung des Bundesgerichts zum Sozialversicherungsrecht, 2. Aufl., Zürich 2010.

Ulrich Meyer/Laurence Uttinger, Die Rechtsprechung des Bundesgerichts zum BVG, 2005–2009, Eine Sichtung der Ergebnisse (und einige Anmerkungen), in: Schweizerische Zeitschrift für Sozialversicherung und berufliche Vorsorge, 2010, S. 230–250.

Ulrich Meyer, Das Schleudertrauma, anders betrachtet, in: Gabriela Riemer-Kafka/Alexandra Rumo-Jungo (Hrsg.), Soziale Sicherheit – soziale Unsicherheit: Festschrift für Erwin Murer zum 65. Geburtstag, Bern 2010, S. 473–489.

Ulrich Meyer/Eva Siki, Bestand und Umsetzung der Sozialrechte in der Schweiz, in: Schweizerische Zeitschrift für Sozialversicherung und berufliche Vorsorge, 2010, S. 407–442.

Ulrich Meyer, Somatoforme Schmerzstörung – ein Blick zurück auf eine Dekade der Entwicklung, in: René Schaffhauser/Ueli Kieser (Hrsg.), Sozialversicherungsrechtstagung 2010, St. Gallen 2011, S. 9–35.

Ulrich Meyer, Vom Geist des bernischen Fürsprechers, den drei Geboten und Michael Kohlhaas, in: Zeitschrift des Bernischen Juristenvereins, 2011, S. 508–512.

Ulrich Meyer, EMRK-rechtliche Aspekte der Anspruchsprüfung in der Sozialversicherung, in: Ueli Kieser/Miriam Lendfers (Hrsg.), Sozialversicherungsrechtstagung 2011, St. Gallen 2012, S. 211–236.

Ulrich Meyer, Die psychiatrische Begutachtung als Angelpunkt der juristischen Beurteilung: Entwicklung und Perspektiven, in: Thomas Gächter/Hans-Jakob Mosimann (Hrsg.), Berufliche Vorsorge – Stellwerk der sozialen Sicherheit: Festschrift für Hermann Walser, zum 70. Geburtstag, Zürich/ St. Gallen 2013, S. 131–147.

Ulrich Meyer/Marco Reichmuth, Bundesgesetz über die Invalidenversicherung (IVG), in: Hans-Ulrich Stauffer/Basile Cardinaux (Hrsg.), Rechtsprechung des Bundesgerichts zum Sozialversicherungsrecht, 3. Aufl., Zürich 2014.

Ulrich Meyer, Entwicklung von Rechtsprechung und Verwaltungspraxis seit BGE 137 V 210. Zwischenbilanz nach zwei Jahren, in: Ueli Kieser (Hrsg.), Sozialversicherungsrechtstagung 2013, Schriftenreihe IRP/HSG, Bd. 90, St. Gallen 2014, S. 53–71.

Ulrich Meyer, Der Weg zum Urteil: Die Rechtsordnung als Urteilsgrundlage. Der äussere Weg – Der innere Weg, in: Ueli Kieser (Hrsg.), Sozialversicherungsrechtstagung 2014, Schriftenreihe IRP/HSG, Bd. 91, St. Gallen 2015, S. 45–80.

Ulrich Meyer, Die Verbandsausgleichskassen als Durchführungsorgane der Sozialversicherungen, in: Schweizerische Zeitschrift für Sozialversicherung und berufliche Vorsorge 2015, S. 501–523.

Ulrich Meyer, Tatfrage – Rechtsfrage, in: Gabriela Riemer-Kafka (Hrsg.), Grenzfälle in der Sozialversicherung, Luzerner Beiträge zur Rechtswissenschaft, Bd. 94, Zürich 2015, S. 83–102.

Ulrich Meyer, Tatfrage – Rechtsfrage, in: Anwalts Revue de l'avocat 2016 S. 211–220.

Ulrich Meyer/Florian Cretton, Question de fait – question de droit, in: Anwalts Revue de l'avocat 2016, S. 170–179.

Ulrich Meyer, Auswirkungen der EGMR-Rechtsprechung auf das Recht der Sozialen Sicherheit, in: Basler juristische Mitteilungen 2016, S. 269–283.

Ulrich Meyer, Soziale Sicherheit (Hrsg.), Helbing & Lichtenhahn Verlag, 3.Aufl., Basel/Genf/ München 2016.

Ulrich Meyer, Allgemeine Einführung, in: Soziale Sicherheit, 3. Aufl., Basel/Genf/ München 2016, S. 1–90.

Ulrich Meyer, Am Beispiel der Rechtsprechung zur Invalidität, in: Giurisprudenza recente del Tribunale federale. Sentenze di principio, cambiamenti di prassi e questioni lasciate aperte, 55 Atti della giornata di studio del 6 giugno 2016, Basel 2017, S. 87–117.

Interview mit Bundesgerichtspräsident Prof. Dr. Ulrich Meyer, in: Bernischer Anwaltsverband, in dubio 1/2017.

Gjon David, Ich versuche den Leuten ein Vorbild zu sein, in: plädoyer 3/2017, S. 16–17.

Gjon David, Je m'efforce d'être un exemple, in: plaidoyer, 3/2017, p. 16–17.

Gregor Gubser, Ein Tag mit … (Ulrich Meyer), in: Schweizer Sozialversicherung 3/2017, S. 45–48.

Ulrich Meyer, *Vom Vierwaldstättersee an den Lac Léman: Wegmarken einer juristischen Reise*, in: Zeitschrift des bernischen Juristenvereins 154/2018 S. 319-333.

Ulrich Meyer, Ein Wort zur Revision des Bundesgerichtsgesetzes, in: Justice – Justiz – Giustizia, 4/2018.

Ulrich Meyer/Katharina Fontana, *«Mit Moral hat das nichts zu tun», Ein Gespräch mit dem Bundesgerichtspräsidenten Ulrich Meyer.*, in: Die Weltwoche 20/2018, S. 36.

Ulrich Meyer, *Grundvoraussetzungen richterlicher Tätigkeit*, in: Zeitschrift des bernischen Juristenvereins 155/2019, S. 214-224.

Ulrich Meyer, Ein Wort zur Revision des Bundesgerichtsgesetzes: Welche Bundesrechtspflege wollen wir?, in: Anwalts Revue de l'avocat 2019, S. 367–372.

Ulrich Meyer/Sandrine Paris, La révision de la loi sur le tribunal fédéral: Quelle système judiciaire voulons-nous, in: Anwalts Revue de l'avocat 2019, p. 373–378.

Ulrich Meyer/Kathrin Alder, *Wir lassen niemanden im Regen stehen*, in: Neue Zürcher Zeitung, 11. März 2019.

Ulrich Meyer/Katharina Zürcher/Andreas Notter, Aufsicht im kleinen Paradies (Interview), in: Bundesverwaltungsgericht, Forum 2/2019, S. 4–6.

Ulrich Meyer/Katharina Zürcher «Ich habe mich keinen Tag gelangweilt», in: in: Bundesverwaltungsgericht, Forum 2/2019, S. 7–8.

Ulrich Meyer/Katharina Zürcher, Ich wünsche mir kürzere Urteile, in: Bundesverwaltungsgericht, Forum 4/2019, S. 11.

Ulrich Meyer, *Rede des Bundesgerichtspräsidenten zum 50. Geburtstag des Verwaltungsgerichts des Kantons Graubünden vom 7. Juni 2019*, in: Festschrift «50 Jahre Verwaltungsgericht des Kantons Graubünden» 1969–2019, Chur 2019, S. 4–13.

Ulrich Meyer, *Festvortrag zur Patentierungsfeier der bernischen Rechtsanwälte und Rechtsanwältinnen*, in: Zeitschrift des bernischen Juristenvereins 155/2019, S. 790–794.

Ulrich Meyer/Boris Etter, *Interview Bundesgerichtpräsident Prof. Dr. Ulrich Meyer*, in: Lawstyle 2019, S. 10–15.

Ulrich Meyer, Das Bundesgericht in der COVID-19-Krise, in: Justice – Justiz – Giustizia 2/2020.

Ulrich Meyer, The Federal Supreme Court as guarantor of fundamental rights and freedoms in Switzerland, in: St. Gallen Business Review, 2020, S. 18-21.

Ulrich Meyer, *Vorwort, in Mark E. Villiger, Handbuch der Europäischen Menschenrechtskonvention (EMRK)*, 3. Aufl., Zürich 2020.

Ulrich Meyer, Keine Nulllösung beim Bundesgerichtsgesetz, in: Neue Zürcher Zeitung, 3. März 2020, S. 9.

Alex Baur, Mensch Meyer, in: Die Weltwoche, 18. Juni 2020.

Ulrich Meyer/Jacques Bühler, *Das Projekt Justitia 4.0*, in: Justice – Justiz – Giustizia, 3/2020.

Ulrich Meyer/Andres Eberhard, *«Nicht ohne Herz», Interview mit Ulrich Meyer*, in: Surprise 482/2020, S. 12-15.

Ulrich Meyer, *Die für die Entscheidung der Richterin und des Richters massgeblichen Elemente*, in: Justice – Justiz – Giustizia 1/2021.

Ulrich Meyer, Probleme und Änderungsbedarf aus Sicht der Schweizer Judikative, in: Justice – Justiz – Giustizia 3/2021.

Das System der IV ist hochgradig ungerecht, Streitgespräch mit Rechtsanwalt Rainer Deecke (Leitung Gjon David und Karl Kümin), in: plädoyer /2021, S. 8-12.

Ulrich Meyer, Die Justizinitiative ist staatspolitisch verfehlt, in: Neue Zürcher Zeitung vom 25. Oktober 2021.

Martin Wirthlin, Gelehrt und wirkmächtig – zum Amtsende von Bundesrichter Ulrich Meyer, in: Zeitschrift des bernischen Juristenvereins 157/2021, S. 141-142.

Ulrich Meyer, Stichwort Invalidität, in: Fanny Matthey/Anne Sylvie Dupont/Valéry Defago Gaudin (Ed.), Glossaire scientifique en l'honneur de Pascal Mahon, Neuchâtel 2022.

Ulrich Meyer, Stichwort Querulanz, in: Fanny Matthey/Anne Sylvie Dupont/Valéry Defago Gaudin (Ed.), Glossaire scientifique en l'honneur de Pascal Mahon, Neuchâtel 2022.

Ulrich Meyer, Zur Rolle des Bundesgerichts für die Schweizer Rechtspflege, in: Arthur Brunner/ Martin Kocher/Moritz Seiler/Thomas Stadelmann (Hrsg.), Gehorche den Gesetzen, Liber amicorum für Hansjörg Seiler, Bern 2022, S. 373-385.

Ulrich Meyer, 40 Bundesrichter sind 20 zuviel, in: Neue Zürcher Zeitung, 20. Juli 2022.

Ulrich Meyer, Ein Verfassungsgericht führt nicht zum «Richterstaat», in: Neue Zürcher Zeitung vom 28. Oktober 2022.

Ulrich Meyer/Marco Reichmuth, Bundesgesetz über die Invalidenversicherung (IVG), in: Hans-Ulrich Stauffer/Basile Cardinaux (Hrsg.), Rechtsprechung des Bundesgerichts zum Sozialversicherungsrecht, 4. Aufl., Zürich 2022.